DEUTSCH-DRAHTHAAR
HEUTE

GERD BOTTLER

KYNOS VERLAG

Titelbild: Anja vom Westerberg, *Foto: Claudia Dreger*
Vorsatz: Hummel vom Spanger Forst, *Foto: Martin Rehkate*
Nachsatz: Arras vom Bärenkopf, *Foto: Claudia Dreger*
Rücktitel: Ajax van de Zandwang, *Foto: J. W. Keuper*

Erstauflage 1997

Am Remelsbach 30
D-54570 Mürlenbach / Eifel
Telefon: 06594/653
Telefax: 06594/452

Gesamtherstellung: Dr. Cantz'sche Druckerei, 73760 Ostfildern

ISBN 3-929545-51-9

INHALTSVERZEICHNIS

Dank

An erster Stelle danke ich meiner Frau und meinem Sohn für ihre tatkräftige Unterstützung und die Geduld, die sie aufbrachten, wenn ich am PC mit diesem Buch beschäftigt war und manchmal dabei schlechte Laune hatte, weil ich lieber zur Jagd gegangen wäre. Weiterhin danke ich dem Verein Deutsch-Drahthaar und dem Jagdgebrauchshundeverband für die freundliche Unterstützung, sowie allen, die mir entweder durch das Zusenden von Photos oder aber und insbesondere durch das Zurverfügungstellen ihrer jagdkynologischen Erkenntnisse und Erfahrungen beim Verfassen des Buches geholfen haben. Hier seien stellvertretend die Herren Dr. Georg Kovermann, Bernd Krewer und Gundolf Pohl genannt. Schließlich gilt mein Dank dem Verleger, ohne dessen Initiative dieses Werk wohl nie entstanden wäre.

Gerd Bottler

Geleitwort

Der Deutsch-Drahthaar ist für sehr viele Jäger der Vollgebrauchshund schlechthin. Von den rund 8.000 Welpen, die die Zuchtvereine für deutsche Vorstehhundrassen alljährlich eintragen, entfallen etwa 3.500 auf die Rasse Deutsch-Drahthaar, das sind fast 45 %. Unterstellt man eine mittlere Lebenserwartung von 8 Jahren, dann dienen rund 30.000 drahthaarige Jagdgebrauchshunde in deutschen Revieren waidgerechtem Jagen.

Es wurde also höchste Zeit, daß ein profunder Kenner dieser Rasse und ihrer Geschichte zur Feder griff und die Entwicklung und Haltung, Erziehung und Einsatzmöglichkeiten dieses neben dem Teckel meistgeführten deutschen Jagdgebrauchshundes nachzeichnete. Vor etwas mehr als hundert Jahren begann der Siegeszug der Vorstehhunde, dem eine Vielzahl lokaler Jagdgebrauchshundrassen der damaligen Zeit, vornehmlich Bracken, zum Opfer fiel. Sie wurden züchterisch aufgegeben und starben schlicht und einfach aus. Aus damaliger Sicht logisch und folgerichtig, weil man durch die Ausweitung landwirtschaftlicher Flächen und der damit verbundenen Zunahme des Niederwildes die Bracke als Finder des seltenen Waldhasen nicht mehr benötigte, dafür aber einen Jagdgebrauchshund haben wollte, der vor und nach dem Schuß allen Anforderungen genügen sollte.

Die jagdlichen Verhältnisse haben sich seitdem wiederum grundlegend gewandelt. Hase und Rebhuhn, der Fasan sowieso, haben als bejagbare Wildarten nur noch in verschwindend wenigen Revieren eine Bedeutung. Dies hat sich bisher auf die Nachfrage nach Vorstehhund- bzw. Vollgebrauchshundwelpen nicht ausgewirkt. Man suchte nach anderen jagdlichen Einsatzbereichen und hat sie - jeder auf einem anderen Gebiet - auch gefunden. Möge sich jeder seiner Verantwortung für sauberes Jagen bewußt sein und bleiben. Unsere Jagdhunde sollen und müssen waidgerechtem Jagen dienen, ja sie machen es eigentlich erst möglich. Den vielen Freunden und Führern der Rasse Deutsch-Drahthaar, aber auch jedem kynologisch interessierten Jäger wird dieses Buch eine wertvolle Informationsquelle sein. Ich hoffe und wünsche, daß es von vielen Jägern und Hundeführern gelesen und der Inhalt auch umgesetzt wird.

Bernd Krewer

Widmung

Dieses Buch widme ich meinem leider zu früh verstorbenen Vater. Er war Forstmann, Jäger und Jagdhundabrichter von altem Schrot und Korn und mit ganzem Herzen. Von ihm ist mir die Liebe zur Natur, zur Jagd, aber vor allem zu den Jagdhunden tradiert worden. Seine ethisch-moralischen Grundsätze haben mich nicht nur jagdlich geprägt, sondern waren mir in meinem bisherigen Leben auch immer Leitfaden im Umgang mit Mensch und Tier.

Gerd Bottler

Foto: H. Niesters.

Kapitel 1
DEUTSCH-DRAHTHAAR EINFÜHRUNG IN DIE RASSE

Der Deutsch-Drahthaar ist eine der jüngeren Jagdhundrassen in Deutschland, und trotzdem ist sie die am weitesten verbreitete. Diesem Status tut offensichtlich auch die Tatsache keinen Abbruch, daß sich die jagdliche Situation in den meisten deutschen Revieren in den letzten Jahren und Jahrzehnten dramatisch gewandelt hat. Bei der Rasse handelt es sich um einen mittelgroßen Deutschen Vorstehhund von edler Erscheinung, der vor allem durch sein Haarkleid an Körper und Kopf auffällt. Während das 2 bis 4 Zentimeter lange Körperhaar die Haut vollkommen schützt, dicht und drahthaarig hart ist, besticht der Kopf durch einen ausgeprägten Bart und buschige Augenbrauen. Das ganze erinnert ein wenig an einen alten, entschlossenen Mann und gibt dem Hund einen energischen Ausdruck.

Der Deutsch-Drahthaar ist muskulös, seine Bewegungen sind kraftvoll und harmonisch. Er hat ein ausgeglichenes Wesen, ist weder scheu noch aggressiv und hat einen stark ausgeprägten Jagdtrieb - er ist also kein Hund, den man sich in einer Stadtwohnung als Lebensgefährten halten sollte.

Entstanden ist die Rasse, weil man einen Allroundhund suchte, der mehr oder weniger allen Anforderungen an einen Jagdhund gerecht wird. Der Hund sollte sowohl die Arbeit vor dem Schuß als auch nach dem Schuß beherrschen, dabei hart und wildscharf sein.

Asta u. Arko v. Rohrmaar. Foto: Gerd Bottler.

Zu den Arbeiten vor dem Schuß gehörte im Feld die weiträumige Suche und das sichere Vorstehen, nach dem Schuß mußte das Wild apportiert und krankes Wild nachgesucht werden.

Bei der Wasserjagd sollte der Hund ein Gewässer abstöbern und das Wasserwild hochmachen. Geschossenes Wild mußte nachgesucht und gebracht werden. Im Wald sollte er stöbern oder buschieren und so dem Jäger das Wild zutreiben. Nach dem Schuß bestand auch hier die Aufgabe des Hundes darin, erlegtes oder krank geschossenes Niederwild nachzusuchen und zu bringen. Krankgeschossenes Schalenwild sollte am langen Riemen auf der Wundfährte nachgesucht und nach einer eventuellen Hetze verbellt oder verwiesen werden. Der Hund sollte aber auch an wehrhaftem Wild »seinen Mann stehen«, Sauen sprengen, krankgeschossene Füchse und wildernde Katzen zuverlässig abtun - fürwahr ein Allroundkönner.

Nicht jeder Deutsch-Drahthaar beherrscht alle diese Aufgaben gleichmäßig gut, das hängt mit unterschiedlicher Veranlagung und mit den jagdlichen Erfahrungen zusammen, die er vor allem in der Jugend machen konnte. Dies ändert aber nichts an der Tatsache, daß ein gut abgerichteter Deutsch-Drahthaar ein vielseitiger Jagdgebrauchshund ist, der quasi bei jeder Jagdart ein nützlicher und in vielen jagdlichen Situationen unersetzlicher Helfer ist - dies insbesondere aus Gründen des Tierschutzes.

An den grundsätzlichen Vorstellungen der Väter der Rasse hat sich also im Prinzip bis heute kaum etwas geändert. Was sich geändert hat, sind die Revierverhältnisse und die gesellschaftlichen Rahmenbedingungen für Jagd, Jagdhundabrichtung und -führung.

In den folgenden Kapiteln werde ich versuchen, Entstehung und heutige Situation der Rasse darzustellen, ihre jagdlichen Aufgaben in einer sich schnell verändernden Umwelt zu erläutern, vor allem aber die jagdliche Erziehung und Abrichtung des Deutsch-Drahthaar zu beschreiben und schließlich die zukünftigen (jagdlichen) Aufgabenfelder der Rasse abzustecken. Früherziehung, Einarbeitung und Abrichtung des Deutsch-Drahthaar nehmen in diesem Buch einen großen Raum ein. Der zugrunde gelegte Ansatz, der auf den Erkenntnissen der Ethologie basiert, aber vor allem von Gefühl und Phantasie bestimmt wird, zeichnet sich dadurch aus, daß auf Zwang weitgehend verzichtet wird. Lustorientiertes Lernen steht im Vordergrund.

Einen Hund auf der Schweißfährte vorwärtszuprügeln ist genauso verwerflich, wie das down-vorwärts-Kriechenlassen auf der Schleppe - das ist Tierquälerei. Solche Abrichtemethoden sind weder notwendig, noch besonders effektiv. Sieht man auf Prüfungen oder der Jagd einen Hund mit eingeklemmter Rute herumlaufen, dann weiß man, nach welcher Methode er abgerichtet wurde und wie es um das Verhältnis Führer-Hund bestellt ist. Damit schließe ich aber nicht aus, daß der vielseitige Jagdgebrauchshund in gewissen Situationen auch mit Hilfe negativer Verstärkungen zum gewünschten Verhalten gebracht werden muß.

Nachdem Sie dieses Buch aufmerksam gelesen haben, werden Sie Ihren Hund tierschutzgerecht und effektiv halten, abrichten und einarbeiten können. Sie werden sich einen zuverlässigen und stets freundlichen Jagdpartner erziehen. Allerdings beginnt Ihre gemeinsame Arbeit am Tag der Welpenübernahme und nicht erst vier Wochen vor der Jugendprüfung.

In Deutschland ist die Rasse bis heute kaum von Hundesportlern und reinen Schönheitszüchtern entdeckt worden - das ist gut so, denn die Maxime des Verbandes Deutsch-Drahthaar ist immer noch: »Durch Leistung zum Typ«.

Die meisten Rassen, die heute voll im »Ausstellungszirkus« integriert sind, werden oft nur auf ein fragwürdiges Schönheitsideal hin gezüchtet, bei Vernachlässigung alter rassespezifischer Anlagen und eines gesunden Nervenkostüms. Auf diesen Hundeausstellungen fragt man sich bei manchen Gespannen ja wirklich, wer neurotischer ist, der Hund oder sein Vorführer.

Der Deutsch-Drahthaar sollte in Deutschland auch in Zukunft ein Arbeitshund bleiben.

Sieht man sich die Situation besonders im englischsprachigen Ausland an, dann ist zu erkennen, daß hier leider schon verstärkt auf Form gezüchtet wird, bei gleichzeitiger Vernachlässigung der jagdlichen Anlagen. Eine solche Entwicklung wollen wir bei uns verhindern. Eingetragene Deutsch-Drahthaar werden heute fast ausschließlich an »praktizierende« Jäger verkauft - und das sollte so bleiben.

Wenn Sie sich jetzt immer noch für diese wunderbare Rasse interessieren, dann sollten Sie weiterlesen - es lohnt sich.

Kapitel 2
URSPRUNG UND ENTWICKLUNG

Der Deutsch-Drahthaar ist per definitionem ein rauhhaariger deutscher Vorstehhund, obwohl ihm, vom Aufgabenbereich her, der Name Vollgebrauchshund sehr viel gerechter wird.

Das Vorstehen und Apportieren

Das Vorstehen als erwünschte Verhaltensweise des Hühnerhundes steht wohl am Anfang der Entwicklung. Es ist ein angeborenes Verhalten der Vorfahren des Canis Lupus, findet sich aber auch bei anderen Caniden. Wenn man einmal einem Fuchs beim Mäuseln zugesehen hat, dann wird man dies bestätigen können. Auch bei der arbeitsteiligen Rudeljagd des Wolfes kann man vorstehähnliches Anzeigen und Verharren meist rangniederer Tiere beobachten. Das Vorstehen ist die Pause vor dem Sprung auf die Beute. Genauso gehört das Apportieren zum genetisch bedingten Verhaltensmuster der Caniden zur Sicherung der Beute und zur Versorgung der Jungen. Wie der Mensch diese Verhaltensweisen durch Zuchtwahl, je nach seinen jagdlichen Bedürfnissen, verstärkt hat, ist in diesem Zusammenhang vor allem von Bedeutung, ebenso aber auch die Herkunft rauhhaariger Jagdhunde. Um also die Entstehung der Rasse Deutsch-Drahthaar verstehen zu können, muß man einen kleinen jagdhistorischen Exkurs unternehmen.

Deutsche Stichelhaarige Vorstehhunde früherer Züchtung - nach Ludwig Beckmann, 1894.

URSPRUNG UND ENTWICKLUNG

Mit der Einführung des Schrotschusses aus langen und schweren »Schroth-Büxen« im 16. Jahrhundert kam die Stunde der »Schießhunde« und »Wasser-Budel«, die das erlegte Federwild vor allem aus dem Wasser apportieren mußten. Als man dazu überging, auch Haarwild mit Schrot zu schießen, bevorzugte man aus verständlichen Gründen die größeren Hunde zum Apportieren. Neben der Wasserjagd wurden also auch bei der Landjagd schon Apportierhunde verwendet. Diese Schießhunde, die hauptsächlich dazu dienten, angeschossenes Wild zu fangen und bringen, konnten reine Wasserhunde sein oder aber vorwiegend auf dem Land arbeiten. Je mehr sich der Schrotschuß auch auf abstreichendes Wild wie Rebhühner, Fasane und Wachteln durch- und den Beizvogel ersetzte, desto größer wurde bei den Hühnerschützen der Wunsch, Apportieren und Vorstehen in einem Hund zu vereinigen. So versuchte man den Apportierhunden das Vorstehen und Vorstehhunden das Apportieren beizubringen, beziehungsweise neue Kreuzungen mit dem Ziel der Kombination dieser beiden Anlagen durchzuführen.

Das Vorstehen, das man bei den Bracken noch als unerwünschtes Verhalten angesehen hatte, war durch die Beizjagd im wahrsten Sinne des Wortes hoffähig geworden. Bei der Jagd mit Falken, bei der es die Aufgabe des Hundes war, den Aufenthalt des Federwildes anzuzeigen, und anschließend gehorsam und anpassungsfähig die weitere Arbeit dem Falken zu überlassen, wurden Vorstehhunde eingesetzt. Auch für die Netzjagden, die an den Höfen durchgeführt wurden, benötigte man Hunde, die das Federwild gegen den Wind suchten und fest vorstanden. Um ein Abstreichen der Hühner zu verhindern, ließ man entweder einen Drachen in Falkenform steigen oder einen Beizvogel kreisen. Dann gingen zwei Jäger mit einem Netz auf Hund und Hühner zu und bedeckten sie damit. Auch gab es die Jagdart des »Tyrassierens«. Hierbei stellte man reusenähnliche Netzsäcke auf und ermutigte den Hund, langsam voranzugehen und die Hühner ins Netz zu treiben. Bei diesen Hunden war der Beutetrieb durch Zuchtwahl und Zwang nahezu zum Erliegen gebracht oder willkürlich gehemmt.

Aber zurück zu den Vorsteh- und Apportierhunden der frühen Schrotjagdzeit. Mehr und mehr wurde das Schießen ausgeübt, auch wenn noch weiter gerne der Beizvogel zur Unterstützung eingesetzt wurde. Doch beide Jagdarten benötigten den Vorsteh- und Apportierhund. Entscheidend für die Ausweitung der Anforde-

Deutsche Stichelhaarige Vorstehhunde neuerer Züchtung - nach Ludwig Beckmann, 1894.

Ältere Darstellung Stichelhaariger Hunde vom Jahre 1582 (1); vom Ende des 18. (2) und vom Anfang des 19. (3) Jahrhunderts, nach Ludwig Beckmann, 1894.

rungen an den Vorstehhund im 18. Jahrhundert war, daß die übertriebene und gekünstelte Jagdausübung an den deutschen Fürstenhöfen rasch abnahm. Dadurch verschwanden auch eine ganze Reihe von Jagdhundformen und andere mußten deren Aufgaben übernehmen. So mußte der Vorstehhund außer dem Vorstehen und Apportieren jetzt auch Stöber- und Schweißarbeit leisten. Damals wurde bereits unterschieden zwischen kurzhaarigen Vorstehhunden, langhaarigen Wachtelhunden und stichelhaarigen Wasserhunden. Dies bedeutet aber keineswegs, daß alle Vorstehhunde in Deutschland in eine dieser rasseähnlichen Gruppen einzuteilen gewesen wären, da gab es jede Menge Mischformen.

Bis zum Ende des 18. Jahrhunderts hatte sich die Jagdkultur in Deutschland grundlegend verändert. Das Massentöten anläßlich der Hofjagden mit stark spezialisierten Jagdhundetypen war einer individuelleren, verfeinerten und auch anderen ethisch-moralischen Grundsätzen unterliegenden Jagdausübung gewichen. Die technischen Fortschritte im Bereich des Flinten- und Büchsenbaus, neue, wissenschaftlich begründete Formen der Land- und Forstwirtschaft und eine geänderte Weltanschauung verlangten auch nach einem »neuen Jagdhund«, der als treuer Diener des Jägers Freud und Leid mit ihm teilte und durch sein Geschick, »die besseren Zeiten und die früheren großen Jagderfolge«, vergessen ließ.

Während die Engländer die Arbeitsbereiche ihrer Hunde strikt trennten, Pointer und Setter suchten und standen vor, während den Retrievern das Einsammeln der Beute vorbehalten blieb, setzte man in Deutschland darauf, den Vorstehhund zum »Mädchen für alles« zu machen.

Um die deutschen Hunde schneller und ausdauernder zu machen (es waren oft recht derbe, grobschlächtige Gesellen), kreuzte man englisches Pointer- und Setterblut ein, bei gleichzeitiger Vernachlässigung der alten deutschen Stämme.

Mit der Revolution 1848 kam das endgültige Ende der Fürstenhöfe und somit das Aus für die Fürstenjagden. Mit dem Erlaß des Gesetzes, das jedem auf seinem eigenen Grund und Boden das Jagdrecht zugesteht, konnte nun mehr oder weniger jeder jagen, der ein Gewehr hatte. Dieser Umstand erhöhte den Bedarf an Vorstehhunden enorm, wodurch das wahllose Einkreuzen englischer und französischer Hunde in altdeutsche Stämme einen Höhepunkt erreichte, bis man sich in der zweiten Hälfte des 19. Jahrhunderts wieder der altdeutschen Vorstehhundestämme besann, von denen noch weit verstreut einige kleinere Stämme in Deutschland existierten.

Die aufkommenden Hundeausstellungen führten dazu, daß Rassekennzeichen für die kurz- und langhaarigen und auch die rauh- und stichelhaarigen Vorstehhunde aufgestellt wurden. Diese Maßnahme hatte einen großen Erfolg, der sich auch durch die verbesserte Kommunikationsstruktur, die zunehmende Verstädterung und die Anwendung der Vererbungslehre erklärt. Diese anfangs positive Entwicklung führte dann aber zu einer Reinzucht, die übertriebenen Wert auf das äußere Erscheinungsbild der Hunde legte, bei gleichzeitiger Vernachlässigung ihrer jagdlichen Anlagen. Am Vorabend der Entstehung der Rasse Deutsch-Drahthaar herrschte also in Bezug auf die Vorstehhundezucht in Deutschland eine für viele Jagdhundeleute unbefriedigende Situation.

Rauhhaarige Jagdhunde

Der einstige Landpudel gilt als Stammvater aller rauhhaarigen Hunde, obwohl dies nicht exakt bewiesen ist, da wissenschaftliche Unterlagen dafür fehlen. Der einzige bis ins Mittelalter nachweisbare rauhhaarige Hund ist der sogenannte »Schafpudel« (Canis pastoralis). Er war ein Hirtenhund, der die Viehherden zu bewachen und zu treiben sowie Haus und Hof zu schützen hatte. Seine Schärfe, seine Apportier- und Wasserfreudigkeit prädestinierten ihn auch für den Einsatz auf der Jagd. Die ursprünglich glatthaarigen Bracken kreuzte man mit diesen Pudeln. Daraus entstanden die ersten rauhhaarigen Jagdhunde, die als »Barbet« bezeichnet wurden und bereits im 13. Jahrhundert schriftliche Erwähnung fanden. Im Gebäude ist der Pudel heute noch einem kleinen Vorstehhund kongruent und der Landpudel wurde, heute kaum mehr nachzuvollziehen, als Jagdhund sehr geschätzt. Aus Zeichnungen des 18. Jahrhunderts geht nicht nur hervor, daß der Barbet eine große Variationsbreite der rauhen Behaarung zeigte, sondern auch als Vorstehhund eingesetzt wurde. Es hatten also offensichtlich schon Paarungen mit Vorstehhunden stattgefunden, die diese Anlage verstärkt eingebracht hatten.

Aus der Brackenforschung geht hervor, daß es auch rauhhaarige Bracken gab, die in Gebieten mit ausgedehnter Schafzucht zuerst nachweisbar sind. So dürfen wir bei den aus Holland und Frankreich geholten Griffons mit Wahrscheinlichkeit annehmen, daß sie aus den Bracken des Westens hervorgingen und aus Verbindungen mit Hühner- und Hirtenhunden entstanden. (vgl. Beckmann 1894, Hölzel 1986, Strebel 1905, Tabel, U. 1994)

Bontant's Chasseur I. geworfen 1877.
Stammhund der jetzigen stichelhaarigen Rasse, nach Ludwig Beckmann, 1894.

Kapitel 3

DIE RASSE DEUTSCH-DRAHTHAAR

Entstehung und Entwicklung der Rasse in Deutschland

Der Deutsch-Drahthaar ist ein rauhhaariger Vorstehhund, der nach züchterischen Anfängen Ende des 19. Jahrhunderts auf der Grundlage der Ideen von Hegewald (Sigmund Freiherr von Zedlitz und Neukirch) seit der Jahrhundertwende mit dem erklärten Ziel gezüchtet wurde, einen wesensfesten und leistungsfähigen drahthaarigen deutschen Jagdgebrauchshund zu schaffen. Die Rasse entstand aus einer Verbindung von verschiedenen, alten deutschen Vorstehhunderassen, und zwar Deutsch-Stichelhaar, Pudelpointer, Griffon Korthals und Deutsch-Kurzhaar. Sie verdankt ihre Entstehung eigentlich der Tatsache, daß es in den letzten Jahren des 19. Jahrhunderts eine ganze Reihe rauhhaariger Vorstehhundrassen in Deutschland gab und gewollte, aber auch ungewollte Kreuzungen nicht ausblieben. Diese Kreuzungsprodukte waren meist außerordentlich gute Gebrauchshunde. Es wäre folglich schade gewesen, hätte man dieses Material nicht züchterisch genutzt. Man erkannte bereits damals, daß die Reinzucht-Gesetze die Gebrauchshundezucht in Fesseln legte, daß z.B. Pudelpointer sich durch die Festlegung auf Reinzucht in eine Sackgasse manövriert hatten.

Die Pudelpointer-Idee war von Hegewald entwickelt worden, da beispielsweise durch die starke Hereinnahme von Pointerblut in die Deutsch-Kurzhaar-Zucht das Problem entstanden war, daß man zwar hervorragende Hunde für die Feldarbeit züchtete, aber immer mehr die Hunde für das sichere Verlorenbringen des Hasen und Fuchses, aber auch Hunde für die Arbeit im Wald und im Wasser fehlten. So gab es für Hegewald nur den Ausweg, Pointer mit altdeutschen Pudeln zu kreuzen, um »besten Appell, größte Gelehrigkeit, vielseitige Auffassungsgabe, Lust zum Apportieren, Treue, Wachsamkeit, Anhänglichkeit, Neigung für Wasser und Schneid für Raubzeug« mit den Qualitäten der englischen Feldspezialisten zu verbinden. Dies zeigte anfänglich gute Erfolge, bis die Reinzuchtidee in Kombination mit einer zu engen Zuchtbasis wieder zu großen Problemen führte.

Auf der anderen Seite kritisierte man zu jener Zeit, daß die unkontrollierte Zucht als Reaktion auf die Defizite der Reinzucht vielerlei fremdes Blut einkreuzte und so Zustände vorhanden waren, die geradezu nach einer gesunden Veränderung schrieen. Die Erkenntnis dieser unbedingten Notwendigkeit war der Anlaß zur Bildung des Vereins Drahthaar. Bereits 1873 prägte Korthals den Begriff des Drahthaar, als er mit seiner Zucht drahthaariger Vorstehhunde, der Korthals-Griffons, begann. Schon vor Hegewald hatte sich Karel Edward Korthals planmäßig mit der Zucht rauhhaariger deutscher Vorstehhunde befaßt. Er unternahm in einem Zeitraum von sechs Jahren Kreuzungen zwischen Griffon einerseits und Deutsch-Langhaar, Pointer und Setter andererseits. Er betrieb eine konsequente Leistungszucht und brachte gute Hunde auf Gebrauchsprüfungen heraus. Diese Hunde und ihre Nachkommen wurden ins »Stammbuch für drahthaarige Vorstehhunde« eingetragen. Korthals war wohl der erste konsequente Drahthaar-Züchter.

Hegewald und Oberländer bereiteten dem Verein Deutsch-Drahthaar den Weg, indem sie vehement gegen den stark einsetzenden Ausstellungsrummel wetterten und ein Prüfungssystem nach dem Motto »Zucht durch Leistung« aufbauten. Auch schufen sie 1897 das »Deutsche Gebrauchshund-Stammbuch«, in das alle Jagdgebrauchshunde eingetragen werden, die die Verbands-Gebrauchsprüfung bestanden haben. Am 30.01.1902 erschien ein Aufruf zur Gründung eines »Verein Drahthaar« in der »Deutschen Jäger-Zeitung«, und am 11.05. desselben Jahres wurde der Verein von den Herren C. Koch, G. Meier und J. Kohlhase gegründet. An die Spitze der Bewegung wurde einstimmig Alex Lauffs aus Unkel am Rhein gewählt.

DIE RASSE DEUTSCH-DRAHTHAAR

Mit der Gründung des Vereins im Mai 1902 waren die Gedanken der Vorkämpfer für den rauhhaarigen Gebrauchshund, vor allem die Ideen Hegewalds, in die Tat umgesetzt. Sie fanden in 11 Paragraphen der angenommenen Sitzung ihren Niederschlag. Zwei Jahre später, am 7. Mai 1904, wurde die Umbenennung des »Verein Drahthaar« in »Verein Deutsch-Drahthaar« beschlossen, eine auf 12 Paragraphen erweiterte Satzung angenommen sowie unter der Überschrift »Kennzeichen des deutsch-drahthaarigen Gebrauchshundes« ein Standard für die Zucht vereinbart und verkündet. In der Satzung hieß es: »Der Zweck des Vereins ist die Züchtung und Prüfung von drahthaarigen Vorstehhunden, welche bei unauffälliger Farbe in ihrem Äußeren den im Stammbuch Deutsch-Drahthaar Band 1 Seite 3 dargestellten Idealtypus und in ihren Eigenschaften dem durch die Forderungen der Verbands-Prüfungsordnung gekennzeichneten Gebrauchshunde möglichst nahe kommen« Weiter heißt es in Paragraph 3: »Zur Zucht sind nur rauhhaarige und kurzhaarige Vorstehhunde zugelassen. Langhaar wird als ungeeignet zur Züchtung einer anliegenden drahtigen Behaarung verworfen«. Axel Lauffs schrieb 1927 rückblickend in den Deutsch-Drahthaar-Blättern: »Der Wille zum leistungsfähigen drahthaarigen deutschen Gebrauchshund stand an unserem Anfang... Wir entschlossen uns, mit den brauchbaren Resten der fraglichen Pupos (Pudelpointer) und den bestehenden besten Gebrauchshunden, auch mit Hilfe von geeignetem Deutsch-Kurzhaar, den Rauhhaarigen neu zu züchten, aus der hemmenden Fessel, aus der verglimmenden Asche einer verfahrenen Zuchtidee entstand der freie Gedanke der freien Zuchtwahl unter allen geeignetbesten, der eigentlich Deutsch-Drahthaar heißt«.

Theorie und Praxis der damaligen Deutsch-Drahthaar-Zucht wurden 1927 sehr schön vom Staatsförster und bekannten Deutsch-Drahthaar-Züchter G. Berkhan in den Deutsch-Drahthaar-Blättern dargestellt: »Es war durchaus richtig, wenn der VDD von vornherein den Gedanken hatte, daß es nur einen Deutsch-Drahthaar geben dürfe und daß das getrennte Züchten der verschiedenen Varietäten wie Stichelhaar, Griffon, Pudelpointer eine überflüssige Spielerei ist. Denn ein nennenswerter Unterschied besteht weder in der Abstammung noch im Aussehen der Zuchtprodukte aus diesen drei Varietäten. Wenn man aber darüber höhnt, daß die Drahthaarleute alles durcheinandermischen, wie Kurzhaar, Pointer, Stichelhaar, Griffon und Pudelpointer, so lasse man das doch ruhig geschehen. Wir können mit unseren Erfolgen zufrieden sein, und darauf kommt es an. Wir züchten nach Leistung und daß es möglich ist, trotz der buntesten Blutmischung bald zu einem einheitlichen Typus und zu einer ebenso konstanten Haarvererbung zu kommen, wie sie auf dem Wege der Reinzucht nicht besser zu erzielen ist, kann durch Dutzende von Würfen bewiesen werden«. 1905 erschienen die ersten »Mitteilungen des Vereins Deutsch-Drahthaar« als Anhang zum Stammbuch und später dann die separaten »Deutsch-Drahthaar-Blätter«.

Die Deutsch-Drahthaar-Zucht basierte zunächst vor allem auf Deutsch-Stichelhaar - und Pudelpointer Blut. Der Griffonanteil war geringer. Wichtiger wurde die Einkreuzung von Deutsch-Kurzhaar, die aber in Bezug auf das Haar Probleme brachte, da sich das Kurzhaar als rezessive Form auch aus rauhhaarigen Eltern immer wieder durchsetzte. Dieses Problem bekam man erst in den Griff, als man kurzhaarige Drahthaar nicht mehr eintrug. Noch mehr Kummer bereitete die Neigung zum Auftreten von zu langem, weichem und offenem Haar. Natürlich mendeln auch heute noch die alten, länger durchgezüchteten Urstämme immer wieder heraus. So gehen die Schwarzschimmel-Drahthaar auf das Blut von »Preußisch Kurzhaar« zurück, Schwarzschimmel-Kurzhaar also und führen damit auch das Blut schwarzer Pointer. Auch gibt es immer wieder Deutsch-Drahthaar mit weichem, recht langem Haar, das auf die Korthals-Griffons rückschließen läßt. Der Fachmann kann oft recht genau sagen, welches Blut in dem einen oder anderen Deutsch-Drahthaar dominiert. (vgl. Prof. Birnbaum 1992)

Die Deutsch-Drahthaar-Zucht nach dem Zweiten Weltkrieg

Bis zum zweiten Weltkrieg nahm die Drahthaar-Zucht und -Idee einen stetigen Aufschwung, basierend auf einem züchterischen Konsens, der von Fr. Ostermann folgendermaßen zusammengefaßt wurde:
»1. Ohne brauchbaren Jagdhund ist jede Jagdausübung elende Aasjägerei. Die Jagdhundzucht und -führung ist nicht Selbstzweck, sondern Mittel zur waidgerechten Jagdausübung.
2. Deshalb gibt es für den Verein Deutsch-Drahthaar nur eine Aufgabe: Schaffung brauchbarer vielseitig veranlagter Gebrauchshunde mit praktischer wetterfester Behaarung.
3. Züchte den brauchbaren Hund, wie Du willst, aber züchte ihn mit Erfolg und sage offen, wie Du ihn gezüchtet hast. Klarheit und Wahrhaftigkeit in der Zucht.

4. Es gibt nur eine Rasse deutscher Vorstehhunde; die einzelnen Haarformen (Kurzhaar, Langhaar, Rauhhaar) sind Schläge dieser Rassegruppe. Deshalb ist die Paarung von Hunden dieser Schläge untereinander nicht als blut- und wesensfremde Kreuzung zu betrachten.
5. Alle rauhhaarigen Vorstehhunde des Kontinents sind nach Herkunft, Zweckbestimmung und Veranlagung identisch«.

So benutzten die damals erfolgreichsten Züchter in ihren Zwingern zielbewußt die besten Gebrauchsprüfungssieger der Rassen Pudelpointer, Griffon und Deutsch-Kurzhaar. Der Zweite Weltkrieg hat sich natürlich auch sehr nachteilig auf die Deutsch-Drahthaar-Zucht ausgewirkt. Der zu Beginn des Krieges erreichte Höchststand der Zucht konnte in den ersten Kriegsjahren noch gehalten werden. In den letzten Kriegsjahren jedoch spielte die Jagdausübung in Deutschland aus nachvollziehbaren Gründen eine immer geringere Rolle und folglich ging auch die Nachfrage nach Gebrauchshunden zurück. In den letzten Kriegsmonaten und zu Beginn der Besatzungszeit entstanden dann die bei weitem größten Verluste am Zuchtmaterial. Viele Hunde fielen dem Krieg direkt zum Opfer, andere mußten umständehalber getötet werden.

Als man in Westdeutschland 1947 eine erste Bestandsaufnahme machte, mußte man nicht nur große quantitative, sondern auch qualitative Verluste bedauern. Vor allem die Blutlinien der ehemals mittel- und ostdeutschen Zuchtgebiete waren mehr oder weniger untergegangen und für die Zucht verloren. Als Folge der Kriegswirren war auch ein großer Teil der züchterischen Unterlagen verloren gegangen, wodurch viele wertvolle Hunde, da ihre Abstammung nicht mehr festzustellen war, nicht zur weiteren Zucht herangezogen wurden. So ergab sich in den Jahren 1948/49, als die Zuchttätigkeit wieder verstärkt einsetzte und vermehrt Prüfungen abgehalten wurden, für den Verein Deutsch-Drahthaar die schmerzliche Bilanz, daß seine züchterische Basis viel enger geworden und ihr einstiger Reichtum, die Vielfalt der Blutlinien, größtenteils verloren war. Man mußte also das, was noch zu retten war, erhalten und festigen, um es wieder für die Zucht nutzbar zu machen. So hat man sich etwa seit dem Jahr 1949 in zunehmendem Maß bemüht, auf selten gewordene Blutlinien und Vererber hinzuzüchten mit dem Resultat, daß es dem Verein Deutsch-Drahthaar gelang, seine innere Krise zu überwinden und manches kostbare Drahthaarblut zu retten. Dennoch mußte man 1951 anläßlich der Hegewaldprüfung feststellen, daß ein »Mischungstyp« entstanden war, es vielen Hunden an Ausdruck und Adel mangelte und daß im Durchschnitt auch die jagdlichen Leistungen und die Schärfe der Hunde aus den dreißiger Jahren noch nicht wieder erreicht worden waren.

Nach diesen Jahren der Rettung in Gefahr geratener Blutlinien und Vererber ging man dann in einer nächsten Phase daran, das wieder in genügender Breite vorhandene Zuchtmaterial verstärkt auf Leistung zu sichten. Auch wurde ein plan- und verantwortungsvolles Züchten propagiert, das durch Inzucht auf die Mutterlinie und Rückgriff auf bewährte Rüden die neu entstandenen und zurückgewonnenen Linien erhalten sollte. Klare Priorität in dieser Phase hatte die Leistung. Vertreter bedrohter Blutlinien, die hervorragende Leistungen zeigten, wurden trotz Form- und/oder Haarmängeln zur Zucht verwendet.

In der anschließenden dritten Phase wurden dann zunehmend unter den Leistungsbesten und ihren Nachkommen die Hunde mit einem sehr guten bis hervorragenden Form- und Haarwert, gutem Ausdruck und hohem Adel herausgesucht und verstärkt mit diesen gezüchtet, gemäß der Maxime »Über die Leistung zum Typ«. (vgl. Redwitz 1992)

Deutsch-Drahthaar in der ehemaligen DDR

Im Ostteil Deutschlands war wie im Westen der Neuanfang beim Deutsch-Drahthaar schwierig. Nur wenige Züchter und Führer kehrten unbeschadet aus dem Krieg zurück, und anfangs bedurfte es sicher eines großen Enthusiasmus, die knappen Lebensmittel auch noch mit einem Deutsch-Drahthaar zu teilen. Doch schon im Jahr 1948 wurden in Thüringen und in Mecklenburg wieder die ersten Landesgruppen des VDD gegründet und 1949 folgten die anderen Länder. Am 6. März 1949 fand die erste Hauptversammlung des VDD e.V. im Osten Deutschlands in Berlin statt. Im selben Jahr wurden die ersten Prüfungen auf Länderebene durchgeführt. Da es in dieser Zeit noch intensive Kontakte zwischen den Zuchtgebieten Ost- und Westdeutschlands gab, konnte der Bestand an Zuchthunden durch den Zugang aus dem Westen erhöht werden. Man verpaarte damals Deutsch-Drahthaar auch mit Pudelpointern, Stichelhaar, Griffon und Deutsch-Kurzhaar. Bis zum Jahr 1958 war man so weit, daß eine Körung für Zuchthunde verbindlich war. In Form und Haar mußten die Hunde ein »gut« erreichen und unter anderem war ein Schärfenachweis Voraussetzung für die Zuchtzulassung. Mit der Einführung einer eigenen Zucht- und Stammbuchführung und der Organisation des Prüfungswesens auf der Grundlage beschlossener Direktiven durch die Oberste Jagdbehörde der DDR begann die zweite Etappe (1958 - 1967) der Deutsch-Drahthaar-Zucht in der DDR. Der Zuchtleitung Deutsch-Drahthaar und den Bezirkszuchtwarten Deutsch-Drahthaar oblag die Anleitung und Kontrolle des Zuchtgeschehens sowie die Organisation und Durchführung von Prüfungen in Abstimmung mit den Leitungsgremien der anderen Jagdhundrassen. In dieser Etappe wurden die Leistungsanforderungen an die Zuchthunde erhöht. Die Wurfzahl pro Jahr stieg in dieser Zeit auf über 150, die Anzahl der auf Gebrauchsprüfungen geführten Hunde stieg beträchtlich, und die DDR Siegerprüfungen und Ländervergleichswettkämpfe für Vorstehhunde wurden immer mit einem starken Deutsch-Drahthaar-Aufgebot beschickt.

In der dritten Phase der Deutsch-Drahthaar-Zucht (1967 - 1979) wurden die Anforderungen an das Zuchtmaterial aufgrund der wieder sehr breit gewordenen Zuchtbasis weiter erhöht. Zuchthunde mußten Anlagenkennziffern als Mindestanforderungen erreichen. So mußte in den Fächern »Vorstehen«, »Stöbern hinter der Ente«, »Raubzeugschärfe« und »Führigkeit« mindestens die Note »3« und in den Fächern »Nase« und »Hasenspur« die Note »4« erreicht werden. Zur Zuchtzulassung mußten die Hunde weiterhin HD-frei und sichtlaut sein und ein Scherengebiß haben. Zur Ermittlung der besten Zwinger wurden Zwingerwettbewerbe durchgeführt, es gab eine der Hegewaldprüfung vergleichbare Zuchtsiegerprüfung und ab 1977 eine Zuchtrüdenprüfung als Pflichtprüfung für die angekörten Jungrüden. Am Ende dieses Zeitraums fielen jährlich ungefähr 130 Würfe. Der Deutsch-Drahthaar hatte seine führende Position innerhalb der Jagdhundezucht weiter ausgebaut, was sich auch durch zunehmende Zahlen von auf erschwerter Schweißprüfung und Nachsuchen geführter Hunde manifestierte.

Zu Beginn der vierten Etappe (1979 - 1990) wurde eine neue Zuchtordnung verabschiedet. Sie enthielt unter anderem einheitliche Bewertungsmaßstäbe für die Fächer »Hasenspur« und »Raubzeugschärfe«. Da die Deutsch-Drahthaar-Zucht in der DDR damals auf einer breiten Zuchtbasis stand und der Leistungsstand ein hoher war, konnten nun auch Hunde mit leichten Gebißfehlern (P1, M3, knappes Scherengebiß) bei hohen Anlagenkennziffern angekört werden.

Nach der politischen Wende im Herbst 1989 wurde am 7.4.1990 der »Club Deutsch-Drahthaar e.V.« gegründet. Nach Vollzug der deutschen Einheit setzte im November 1990 die Bildung von VDD-Gruppen ein. Auf der Jahreshauptversammlung des VDD am 23.3.1991 in Fulda-Horwieden wurde dann der Beitritt der einzelnen Gruppen zum Verein Deutsch-Drahthaar vollzogen. Damit gab es nach etwa 40 Jahren wieder einen vereinigten Verein Deutsch-Drahthaar. (vgl. Rambusch 1992)

Langhaariger Griffon: Griffon Boulet, nach Richard Strebel, 1904.

Kapitel 4
DER RASSESTANDARD DES DEUTSCH-DRAHTHAAR

Mancher, der die unten folgende Standardbeschreibung des Deutsch-Drahthaar liest, wird sich wahrscheinlich fragen, wie die Verantwortlichen auf diese Festlegungen gekommen sind. In der Beschreibung wird dargestellt, wie ein idealer Deutsch-Drahthaar auszusehen hat und welche Wesensmerkmale er haben sollte, aber es wird nicht erklärt, warum dies so und nicht anders ist. Um den Rassestandard zu verstehen, muß man die Rasse erstens in ihrer historischen Entwicklung und zweitens als vielseitigen Jagdgebrauchshund sehen, wobei keines der beiden Kriterien isoliert betrachtet werden darf.

Bereits 1894 beschreibt Ludwig Beckmann in seinem Buch »Geschichte und Beschreibung der Rassen des Hundes« den stichelhaarigen Vorstehhund, einen Vorgänger des Deutsch-Drahthaar, als »mittelgroß (etwa 60 bis 66 cm Stockmaß), Hündin etwas niedriger, Figur kräftig, aber keineswegs plump gebaut; die einzelnen Theile der vorderen und hinteren Gliedmaßen in regelmäßigen Verhältnissen zueinander und zum Rumpf stehend; im ruhigen Gange werden Hals und Kopf mäßig aufgerichtet, die Ruthe meistens schräg hoch, während der Suche mehr horizontal getragen. Der Gesammteindruck des Hundes ernst und verständig...«. Und Richard Strebel schreibt 1905 in seinem Buch »Die Deutschen Hunde« in Bezug auf das Haar der Deutschen Vorstehhunde: »... denn das ist sicher, daß der Drahthaarige der einzig richtige Gebrauchshund wäre. ...sein Haar ist dasjenige, was gegen alle Unbilden der Witterung schützt, ihm ermöglicht, durch dick und dünn zu gehen. Er wird, was ganz besonders hervorgehoben zu werden verdient, durch sein dichtes, hartes Haar von den Insekten weniger geplagt«.

Fürst v. kleinen Berg.
Foto: C. Stefanowski.

DER RASSESTANDARD DES DEUTSCH-DRAHTHAAR

Vor allem bei Rassen, die auch heute noch hauptsächlich als Gebrauchshunde gezüchtet werden, erklärt sich der Rassestandard aus den Anforderungen an den Hund. Ein Jagdteckel darf logischerweise nicht zu groß gezüchtet werden, damit er in einem Fuchsbau arbeiten kann. Ein Vollgebrauchshund wie unser Deutsch-Drahthaar muß zum Beispiel in der Lage sein, auch stärkere Hasen und Füchse über größere Entfernungen zu apportieren. Dies setzt eine bestimmte Größe und Konstitution voraus. Und wie schon in dem Zitat von Richard Strebel angedeutet, hat die jagdliche Erfahrung gelehrt, daß das Drahthaar für einen Hund, der nicht nur im Feld, sondern auch im Wald, in Hecken und im Dornengebüsch arbeiten soll, ideal ist. Es schützt den Hund sehr gut, aber es läßt nicht zu, daß Kletten oder andere Fremdkörper sich darin verfangen.

Auch die »korrekte« Stellung der Hinterläufe zum Beispiel hat weniger mit Ästhetik zu tun als vielmehr mit der jagdlichen Brauchbarkeit. Ein faßbeiniger Hund wird wohl kaum jemals Überragendes bei der Niederwildjagd im Feld leisten können, weil er bei der Suche in Bezug auf Ausdauer und Schnelligkeit benachteiligt ist. Man könnte die Reihe der Beispiele noch weiterführen, aber ich glaube, es ist klar geworden, daß der Rassestandard historisch gewachsen ist und sich primär an den jagdlichen Anforderungen orientiert.

Yak v. Wildbarren.
Foto: v. Redwitz.

Beim Verein Deutsch-Drahthaar gilt die Devise »Über die Leistung zum Typ«. Entsprechend diesem züchterischen Leitspruch ergibt sich irgendwann automatisch ein »Idealtyp«. Das ist der Hund, der vom Phänotyp (äußeres Erscheinungsbild) her am geeignetsten erscheint, die von ihm zu bewältigenden jagdlichen Aufgaben zu meistern.

Ein einmal festgelegter Rassestandard darf natürlich kein Evangelium auf ewige Zeiten sein. Insbesondere neue wissenschaftliche Erkenntnisse (z.B. in Bezug auf das Gebiß) sollten bei der Überarbeitung des Rassestandards berücksichtigt werden. Aber auch sich ändernde jagdliche Rahmenbedingungen können es mit sich bringen, daß man an die neue Situation angepaßte Hunde züchtet, die sich auch vom Phänotyp her ein wenig vom heutigen Deutsch-Drahthaar unterscheiden.

Vielleicht setzen sich in einigen Jahren wieder die etwas langsameren und stämmigeren Schläge durch, die am Anfang der deutschen Vorstehhundezucht standen, weil man die schnellen Feldhunde heute kaum noch braucht.

Anatomie

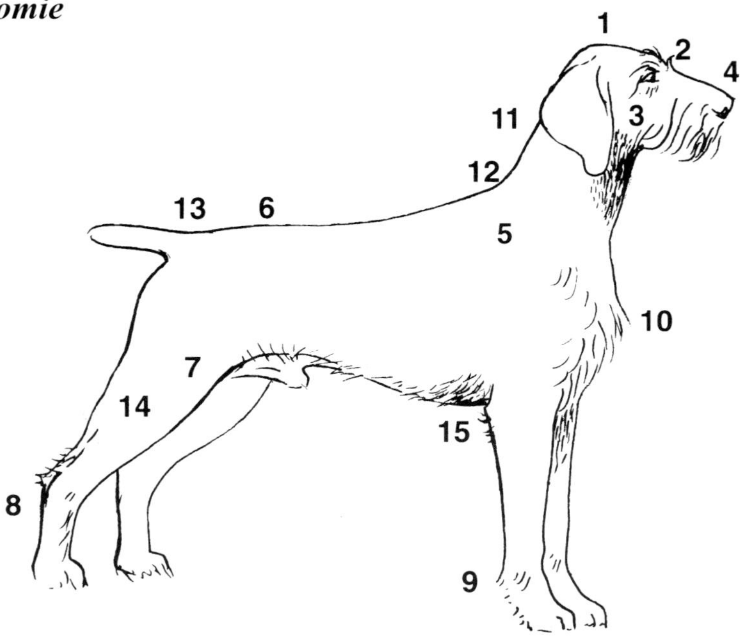

1. Oberkopf
2. Stop
3. Backen
4. Fang
5. Schulter
6. Lende
7. Knie
8. Sprunggelenk
9. Vordermittelfuß
10. Vorbrust
11. Hals
12. Widerrist
13. Rute
14. Unterschenkel
15. Ellbogen

FCI-Rassestandard

Am 26.07.94 wurde der überarbeitete, F.C.I.-konforme Rassestandard des Deutsch-Drahthaar veröffentlicht. Klassifiziert wurde die Rasse folgendermaßen:

Gruppe 7, Vorstehhunde, Sektion 1, Kontinentale Vorstehhunde mit Arbeitsprüfung.

ALLGEMEINES ERSCHEINUNGSBILD: *Vorstehhund von edler Erscheinung, mit harter, die Haut vollkommen schützender Behaarung, mit aufmerksamem und energischem Ausdruck. Seine Bewegungen sollen kraftvoll, raumgreifend, flüssig und harmonisch sein.*

WICHTIGE MASSVERHÄLTNISSE: *Rumpflänge und Schulterhöhe sollen möglichst gleich sein. Die Rumpflänge kann die Schulterhöhe um 2 cm überschreiten.*

WESEN: *Fest, beherrscht, ausgeglichen, ohne Wildscheue, weder scheu noch aggressiv.*

KOPF: *Der Körpergröße und dem Geschlecht entsprechend. Kopflinien leicht divergierend (auseinandergehend).*
Oberkopf: *Flacher, nur an den Seiten leicht gerundeter Schädel, mäßig breit, deutlich ausgebildete Augenbrauenbögen.*
Stop: *Deutlich erkennbar ausgeprägt.*

Sh. Ch. Bareve Baton Rouge, 1990. Foto: David Bull.

GESICHTSSCHÄDEL:
Nase: *Der Haarfarbe entsprechend kräftig pigmentiert. Gut geöffnete Nasenlöcher.*
Fang: *Langer, breiter, kräftiger, tiefer Fang. Leichte Ramsnase.*
Lefzen: *Dicke, anliegende und nicht überhängende Lefzen. Gute, der Haarfarbe entsprechende Pigmentierung.*
Kiefer/Gebiß/Zähne: *Große Zähne. Kräftige Kiefer mit einem perfekten, regelmäßigen und vollständigen Scherengebiß, wobei die obere Schneidezahnreihe ohne Zwischenraum über die untere greift und die Zähne senkrecht im Kiefer stehen. Mit 42 Zähnen gemäß der Zahnformel.*
Augen: *Möglichst dunkel, weder zu tief gebettet noch hervortretend, mit lebhaftem, wachem Ausdruck. Am Augapfel anliegende, gut pigmentierte Lidränder.*
Behang: *Mittelgroß, hoch und breit angesetzt und nicht gedreht.*

HALS: *Mittellang, kräftig bemuskelt; leicht geschwungene Nackenlinie, trockene Halslinie.*

KÖRPER:
Obere Linie: *Gerade und leicht abfallend.*
Widerrist: *Ausgeprägt.*
Rücken: *Fest, gut bemuskelt.*
Lenden: *Kurze, breite, muskulöse Lendenpartie, breites Becken.*
Kruppe: *Lang und breit, leicht abfallend und gut bemuskelt.*
Brust: *Breit und tief mit ausgeprägter Vorbrust und möglichst weit nach hinten reichendem Brustbein, Rippen gut gewölbt.*
Untere Linie: *In einem eleganten Bogen leicht aufgezogen nach hinten verlaufend, trocken.*
Rute: *Der Linie des Rückens folgend, möglichst horizontal oder leicht nach oben gerichtet getragen, nicht steil, weder zu dick noch dünn. Für den Jagdgebrauch zweckmäßig gekürzt. (In Ländern, in denen der Gesetzgeber ein Rutenkupierverbot erlassen hat, kann die Rute naturbelassen bleiben. Sie sollte bis zum Sprunggelenk reichen und gerade bzw. leicht säbelförmig getragen werden).*

Gebiß

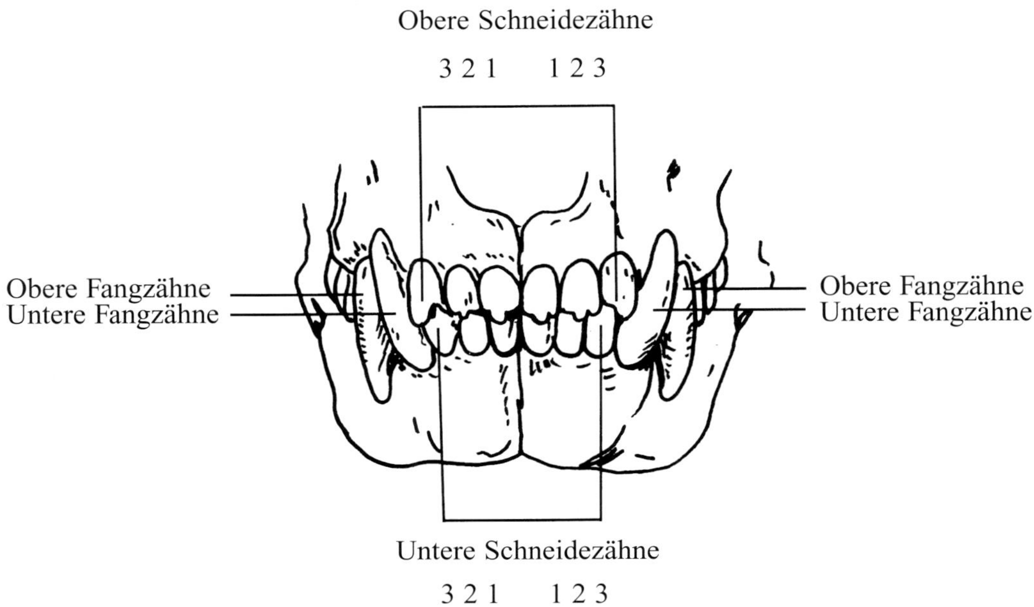
Obere Schneidezähne
3 2 1 1 2 3
Obere Fangzähne
Untere Fangzähne
Obere Fangzähne
Untere Fangzähne
Untere Schneidezähne
3 2 1 1 2 3

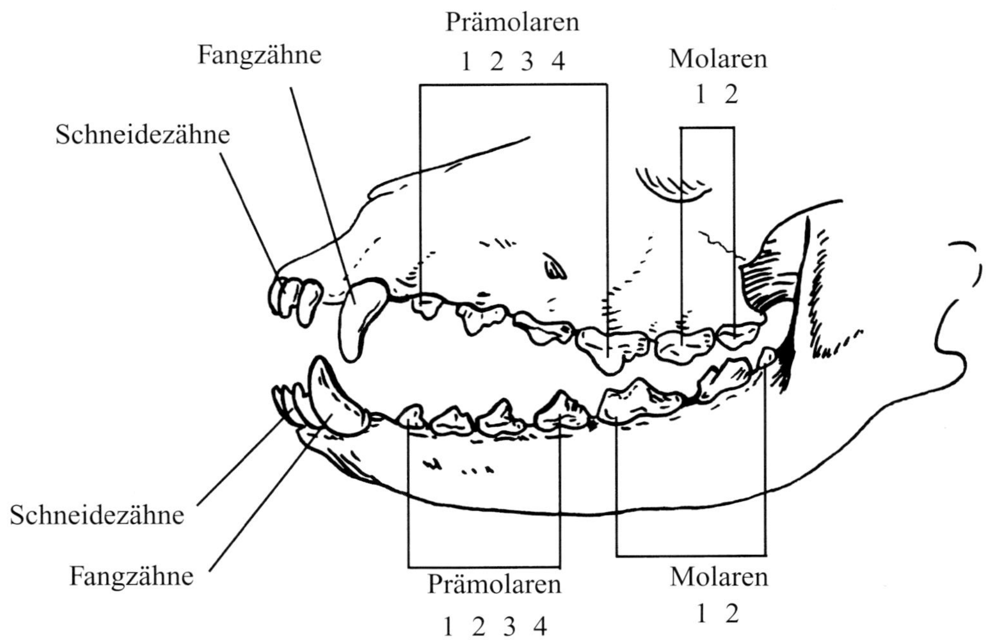
Prämolaren
1 2 3 4
Fangzähne
Molaren
1 2
Schneidezähne
Schneidezähne
Fangzähne
Prämolaren
1 2 3 4
Molaren
1 2

Gebiß-Stellungen

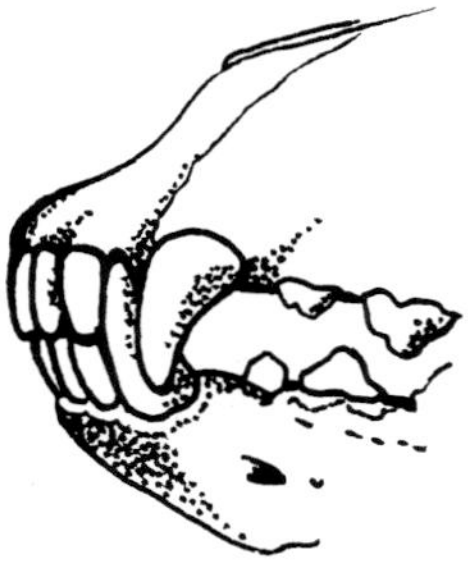

Korrekt: Scherengebiß

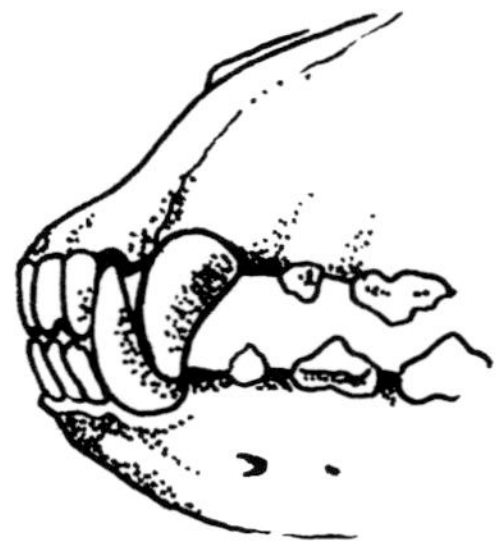

Fehlerhaft: Zangengebiß

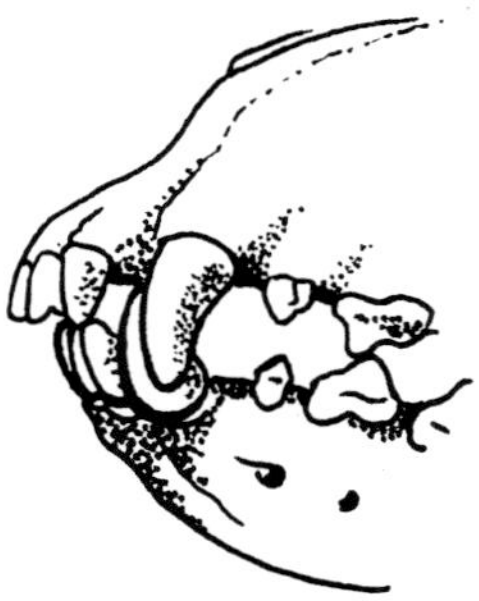

Fehlerhaft: Rückbiß

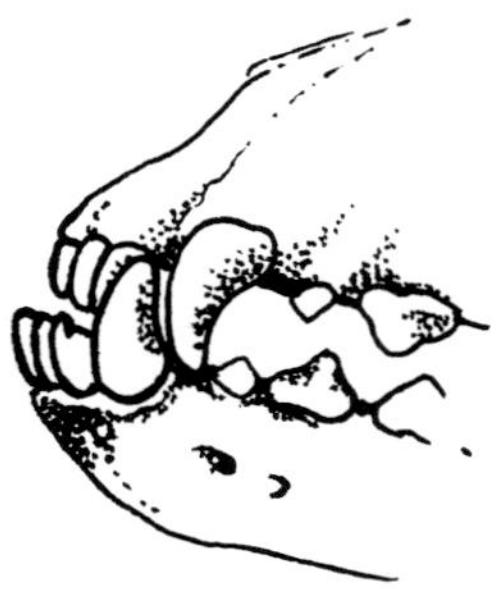

Fehlerhaft: Vorbiß

GLIEDMASSEN
VORHAND:

Allgemeines: *Von vorne betrachtet gerade und parallel, von der Seite betrachtet gut unter dem Körper stehende Läufe. Der Abstand vom Boden bis zu den Ellbogen sollte etwa gleich dem von den Ellenbogen bis zum Widerrist sein .*

Schultern: *Gut schräg und nach hinten liegendes Schulterblatt, kräftig bemuskelt. Gute Winkelung von Schulterblatt und Oberarm.*

Oberarm: *Möglichst lang, gut und trocken bemuskelt.*

Ellenbogen: *Am Körper anliegend, weder einwärts noch auswärts gedreht. Gute Winkelung von Oberarm und Unterarm.*

Unterarm: *Trocken und senkrecht stehend, kräftige Knochen.*

Blitz v. Falkenberg.
Foto: U. Weber.

Vorderfußwurzelgelenk: *Kräftig.*
Vordermittelfuß: *Gering nach vorne gerichtet.*
Vorderpfoten: *Ovalrund mit gut geschlossenen Zehen und genügend dicken, derben, widerstandsfähigen und gut pigmentierten Ballen. Sie fußen parallel, im Stand und in der Bewegung weder ein- noch auswärtsgerichtet.*
HINTERHAND:
Allgemeines: *Von hinten betrachtet gerade und parallel. Gute Winkelungen in Knie- und Sprunggelenken. Kräftige Knochen.*
Oberschenkel: *Lang, breit und muskulös, gute Winkelung von Becken und Oberschenkel.*
Knie: *Kräftig, mit guter Winkelung von Ober- und Unterschenkel.*
Unterschenkel: *Lang, muskulös und sehnig.*
Sprunggelenk: *Kräftig.*
Hintermittelfuß: *Kurz, senkrecht stehend.*
Hinterpfoten: *Ovalrund mit gut geschlossenen Zehen und genügend dicken, derben, widerstandsfähigen und gut pigmentierten Ballen. Sie fußen parallel im Stand und in der Bewegung, weder ein- noch auswärts gerichtet.*
GANGWERK: *Weit ausgreifend, guter Vortritt und guter Schub, in Vorder- und Hinterhand gerade und parallel; dabei gut aufgerichtete Haltung.*

HAUT: *Straff, anliegend, ohne Faltenbildung.*

HAARKLEID:
Beschaffenheit des Haares: *Drahthaarig hart, anliegend und dicht. Deckhaar ca. 2 bis 4 cm lang, dichte wasserabweisende Unterwolle. Die Umrisse des Körpers dürfen durch längeres Haarkleid nicht verdeckt werden. Es soll durch Härte und Dichte möglichst guten Schutz gegen Witterungseinflüsse und Verletzungen bieten. Die unteren Partien der Läufe sowie der untere Bereich von Brust und Bauch sollen kürzer, jedoch dicht, der Kopf und Behang kürzer und zugleich dichter, jedoch nicht weicher, behaart sein.*

Lupus v. Tiefeisen.
Foto: M. Löber.

Betonte Augenbrauen und ein kräftiger, nicht zu langer, möglichst harter Bart unterstreichen den energischen Gesichtsausdruck.
Farbe: *Braunschimmel, Schwarzschimmel, mit oder ohne Platten, braun mit und ohne Brustfleck. Andere Farben sind nicht zugelassen.*

GRÖSSE:

Widerristhöhe:	*Rüden:*	*61 bis 68 cm*
	Hündinnen:	*57 bis 64 cm*

FEHLER: *Jede Abweichung von den vorgenannten Punkten ist als Fehler anzusehen, dessen Bewertung im genauen Verhältnis zum Grad der Abweichung stehen sollte.*

SCHWERE FEHLER: Kurzer oder schmaler, auch spitzer Fang; schwaches Gebiß, Zangengebiß, partielle Zange; stark lose Augenlider; Senk- oder Karpfenrücken, überbaut, zu kurzes Brustbein; stark nach außen oder nach innen gedrehte Ellenbogen; kuhhessig, O-beinig oder enghessig, sowohl im Stand wie auch in der Bewegung: Paßgang, steifer oder trippelnder Gang; dünnes Haar, fehlende Unterwolle.

AUSSCHLIESSENDE FEHLER: Wesensschwäche, Schuß- und Wildscheue, Vor- und Rückbiß, Kreuzbiß, fehlende Zähne außer P1, Entropium, Ektropium, angeborene Knick- oder Stummelrute, Pigmentfehler, unterschiedliche Augenfarbe.

N.B.: Rüden müssen offensichtlich normal entwickelte Hoden aufweisen, die sich vollständig im Skrotum befinden.

Kapitel 5
ERLÄUTERUNG ZUR STANDARDBESCHREIBUNG

In der Standardbeschreibung ist niedergelegt, wie der Deutsch-Drahthaar (DD) im Idealfall beschaffen sein soll.

Zuchtziel ist der dort beschriebene wesensfeste, edle, mittelgroße aber kräftige Vorstehhund, der aufgrund seines harmonischen und zweckmäßigen Gebäudes und der harten, die Haut vollkommen schützenden Behaarung in der Lage ist, alle Anforderungen, die im vielseitigen Jagdbetrieb an ihn gestellt werden, bis ins hohe Alter zu erfüllen.

Während der beim FCI hinterlegte Standard den Deutsch-Drahthaar im Verhältnis zu allen anderen Hunderassen beschreibt, also auch für Rassen, die keine Vorsteh- oder Jagdhunde sind, werden im Begutachtungsbogen des VDD Begriffe verwandt, die sich nur auf die Rasse Deutsch-Drahthaar beziehen.

Bei der Beurteilung eines Hundes ist die Wertigkeit vorhandener Abweichungen einzuschätzen und im Gesamturteil entsprechend zu berücksichtigen. Dazu hat der VDD für die von ihm auszurichtenden Zuchtschauen einen Begutachtungsbogen mit Beurteilungskriterien geschaffen, in dem die zutreffenden Gesichtspunkte in Verbindung mit der Zuchtordnung berücksichtigt sind. Insofern bestehen Abweichungen zur VDH-/FCI-Bewertung. In diesem Sinne unterscheidet der VDD je nach dem Schweregrad der Abweichungen:

a) Zuchtausschließende Fehler
b) Schwere Fehler
c) Fehler
d) Schönheitsfehler

Alle zuchtausschließenden und schweren Fehler sind anschließend aufgeführt, die Fehler und Schönheitsfehler beispielhaft.

Bei der Bewertung sind wesensstarke, typvolle Hunde mit sehr guten Bewegungsabläufen allen anderen voranzustellen.

a) *Zuchtausschließende Fehler* sind sowohl in der jeweils gültigen Zuchtordnung als auch im Standard aufgeführt.

Bereits einer der im Anhang der Erläuterungen zur Standardbeschreibung aufgeführten zuchtausschließenden Fehler zieht die Bewertungsnote »nicht genügend« (Nggd) nach sich.

b) Bei *schweren Fehlern* werden die Leistung und der Gebrauch des Hundes erheblich beeinträchtigt.

Hunde mit einem im Anhang der Erläuterungen zur Standardbeschreibung aufgeführten schweren Fehler können höchstens mit »genügend« (Ggd) bewertet werden.

c) Bei *Fehlern* wird die Leistung und der Gebrauch des Hundes beeinträchtigt. Diese Hunde können höchstens ein »sehr gut« (Sg) erhalten.

Fehler sind im Anhang der Erläuterungen zur Standardbeschreibung aufgeführt.

d) *Schönheitsfehler* beeinträchtigen die Leistung und den Gebrauch des Hundes nicht.

Je nach dem Grad der Abweichung und der Häufigkeit können diese Hunde noch mit vorzüglich (V) bewertet werden.

Schönheitsfehler sind im Anhang der Erläuterungen zur Standardbeschreibung aufgeführt.

ERLÄUTERUNG ZUR STANDARDBESCHREIBUNG

a) *Zuchtausschließende Fehler*
- nicht schußfest
- wildscheu
- wesensschwach (z.B. zu aggressiv, sehr nervös, Angstbeißer)
- Geschlechtsmißbildung (fehlende oder nicht normale Hoden)
- Vor-, Rück- oder Kreuzbiß
- Fehlende Zähne außer P1
- Ektropium oder Entropium
- unterschiedliche Augenfarbe, Glasauge
- angewölfte Stummel- oder Knickrute
- Farbabweichungen: schwarze (auch mit Brustfleck), weiße oder rein gelbe Hunde und Gelbschimmel; Hunde mit im Durchmesser über 20 cm großen weißen Flecken

b) *Schwere Fehler*
- unruhig, ängstlich oder ähnliche Wesensmängel
- Über- oder Untermaß
- entgegengesetzter Geschlechtstyp
- partielles Zangengebiß, Zangengebiß
- sehr kurzer, sehr schmaler oder sehr spitzer Fang
- offene Augenlider
- ausgepräger Karpfenrücken
- ausgeprägter Senkrücken
- stark überbaut
- beiderseits stark nach außen gedrehte Ellenbogen
- stark kuhhessig oder stark faßbeinig
- zu langes, zu kurzes, zu dünnes, wolliges oder offenes Haar
- Pigmentfehler, z.B. dürrlaubfarbenes Haar, Hunde mit ausgeprägtem hellen Nasenschwamm
- ständiger Paßgang

c) *Fehler,* beispielsweise
- gering ausgeprägter Geschlechtstyp
- kurzer Fang
- schwaches Gebiß
- helles Auge
- aufgezogene Lendenpartie
- wenig Spannung
- steile oder kurze Kruppe
- flache Brust oder Rippenwölbung
- steile Winkelung der Gliedmaßen
- Lederbehänge (lederartige, unbehaarte Haut an den Behängen)
- zeitweiliger Paßgang

d) *Schönheitsfehler*, beispielsweise
- etwas flacher Stirnansatz
- zu lange oder zu kurze Behänge
- keine Augenbrauen

Kapitel 6
HALTUNG UND ERZIEHUNG DES DEUTSCH-DRAHTHAAR

Der Welpe

Bevor Sie sich entschließen, sich einen Deutsch-Drahthaar zuzulegen, sollten Sie sich einige grundsätzliche Gedanken machen, vor allem, wenn dies Ihr erster Hund sein wird. Es muß Ihnen klar sein, daß sich Ihr ganzes Leben ändert, weil ein Tier in Ihr Leben tritt, das Ansprüche stellt. Der Hund muß gut untergebracht werden, und er nimmt sehr viel Zeit in Anspruch, die man vorher anders verbringen konnte. Es wird auch schwieriger, seinen Urlaub zu planen oder Freunde zu besuchen. Der zweisitzige Sportwagen muß wahrscheinlich gegen einen Kombi eingetauscht werden und so weiter und so fort.

Ist man nicht bereit, dem Hund zuliebe auch ein wenig zurückzustecken und z.B. seinen Urlaub mit Hund in Österreich zu verbringen, anstatt ohne Hund auf die Malediven zu fliegen, dann fehlt die richtige Einstellung und man sollte sich mit der Anschaffung noch etwas Zeit lassen. Es gibt nämlich nichts Schlimmeres, als einen Hund dafür verantwortlich zu machen, daß man glaubt, im Leben etwas verpaßt zu

Hier ist's schön.
Foto: Gerd Bottler.

haben. Ist man nicht davon überzeugt, daß das, was der Kerl einem an zusätzlicher Freude und Lebensqualität bringt, bei weitem die unbestreitbaren Einschränkungen hier und da wettmacht, dann wird man zusammen nie glücklich - das ist so ähnlich wie beim Heiraten.

Auch als Hundebesitzer muß man selbstverständlich nicht auf Fernreisen verzichten, aber man braucht halt jemanden, der sich in dieser Zeit liebevoll um den Hund kümmert. In meinem Freundeskreis lösen wir das Problem nach dem Motto: »Nimmst Du meinen Hund, nehm ich Deinen Hund«. In diesem Fall muß man die Urlaubstermine ganz genau und frühzeitig koordinieren, aber das ist bei etwas gutem Willen möglich.

Hat man keinen »Hundefreund«, dann kann man seinen Deutsch-Drahthaar auch eine Zeitlang in einer Hundepension unterbringen. Die Hunde werden dort einwandfrei gehalten, aber es fehlt vor allem denen, die an viel jagdliche Arbeit gewöhnt sind, die entsprechende Betätigung sowie auch der Kontakt zum Rudelführer. Länger als zwei Wochen würde ich deshalb keinen meiner Hunde in einer Pension unterbringen.

Bei der Entscheidungsfindung für oder gegen einen Hund hilft es schließlich sehr, sich mit Freunden und Bekannten zu unterhalten, die selbst Hunde haben. Dabei lernt man die verschiedensten Facetten des »Hundehalterdaseins« kennen und erlebt später keine absolut unerwarteten Überraschungen.

Astor v. Oermtereck.
Foto: A. Ludwigs.

Haben Sie sich schließlich, unter Berücksichtigung aller Konsequenzen, dazu entschlossen, einen Welpen zu kaufen, so sollten Sie dies möglichst bei einem Züchter tun, der Leistungszucht betreibt. Hierfür garantiert das Prädikat »Aus auf Form und Leistung geprüften Eltern«, mit dem die Ahnentafel versehen ist. Hat man keinen solchen Züchter an der Hand, dann kann man sich in den einschlägigen Jagdzeitschriften informieren. In den entsprechenden Anzeigen erkennnen Sie dann auch, welche Leistungs- und Formnachweise die Elterntiere haben. (Wenn Sie das Buch zu Ende gelesen haben, werden Sie diese auch zu deuten wissen.) Kaufen Sie unter keinen Umständen einen Deutsch-Drahthaar ohne Papiere oder mit einer zweifelhaften Ahnentafel, die nicht vom VDD und vom VDH anerkannt ist. Der Welpe mag zwar etwas billiger sein, aber sie können den Hund später weder auf Verbandsprüfungen führen noch geregelt mit ihm züchten.

Die Auswahl eines Welpen wird oft zur schicksalhaften Entscheidung hochstilisiert, insbesondere bei Durchführung der heute so beliebten, oft pseudowissenschaftlichen Welpentests. Zum ersten muß man davon ausgehen, daß die Rasse so gut durchgezüchtet ist, daß es einem kaum passiert, eine absolute Niete zu erwischen. Zum zweiten ist es eine Zumutung für Welpen und Züchter, wenn jeder Käufer die neuesten Erkenntnisse der Verhaltensforschung am Wurf ausprobieren will. Und schließlich entscheiden, trotz bester Vorsätze, sowieso meist Frau und/oder Kinder, welcher Welpe schließlich mitgenommen wird, und dies nach Kriterien, die jedem Verhaltensforscher die Haare zu Berge stehen lassen.

Ein engagierter Züchter wird sicherlich selbst geeignete Welpentests durchführen und die einzelnen kleinen Individuen bis zum Abgabetermin recht gut kennen. Als Käufer sollte man sich auf den Rat des Züchters verlassen können und ihn auch befolgen. Ein Kopfhundtyp eignet sich nicht für einen Erstlingsführer, ein Waldjäger braucht nicht unbedingt einen Welpen mit sehr stark ausgeprägter Beutegreifhemmung (sprich Vorstehanlage), usw.

Worauf man als Käufer achten sollte und kann, ist, ob die Hunde geräuschempfindlich sind, eine Milieuschwäche zeigen (Angst vor neuen Umweltreizen), menschenscheu sind oder ob sie insgesamt einen selbstsicheren, neugierigen Eindruck machen (hohe Rute) und sich nicht so leicht aus dem Gleichgewicht bringen lassen. Das heißt nicht, daß man unbedingt den Welpen aussuchen muß, der als erster zu einem gelaufen kommt, oder den, der sich gar nicht um einen kümmert - diese Dinge, wie auch das Temperament, sind oft eine Sache der Tagesform, des Sättigungsgrades usw.

Mein Rat: Zeigt ein Wurf ein gutes Gesamtbild und hat der Züchter Ihnen zwei, drei für Ihre persönliche und jagdliche Situation geeignete Welpen empfohlen, dann nehmen Sie den, der Ihnen am besten gefällt.

Die Frage, ob man eine Hündin oder einen Rüden nimmt, sollte man sich nach den folgenden Kriterien beantworten:

1. Will ich selbst züchten?
2. Gibt es in der Nachbarschaft Rüden oder Hündinnen? Um sich Ärger zu ersparen, sollte man sich nach Möglichkeit geschlechtsmäßig anpassen. (Mittel zur temporären oder permanenten Sterilisation ohne chirurgischen Eingriff werden demnächst auf dem Markt sein, sie sind jedoch tiermedizinisch nicht umstritten.)
3. Halte ich den Hund im Haus (Menstruationsblutungen)?
4. Was ist mir und meiner Familie am sympathischsten?

Hüten sollte man sich vor Pauschalurteilen wie: Hündinnen sind leichtführiger, während Rüden härter und schärfer sind. Ich könnte Ihnen jede Menge Ausnahmen nennen.

Auf jeden Fall sollten Sie sich vor der endgültigen Auswahl den Wurf nach Möglichkeit mehrmals angesehen haben und zwar ohne große Eigenaktivität. Dagegen wird kein Züchter irgendwelche Einwände haben. Beobachten Sie die Welpen beim Fressen, beim Spielen und beim Auslauf. Dabei werden Sie, ein wenig natürlichen Hundeverstand vorausgesetzt, schon bald gewisse Präferenzen entwickeln, die oft rein emotionaler Art, aber deshalb umso wichtiger für ein später funktionierendes Gespann Jäger - Hund sind. Ist die Wahl schließlich getroffen, dann können Sie Ihren tätowierten, geimpften und entwurmten Welpen im Alter von etwa 8 Wochen endlich mit nach Hause nehmen.

Aufmerksam machen muß ich Sie an dieser Stelle allerdings auf die Theorie des 49. Tages, die, von Verhaltensforschern (besonders Eberhard Trumler) entwickelt, mittlerweile vor allem in der angelsächsischen kynologischen Literatur großen Anklang findet. Sie besagt, daß sich die Hündin an diesem Tag von ihren Welpen »abnabelt« und es deshalb sinnvoll ist, den Welpen dann seinem neuen Rudelführer zu übergeben. Dies führe zu einer optimalen Sozialisierung des Welpen in der neuen Hund - Mensch Gemeinschaft. Man kann dies akzeptieren, es bleibt aber zu bedenken, daß z.B. der Welpe, den der Züchter zurückbehält, und der mit seiner Mutter aufwächst, laut dieser Theorie nie richtig in der Meute Mensch - Hund sozialisiert wird. Da wir aber keine Blindenhunde züchten, sondern insbesondere auch das Tradieren jagdlicher Verhaltensweise als wichtig ansehen, stehe ich der Theorie, auf unsere Rasse angewendet, eher kritisch gegenüber. Komischerweise kommt nämlich bei jedem Junghund, auch wenn er zusammen mit der Mutter beim Züchter aufgewachsen ist, irgendwann der Punkt, wo er sich stärker am Rudelführer Mensch als an der natürlichen Rudelführerin orientiert - offensichtlich eine Folge der Domestikation und der Abrichtung. Wichtiger, als einen Welpen genau am 49. Tag abzuholen, ist meiner Meinung nach, daß der Züchter bereit und in der Lage ist, genügend Zeit in die Prägung der Welpen auf den Menschen zu investieren. Egal, wann genau der Hund übernommen wird, jetzt beginnt die Arbeit. Sie müssen ihn füttern, mit ihm spielen, ihn mit ins Revier nehmen, ihn ans Autofahren gewöhnen, ihn mit Wild bekannt machen - ihn erziehen.

Die Fütterung

Angesichts der vielen unterernährten und hungernden Menschen auf unserer Erde empfinde ich die exzessiven Ernährungsratschläge für Hunde, die man in vielen Büchern findet, als geschmacklos und irgendwie auch zynisch. Sie können gerne spezielles Welpenfutter, wenn Sie darauf stehen, auch rein vegetarisch aus garantiert chemiefreiem dynamisch-biologischem Anbau zwölfmal täglich füttern, wenn sich dies mit ihrem Schlafbedürfnis und ihrem Beruf vereinbaren läßt. Wichtiger ist, daß ein Welpe, mit etwa acht Wochen abgesetzt und an einen neuen Eigentümer abgegeben, neben diesen drastischen Veränderungen der Lebensumstände nicht auch noch einem Futterwechsel unterzogen wird. Der neue Besitzer sollte also zunächst das vom Züchter verwendete Futter weiter einsetzen. Erst wenn sich der Welpe eingelebt hat, kann gegebenenfalls ein Futterwechsel vorgenommen werden.

Genug gefressen.
Foto: J. Bottler.

Ich füttere die Welpen (und ausgewachsenen Hunde) zu mindestens 50 % mit rohem Pansen und Blättermagen, dies bis zur 12. Woche 3-4 mal täglich und danach bis zum Alter von etwa 6 Monaten 2-3 mal täglich. Danach reduziere ich die Fütterung auf zweimal täglich. Solange die Welpen noch nicht richtig beißen können, muß man den Pansen natürlich entsprechend zerkleinern, und die Hunde müssen bei dieser Art der Fütterung unbedingt regelmäßig entwurmt werden.

Tierärzte und Futtermittelindustrie raten von solch einer Fütterung ab, sei es drum, meine Hunde sehen top aus, sind leistungsstark und alt werden sie auch.

Das Verfüttern von unzerkleinertem (sobald der Hund richtig kauen kann) Pansen und Blättermagen finde ich so wichtig, weil hier eine Stimmigkeit zwischen objektiver Sättigung und subjektivem Sättigungsgefühl vorhanden ist. Diese entsteht nicht, wenn der Hund kaum arbeiten, sprich kauen muß, um sich die nötige Kalorienzahl einzuverleiben. Die Folge davon ist oft das ersatzweise Zerkauen von irgendwelchen Gegenständen. Auch sollte man nicht vergessen, daß unsere Hunde, genetisch bedingt, gerne Aas fressen - auch wenn viele von uns dies eher anekelt.

Auch meine Hunde bekommen natürlich zusätzlich Fertigfutter, mit dem man kaum etwas falsch machen kann, wenn man die Fütterungsempfehlungen der Hersteller befolgt. Wer mit Fertignahrung füttert, hat die Wahl zwischen Feuchtfutter in Dosen oder Halbfeucht- und Trockenfutter in verschiedenen Verpackungen. Unter normalen Umständen (ausgewachsen, nicht tragend oder säugend, keine extremen Leistungsanforderungen) ist es am günstigsten, den größten Teil der Energie über Trockenfutter zuzuführen und dem Hund dabei genügend Wasser zu geben. Nachteilig bei diesen ballaststoffreichen Trockenfuttern ist, daß die Hunde volumenmäßig oft mehr ausscheiden, als sie an Futter aufgenommen haben.

Ob ein Hund richtig gefüttert ist, erkennt man daran, daß er vital ist, ein glänzendes Haarkleid besitzt und weder zu dick noch zu dünn ist - das muß man als Besitzer selbst sehen.

Die meisten Fehler bei der Fütterung werden gemacht, weil man es »zu gut meint«. Die häufigste ernährungsbedingte Krankheit bei erwachsenen Hunden ist die Fettsucht, während Mangelerkrankungen kaum noch auftreten. Unsere Deutsch-Drahthaar sind normalerweise mit 18 Monaten voll ausgewachsen, alles, was sie danach noch ansetzen, ist Fett. Sollten Sie also Schwierigkeiten haben, das Idealgewicht Ihres Hundes nach Augenmaß zu halten, dann wiegen Sie Ihren Freund mit etwa eineinhalb Jahren in der Blüte seiner Jugend, schreiben sich das Gewicht auf und versuchen es durch regelmäßiges Wiegen auch in Zukunft auf diesem Niveau zu halten. Der Energiebedarf für Erhaltung geht im Alter von ein und zwei Jahren und später noch einmal deutlich im Alter von etwa sieben Jahren zurück. In diesen Phasen muß man also besonders achtgeben und gegebenenfalls weniger füttern als gewohnt, sobald der Hund an Gewicht zunimmt.

Wieviel Futter ein Hund braucht, hängt nicht nur vom Alter und von der Körpergröße ab, sondern auch von der Aktivität, von der Dicke des Fells, der Umgebungstemperatur (Zwinger- oder Haushaltung) und ist individuell sehr verschieden. Wie bei uns Menschen gibt es auch bei den Hunden gute und schlechte Futterverwerter. Die Angaben auf den Futterpackungen beziehen sich meist auf die obere Grenze der Spannweite. Es kann also durchaus sein, daß Ihr Hund weniger braucht als angegeben. Sie werden auch feststellen, daß der Futterbedarf Ihres Jagdhundes je nach Einsatzart, Einsatzhäufigkeit und Einsatzdauer stark schwankt. Man kann also davon ausgehen, daß der Futterbedarf während der herbst- und winterlichen Jagdsaison wegen des erhöhten Energieverbrauchs größer ist als im Frühjahr und Sommer. Dem müssen Sie Rechnung tragen. Wie schon gesagt, füttern Sie nach »dem Auge« und wenn Sie dazu neigen, dies öfter einmal zuzudrücken, wenn Ihr Freund mehr will, dann eben nach der Waage. Toll, wenn das bei uns Menschen auch so einfach wäre!

Bei Fertigfutter ist es überflüssig oder sogar schädlich, zusätzlich Mineral- und Vitamingaben zu verabreichen. Füttern Sie hingegen überwiegend rohen Pansen oder selbstgemachte Mischungen aus Getreideprodukten und Schlachtabfällen, dann sollten Sie mit Mineralstoffen und Vitaminen ergänzen, da im Pansen zum Beispiel nicht genügend Calcium vorhanden ist. Aber Vorsicht, füttern Sie diese Präparate nur genau nach den Herstellerangaben, da zu viel genauso schädlich sein kann wie zu wenig.

Aufgrund der vielen schlechten Erfahrungen (Verletzungen durch Knochensplitter, Verstopfung durch Knochenkot) raten Tierärzte von der Knochenfütterung vollkommen ab. Ich hatte diesbezüglich mit meinen Deutsch-Drahthaar noch nie Probleme. Wenn man keine Knochen gibt, die stark splittern und Knochen grundsätzlich nur in kleinen Mengen füttert, dann freut sich der Hund und bleibt auch gesund. Ein anderer Leckerbissen sind Teile getrockneter Wilddecken (die Felle von Rehen zum Beispiel), warum, wird Ihnen ein Ernährungswissenschaftler besser erklären können, ich kenne nur den Spruch: »Gesund wie ein Gerberhund.«

Füttert man also kein industriell gefertigtes Fertigfutter, dann müssen Spurenelemente, Vitamine und Mineralien zugefüttert werden. Es gibt hier die verschiedensten Präparate mit genauen Dosierungsanleitungen.

Die Fütterung eines Hundes ist heute angesichts von mit Trocken-, Halbtrocken- und Dosenfutter, sowie Kauknochen u.ä. überfüllter Kaufhausregale wirklich kein Problem mehr, aber auch die Fütterung mit Pansen oder anderen Schlachtabfällen bekommt man nach einiger Übung und manchmal auch »Überwindung« gut in den Griff.

Nachdem das »Wie« nun geklärt sein sollte, kommen wir zum »Wann«. Dafür sollten wir uns den lateinischen Spruch »Plenus venter non studet libenter« (Ein voller Bauch arbeitet nicht gern) zu eigen machen und ihn auf die Bedürfnisse des Hundes, aber auch die Anforderungen an ihn anwenden. Ich füttere meine erwachsenen Hunde morgens (»Imbiß«) und abends (Hauptmahlzeit). Kommt es zum jagdlichen Einsatz, dann werden sie morgens grundsätzlich nicht gefüttert und die Abendfütterung fällt entsprechend umfangreicher aus.

Nach dem Fressen sollen die Hunde die Möglichkeit haben, in Ruhe zu verdauen. Die Hauptfütterung auf den Abend zu legen, hat auch den Vorteil, daß die Hunde dann ruhig sind und zufrieden schlafen. Für erwachsene Hunde genügt grundsätzlich eine Mahlzeit pro Tag. Es kann aber durchaus sinnvoll sein, das Futter auf zwei Portionen zu verteilen, wenn die Futtermenge bei einer Mahlzeit sehr groß wird, wenn ein Hund schlecht frißt oder zum Erbrechen neigt. Einen Hungertag sollte man nicht grundsätzlich einlegen, obwohl er einem gesunden Hund nicht schadet. Einen Hungertag gibt es bei mir nur bei der Einarbeitung auf Schweiß, zum Abspecken nützt er wenig. (vgl. auch Kienzle 1995)

Die Haltung

Ob Sie Ihren Hund im Haus oder im Zwinger halten, ist letztendlich Ihre persönliche Entscheidung. Im Haus gehaltene Hunde verweichlichen so wenig wie im Zwinger gehaltene Hunde grundsätzlich verkümmern oder vereinsamen müssen. Aber man sollte sich vor Augen führen, daß der Hund ein Rudeltier ist, das sehr leidet, wenn es sich einsam fühlt. Hält man einen einzelnen Hund im Zwinger, dann muß man sich sehr viel mehr Zeit nur für ihn nehmen als wenn er als Familienmitglied im Haus lebt. Hat man mindestens zwei Hunde, dann ist die Zwingerhaltung unproblematischer für die Tiere, da der Vereinsamungseffekt weniger stark auftritt. Dies ändert aber nichts an der Tatsache, daß die Hunde so viel Kontakt zum Menschen brauchen wie nur irgendwie möglich.

Wohlbehagen.
Foto: Gerd Bottler.

Hält man den *Hund im Haus*, so ergibt sich erst einmal das Problem, ihn stubenrein zu machen. Zu diesem Zweck sollte man in den ersten zwei Wochen mehr oder weniger permanent verfügbar sein, um jederzeit eingreifen zu können. Hilfreich ist weiterhin eine Hundebox (genormt und auch für die Luftfracht zugelassen) oder ein Klappkäfig und die Beschränkung des Hundereichs auf z.B. eine geflieste Küche. Wichtig ist es, den Hund zu beobachten, wenn er sein kleines oder großes Geschäft macht, damit man an seinem Verhalten erkennt, wann es jeweils so weit ist. Macht er dann Anstalten, sich zu lösen, so komplementiert man ihn freundlich hinaus in den Garten. Erwischt man ihn erst, wenn der Vorgang schon abläuft, so sollte man ihn noch während der Ausführung »hinauswerfen«, kommt man zu spät, so muß man auf eine Bestrafung verzichten, solange der Welpe noch nicht hundertprozentig weiß, daß er etwas falsch gemacht hat. Halten Sie sich immer vor Augen, daß der Welpe sein Verhalten nur durch positive Verstärkung ändert, also am Erfolg lernt. Das bedeutet in diesem Fall, daß man den Kleinen immer sehr loben muß, wenn er sein Geschäft im Garten und nicht im Haus gemacht hat. Es bedeutet auch, daß man ihn draußen zu der Stelle hin begleitet, wo er sich vorzugsweise löst und bei ihm bleibt, bis die Sache offensichtlich abgeschlossen ist. Es bringt also nichts, den Welpen nur vor die Tür zu setzen, denn dann wird es sein vorrangiges Bestreben sein, zum Rudelführer zu kommen mit dem Resultat, daß er sich nicht draußen löst und dies später im Haus nachholt.

Nachts oder wenn man das Haus für einige Zeit verläßt, kann man den Welpen in der Hundebox oder dem Klappkäfig einsperren. Hunde lösen sich nur in extremen Notfällen auf ihrem Lager. Die Hundebox oder den Klappkäfig kann man auch wunderbar in einem Kombifahrzeug zum Transport des kleinen und später großen Jagdbegleiters nutzen. Man verhindert dadurch Zerstörungen und starke Verschmutzungen im Fahrzeug. Box oder Käfig werden zur Hundehütte und zum Zufluchts- und Ruheort.

Geht man einige Tage konsequent nach der oben beschriebenen Methode vor, dann wird der Welpe sich von selbst bemerkbar machen, wenn er hinaus muß. Das wichtigste beim Stubenreinmachen ist, den Hund aufmerksam zu beobachten, sich in seine Situation hineinzudenken, mehr oder weniger permanent präsent und vor allem konsequent zu sein. Macht der Hund nach etwa 14 Tagen immer noch ins Haus, dann ist dies zwar immer noch kein Grund zu großer Besorgnis, aber meistens haben die Besitzer irgend etwas falsch gemacht.

Die Zwingerhaltung hat gerade bei Jagdhunden den Vorteil, daß die Verschmutzung der Wohnung vermieden und der Hund vor allem im Winter keinen allzugroßen kurzfristigen Temperaturschwankungen ausgesetzt ist. Das Problem der Vereinsamung von Einzelhunden habe ich bereits oben angesprochen. Ein Zwinger muß pro Hund mindestens 8 qm groß, die Hütte gut isoliert und wetterfest sein. Sinnvoll ist es, zumindest einen Teil des Zwingers zu überdachen.

Nach Möglichkeit sollte man nicht die ganze Bodenfläche versiegeln. Ein Bereich, in dem der Hund graben kann, trägt wesentlich zu einer artgemäßen Haltung bei. Auch sollte man Spielgegenstände im Zwinger anbringen: ein an einem Seil hängender Ball, ein Birkenstamm oder ähnliches. Steht genügend Fläche zur Verfügung, dann empfiehlt es sich, zusätzlich einen Auslauf zu bauen, dessen Größe im Prinzip nur vom Grundstück und vom Geldbeutel begrenzt wird.

Die Mischhaltung empfinde ich als einen ganz guten Kompromiß (auch mit der Ehefrau). Sie sieht so aus, daß die Hunde hauptsächlich im Zwinger leben, sich aber einige Stunden des Tages im Arbeits- oder Jagdzimmer des »Rudelführers« aufhalten.

Die Früherziehung des Welpen

Grundsätzliches

Als Hundebesitzer muß man sich immer vor Augen halten, daß ein Hund im Verhältnis zum Menschen nur eine begrenzte Intelligenz hat und daß jeder Hund ein Individuum ist. Beobachten Sie Ihren Hund sorgfältig und wenden Sie die Methoden an, die seinem Alter und Temperament entsprechen. Ein Hund versteht die abstrakten Prinzipien von Gut und Böse nicht, und so muß man die Abrichtemittel »Belohnung« und manchmal auch »Strafe« benutzen, um ihm beizubringen, was er tun soll oder nicht tun darf. Anfangs ist es besser, wenn nur der Rudelführer das Training übernimmt. Während des Trainings sollte man den Hund vor Ablenkung durch andere Hunde oder Kinder schützen. Vor, zwischen und nach den einzelnen Übungen sollte man mit dem Hund spielen und herumtollen. Aber wenn die Arbeit beginnt, müssen Hund und Abrichter konzentriert sein. Geben Sie Ihrem Lehrling das Gefühl, daß es jetzt ernst wird.

Kommandos sollten immer in bestimmtem Ton gegeben werden, ohne daß man herumschreit. Der Hund versteht den Ton Ihrer Stimme, aber nicht die Bedeutung eines Kommandos. Bedeutung bekommt ein Kommando erst dann, wenn der Hund es mit einem Verhalten assoziiert. Funktioniert diese Assoziation, dann müssen Sie darauf bestehen, daß der Hund das Kommando *immer* befolgt. Dem Hund muß klar werden, daß Sie der Boss sind und daß er Ihnen auf jeden Fall gehorchen wird. Absolute Konsequenz ist das wichtigste Prinzip bei der Abrichtung.

Benutzen Sie immer genau dieselben Kommandos und Zeichen, um den Hund nicht durcheinander zu bringen. Wiederholen Sie dasselbe Kommando so lange, bis Sie das Gefühl haben, daß der Hund es mit dem erwünschten Verhalten verknüpft hat. Beginnen Sie erst mit der nächsten Übung (z.B. »Platz«), wenn der Hund die vorherige (z.B. »Sitz«) wirklich beherrscht. Übertreiben Sie es aber nicht. Zweimal etwa 15 Minuten am Tag genügen.

Führt der Hund ein Kommando erfolgreich aus, dann muß er tüchtig gelobt werden. Es gibt im Prinzip drei Möglichkeiten, einen Hund zu loben: 1. Man streichelt ihn liebevoll, 2. sagt ein paar freundliche Worte, 3. gibt ihm einen kleinen Leckerbissen. Letzteres sollte man aber nicht übertreiben und unregelmäßig tun, da dies als Verhaltensverstärkung am effektivsten ist. Eine Abrichteeinheit sollte immer mit einem Positiverlebnis für den Hund abgeschlossen werden.

Es ist selten notwendig, einen Hund körperlich zu strafen, und vor allem bei Junghunden sollte man ganz

Früh übt sich. Foto: Gerd Bottler.

darauf verzichten. Eine Strafe besteht für den Hund schon darin, daß man ihn nicht lobt, oder zu ihm in ärgerlichem Ton »Nein« sagt. Genügt das nicht zur Verhaltenskorrektur, dann muß man ihn härter rannehmen. Wie immer diese Maßnahme auch aussehen mag, sie muß dem Fehlverhalten sofort folgen, damit der Hund sein Verhalten mit der Strafe verknüpft. Es ist also z.B. absoluter Blödsinn, einen Hund zu strafen, wenn er nach einer längeren Solojagd endlich zu seinem Herrn zurückkommt.

Das Wort »Nein« muß dem Hund als negatives Kommando in Fleisch und Blut übergehen. Ein zweites Negativkommando, das auch einen körperlichen Effekt hat, ist »Platz« bzw. der Trillerpfiff. Ein Deutsch-Drahthaar muß auf jede Entfernung (in Hörweite) auf diese Kommandos hin blitzartig liegen. Schlagen Sie niemals Ihren Hund mit der Hand oder mit der Leine. Die Hand ist ein »Gegenstand« zum Loben und der Hund darf nie Angst davor haben. Schlägt man ihn mit einer Leine, dann fürchtet er sich vor dieser. Die Leine sollte bei ihm aber nur positive Assoziationen (z.B. Aufbruch ins Revier) wecken.

Verlieren Sie bei der Abrichtung nie die Geduld oder machen Sie einen unsicheren Eindruck. Geduld ist eine der wichtigsten Tugenden eines guten Abrichters, aber sie muß konsequentem Verhalten gepaart sein. Der Abrichter muß darauf bestehen, daß der Hund ihm gehorcht. Der Hund darf nie auf die Idee kommen, daß er etwas anderes machen darf als das, was der Abrichter von ihm verlangt. Ist man als Abrichter nachlässig, dann gibt es oft Schwierigkeiten im Laufe der Ausbildung. Das hört sich vielleicht sehr »preußisch« an, aber ich halte Konsequenz und Berechenbarkeit nicht nur im Umgang mit Jagdgebrauchshunden für erstrebenswerte Verhaltensweisen.

Es ist sehr viel leichter, einem Welpen etwas beizubringen als einem erwachsenen Hund. Welpen haben sich in der Regel noch keine Unarten angewöhnt und ihre Verhaltensweisen sind noch nicht zu festen Gewohnheiten geworden. Man kann Welpen also sehr gut nach seinen eigenen Vorstellungen und auf das angestrebte »Tätigkeitsfeld« hin prägen und erziehen. Es ist absolut falsch, den Hund in dem Irrglauben, er brauche seine »unbeschwerte Jugend«, erst ab einem Alter von 9 bis 12 Monaten zu erziehen und abzurichten. Allerdings müssen die Methoden altersgemäß sein.

Die Gewöhnung ans Auto

Die meisten unserer Jagdhunde verbringen heute mehr Zeit im Auto (und dies normalerweise sehr gerne) als auf der Jagd. Deshalb ist eine frühe Gewöhnung unabdingbar. Nervenstarke und gesunde Welpen machen im Normalfall keine Probleme beim Autofahren, vorausgesetzt, man läßt sie nicht einfach im Wagen herumspringen. Hilfreich ist hier eine Hundebox oder ein Klappkäfig, die man ähnlich auch selbst bauen kann (beim Kauf oder Bau sollte man die zu erwartende »Endgröße« des Hundes bedenken) oder zumindest ein Hundegitter, das aber Zerstörungen in dem dem Hund zugänglichen Teil des PKW auch nicht verhindert. Junge Hunde zerkauen halt gerne alles mögliche.

Anfangs sollte man den Welpen nicht mit vollem Magen durch die Gegend fahren. Ist man sicher, daß er nicht zum Erbrechen neigt, dann kann man den Fütterungszustand vernachlässigen. Um sich einen passionierten Beifahrer zu erziehen, muß man möglichst früh die positive Verknüpfung »kurze Autofahrt - wunderbare Erlebnisse im Revier« herstellen.

Wird es dem Hund auch nach einiger Zeit der Gewöhnung im Auto immer noch schlecht, so sollte man

Schattenspender.
Foto: Gerd Bottler.

seinen Fahrstil kritisch hinterfragen und evtl. ändern oder, wenn das auch nicht hilft, einen Tierarzt um Rat fragen. Oft helfen Reisetabletten dem Welpen, sich allmählich an das Autofahren zu gewöhnen.

Komm (her)

Von klein auf sollte man den Welpen daran gewöhnen, daß er er auf ein bestimmtes Kommando hin zum Frauchen/Herrchen kommt. Um dies anfangs zu unterstützen, gehen Sie in die Hocke, wenn Sie den Hund rufen und belohnen Sie ihn mit Streicheleinheiten oder einem guten Brocken. Kennt der Hund das Kommando, kommt aber nicht gleich, dann sollten Sie ihn ganz energisch auffordern, Ihrem Befehl nachzukommen, denn, wie schon gesagt, Konsequenz ist wichtigstes Prinzip bei der Erziehung des Hundes. Kommt er dann immer noch nicht, verstärkt man den positiven Reiz, d.h. man bietet dem Hund ganz demonstrativ einen Brocken oder das Lieblingsspielzeug an.

Hilft das alles nicht mehr, weil vielleicht der Jagdtrieb schon zu stark ausgeprägt ist, dann muß man mit einer langen Leine (20 Meter) arbeiten. Sie befestigen die lange Leine am Halsband des Welpen und lassen ihn sich einige Meter entfernen. Dann rufen Sie: »Komm her«. Befolgt er das Kommando nicht, dann rucken Sie kurz an der Leine und wiederholen das Kommando. Kommt er daraufhin immer noch nicht, dann ziehen Sie den Hund energisch auf sich zu. Ist er bei Ihnen, dann loben Sie ihn überschwenglich und/oder geben ihm einen Leckerbissen. Diese Übung wiederholen Sie mehrere Tage lang, bis der immer noch angeleinte Welpe zuverlässig und freudig zu Ihnen kommt. Nun können Sie dasselbe mit dem unangeleinten Hund probieren und werden feststellen, daß es ebenso gut funktioniert.

Sitz

Einem achtwöchigen Welpen kann man ohne Probleme Sitz beibringen. Halten Sie dem Hund einen Futterbrocken so vor die Nase, daß er diesen gerade nicht erreichen kann. Der Welpe wird aufmerksam den Brocken fixieren. Bewegen Sie diesen dann langsam rückwärts über den Hundekopf. Der Welpe setzt sich jetzt im Normalfall, um möglichst nahe am Brocken zu bleiben. Hat er dies getan, sagt man Sitz und belohnt ihn mit dem Brocken. Betreibt man dieses Spiel etwa fünf Minuten lang, dann kennt und befolgt der Hund das Kommando fast hundertprozentig. Diese fünfminütige Übungsphase wiederholt man täglich und nach drei bis fünf Tagen funktioniert die Übung dann (teilweise auch ohne Brocken) einwandfrei.

Wichtig bei dieser Sitzübung ist, daß man dem Hund jedesmal einen erhobenen Zeigefinger zeigt, als optisches Kommando. Sie kommen bei diesem Training vollkommen ohne Druck aus, dem Welpen und dem erfolgreichen »Abrichter« macht die Sache ganz einfach Spaß.

Sitz! - Brav! *Foto: Gerd Bottler.*

Platz, Down, Halt

Beherrscht der Welpe das Sitz einwandfrei, dann können wir mit der Platzübung beginnen. Welches der drei Kommandos Sie hierfür verwenden, bleibt Ihrer persönlichen Vorliebe überlassen - nur müssen Sie dann bei dem einmal gewählten Wort bleiben. Also, Sie lassen den Welpen sich setzen (nur auf das Sichtkommando des erhobenen Zeigefingers) und führen Ihre andere Hand mit Brocken schnell nach unten zwischen die Vorderläufe des Hundes. Um den Brocken erreichen zu können, muß der Welpe auch vorne heruntergehen. Hat er dies getan, dann sagen Sie wiederholt »Platz« und belohnen ihn mit dem Brocken. Bei dieser Übung ist Ihre Geschicklichkeit gefordert, denn wenn der Hund sich aus der Sitzposition erhebt, funktioniert das ganze Spiel nicht mehr, weil er den Brocken erreichen kann, ohne sich hinzulegen. Auch diese Übung wiederholen Sie täglich für etwa fünf Minuten.

Nach einigen Tagen werden Sie auch hier feststellen, daß die Übung klappt, d.h. der Hund das Kommando mit einer bestimmten Verhaltensweise verknüpft hat und diese bei einem immer höheren Prozentsatz der Kommandos auch korrekt ausführt. Legt der Hund sich bei jedem Kommando zuverlässig hin, dann können Sie sich allmählich immer weiter von ihm entfernen, um Schritt für Schritt das Ablegen einzuüben.

Platz!
Foto: Gerd Bottler.

Auch sollte der Welpe daran gewöhnt werden, längere Zeit liegen zu bleiben, indem man neben ihm stehend, das Kommando Platz und ein Sichtzeichen (z.B. eine erhobene Hand) wiederholt gibt und den Hund dabei lobt. Sie können auch allmählich die Entfernung zwischen sich und dem Hund vergrößern, wenn Sie ihm das Kommando Platz geben. Hiermit arbeiten Sie auf das im jagdlichen Betrieb so wichtige »Platz auf Entfernung« hin.

Leinenführigkeit

Zum erstenmal an der Leine, gibt es für die meisten Welpen nur zwei Dinge: Entweder sie zerren daran oder sie lassen sich quasi hinter Frauchen oder Herrchen herziehen. Da beides unerwünschte Verhaltensweisen sind, muß man frühzeitg gegensteuern. Will der Welpe nicht mitkommen, dann lockt man ihn mit Futter oder indem man in die Hocke geht und ihn so zum Mitkommen anregt. Auch das Halten eines Futterbrockens in der linken Hand über dem Kopf des Hundes bringt ihn dazu zu folgen.

Absolut falsch ist es, den Hund einfach hinter sich her zu ziehen, da dies oft zu Panikreaktionen führt und der Welpe in der Folge schon beim Anblick der Leine wegläuft. Meistens wird es jedoch so sein, daß

Leinenführigkeit.
Foto: Gerd Bottler.

er an der Leine zerrt und auf diese Weise gegen die Beschränkung seiner Freiheit rebelliert. Was tun?

Wenn er zerrt, dann bleiben Sie stehen, ist er wieder brav, dann gehen Sie langsam weiter. Zerrt er wieder, bleiben Sie stehen usw. Irgendwann kapiert das jeder Welpe. Er will ja laufen, aber das geht nur, wenn er sich »vernünftig« benimmt. Benutzen Sie bei diesen Übungen immer wieder das Kommando »Fuß«, damit schon der Welpe das Wort mit dem Gehen an der Seite seines Führers assoziiert. Dieses System der Grundabrichtung im Welpenalter ist von mir und meinen Welpenkäufern vielfach erprobt und als sehr effektiv befunden worden. Wichtig ist, daß mit den Hunden ohne jeglichen Druck nur nach dem Lustprinzip gearbeitet wird. Die Vorteile dieser Methode liegen darin, daß man sich später sehr viel Arbeit und dem Hund einiges an Leid erspart und man einen wohlerzogenen Welpen bzw. Junghund hat.

Die jagdliche Früherziehung

Das oben Beschriebene kann und sollte man mit jedem gesunden Welpen durchführen - das Folgende auf jeden Fall mit einem Deutsch-Drahthaar.

Die Arbeit an der Reizangel

Eine Reizangel besteht aus einer 3-4 Meter langen Haselnuß- oder Bambusstange, an der eine Schnur von etwa gleicher Länge befestigt wird. An das Ende der Schnur bindet man einen Beutegegenstand. Dies kann ein Stück Rehdecke, ein Kaninchenbalg (getrocknetes Fell) oder ähnliches sein.

Mit der Reizangel bewegt man die »Beute« vor dem Welpen so hin und her, daß er animiert wird, diese zu greifen. Erkennt man, daß der Jagdtrieb des Hundes geweckt ist, dann läßt man ihn hinter der Beute herlaufen, indem man den Beutegegenstand kreisförmig herumschwenkt. Wichtig ist, daß man ihm nach einigen Runden das Erfolgserlebnis des Packens verschafft. Das »Hetzen der Beute« macht dem Kleinen einen Riesenspaß und fördert Körperbau und Kondition. Manche Welpen sind bei diesen Übungen schon zum ersten Mal »sichtlaut« und möchten nach einiger Zeit das tägliche Reizangeltraining nicht mehr missen.

Mit diesem Hilfsmittel wollen wir aber nicht nur die körperliche Entwicklung und den Hetztrieb fördern, sondern auch die Beutegreifhemmung festigen, eine Sache, die bei Vorstehhunden von großer Bedeutung ist. Aber wie bringt man den Kerl zum Vorstehen (natürlich nur auf Sicht)? Versuchen Sie folgendes: Wenn der Hund das Beutestück hetzt, dann schleudern Sie es hoch und lassen es einige Meter von ihm entfernt herunterfallen. Will sich der Welpe wieder darauf stürzen, dann schleudern sie es erneut hoch und lassen es in einiger Entfernung vor dem Hund herunterfallen. Die meisten Deutsch-Drahthaar-Welpen werden nach

Reizangelspiele.
Foto: Gerd Bottler.

Lernen im Spiel.
Foto: Gerd Bottler.

mehreren Wiederholungen dieses »Spielchens« ihre Taktik ändern. Da Hinterherrennen nicht mehr zum Erfolg führt, lauern sie ganz einfach der Beute auf. Dies ist der erste Schritt zum Vorstehen. Dieses Auflauern kann man durch geschickten Umgang mit der Reizangel verstärken bis hin zu dem Punkt, wo ein zehn Wochen alter Welpe »bombenfest« an der Reizangel vorsteht. Tut Ihrer dies ausnahmsweise nicht, so sollten Sie nicht verzweifeln. Es gibt Deutsch-Drahthaar, die wunderbar an der Reizangel vorstehen, aber später an Federwild alles vergessen zu haben scheinen, so wie es auch Hunde gibt, die an der Reizangel kaum zum Stehen zu bringen sind, aber in der jagdlichen Praxis die besten Vorsteher werden.

Im Normalfall ist es aber so, daß der Welpe, der an der Reizangel eine gute Beutegreifhemmung zeigt, auch später an Wild zuverlässig vorsteht. Die Reizangel ist nicht nur ein Übungsmittel für Welpen. Auch ältere Hunde lassen sich mit Hilfe dieses Geräts wunderbar beschäftigen, in Bewegung halten und man kann z.B. das Platz auf Trillerpfiff immer wieder festigen.

Die Futterschleppe

Die Arbeit nach dem Schuß nimmt beim Durchschnittsdrahthaar in Deutschland einen immer größeren Raum ein. Hierzu ist es sinnvoll, schon vom jüngsten Welpenalter an die Arbeit am langen Riemen mit tiefer Nase einzuüben. Eine bewährte Methode hierfür ist die Futterschleppe. Man befestigt ein Stück Pansen an einer Schnur und zieht es anfangs nur wenige Meter über den Boden und legt es ab. Sodann entfernt man sich in einem großen Bogen von der Schleppe. Dies alles darf der Welpe natürlich nicht beobachten. Nach einigen Minuten »Stehzeit« läßt man ihn die Fährte am langen Riemen arbeiten. Hierzu geht man mit dem Welpen zum Schleppenanfang und läßt ihn suchen. Er wird sehr bald die Witterung wahrnehmen und ihr folgen. Wichtig ist, daß man ihm dabei ein Kommando, z.B. »such verwundt«, gibt, das man dann auch später bei der Schweißarbeit beibehält. Hat er das Beutestück gefunden, dann darf er es fressen. Es versteht sich von selbst, daß der Welpe hungrig sein muß, damit die Sache auch funktioniert. Mit der Zeit steigern Sie die Länge und die Stehzeit der Fährten und legen stumpfe Haken (Kurven) ein.

Die Lungenschleppe

Im Hinblick auf die spätere Arbeit auf der Wundfährte verwende ich auch schon bei Welpen Lungen(stücke) von Reh- und Rotwild, mit denen ich analog zu dem oben Beschriebenen Lungenschleppen lege und arbeiten lasse. Sie haben den Vorteil, daß schon der Welpe Wundwitterung kennenlernt und mit positiver Verstärkung (Fressen) assoziiert. Auch hier darf der Hund vor der Arbeit nicht gefüttert werden, damit das Fressen der Lunge eine Belohnung darstellt. Die Stehzeit, das heißt die Zeit zwischen dem Legen und dem Arbeiten der Lungenschleppe, wird ausgehend von einer Viertelstunde langsam erhöht, wie man dies auch mit der Länge tut. Die Progression richtet sich nach Veranlagung und Lernfähigkeit des Hundes, hier kann man keine allgemeingültigen Regeln aufstellen. Der durchschnittlich veranlagte Deutsch-Drahthaar-Welpe arbeitet bei regelmäßiger Übung (ein- bis zweimal wöchentlich) im Alter von 4 - 5 Monaten ohne Probleme 400 Meter lange Fährten mit zwei Haken und zwei bis drei Stunden Stehzeit.

Wildschleppen

Sie sollten jede Möglichkeit nutzen, Ihren Welpen mit Wild vertraut zu machen - von der Taube bis zur Sau. Mit Tauben, Wildkaninchen oder Jungfüchsen kann man wunderbar Schleppen legen. Nutzen Sie jede Gelegenheit, auch überfahrenes Wild am Straßenrand, das oft noch für solche Zwecke verwendbar ist.

Befestigen Sie das Beutestück an einer Kordel und ziehen Sie es hinter sich her, auch hier anfangs nur wenige Meter. Lösen Sie das Beutestück, und entfernen Sie sich in einem großen Bogen. Setzen Sie den Hund an einer langen Leine an und lassen Sie ihn an dieser Leine bis zum Stück arbeiten (bis hierher nichts

Erste Schleppen. Foto: Gerd Bottler.

Erste Schleppen.
Fotos: Gerd Bottler.

Neues). Das Wild wird ihn normalerweise sehr interessieren. Die meisten Welpen nehmen es nach einiger Zeit auf, um es »in Sicherheit« zu bringen. Hier kommt einem der Umstand zugute, daß der Hund angeleint ist und man ihn mit sanftem Zug und riesigem Lob zu sich heranziehen kann. Man nimmt ihm die Beute ab, wobei man ihn noch mehr lobt und wirft sie gleich wieder einige Meter weg. Der Welpe wird sie erneut aufnehmen, und man wiederholt das oben beschriebene Prozedere, bis man wieder im Besitz der Beute ist.

Führt man diese Übungen regelmäßig durch, dann gewöhnt man den Hund nicht nur an Wild, man trainiert auch die Spurarbeit und macht erste Schritte in Richtung Apportieren.

Die Führerfährte

Parallel zu diesen Übungen darf keine Gelegenheit ausgelassen werden, den jungen Hund die Führerfährte arbeiten zu lassen. Bei Waldgängen mit dem Welpen oder Junghund ergibt sich oft die Gelegenheit, sich zu verstecken, wenn der Hund sich etwas weiter entfernt hat. Aus planlosem Umhersuchen wird bald eine systematische Spurarbeit zum »verlorengegangenen« Führer hin, der ihn mit Freude und Lob empfängt. Man kann auch einen Helfer den Welpen festhalten lassen, während man sich entfernt. Nach einigen Minuten schnallt der Helfer den Hund und dieser folgt dann seinem Rudelführer auf dessen Fährte. Die Arbeit auf der Führerfährte wird spätestens im praktischen Jagdbetrieb ihre Früchte tragen, wenn der Hund nach der Stöberarbeit oder einer Hetze seinen Führer im Wald suchen und finden muß. Eine Erweiterung der Führerfährtenarbeit besteht darin, einen nach dem Führer riechenden Gegenstand (z.B. Hut) während des Reviergangs fallen zu lassen und den Hund nach dem Zurücklegen einer angemessenen und allmählich wachsenden Strecke auf der Führerfährte loszuschicken, damit er den Gegenstand bringt. Diese Übungen erleichtern dem Hund nicht nur das Wiederfinden seines Führers, sondern meine Hunde haben mir auch schon manche verlorenen Gegenstände, vor allem beim Aufbrechen vergessene Jagdmesser »gerettet«.

Gewöhnung ans Wasser

Die Einarbeitung beginnen wir im frühen Welpenalter. Wir gehen mit dem Welpen an einem warmen Sommertag an ein sanft abfallendes, stehendes Gewässer und animieren ihn mit der Reizangel oder durch das positive Beispiel des wasserfreudigen Rudelführers dazu, sich immer weiter ins kühle Naß vorzuwagen, bis er schließlich schwimmt. Dies gelingt manchmal nicht am ersten Übungstag, aber die allmähliche Gewöhnung führt bei einem nervenstarken Hund eigentlich immer zum Erfolg. Schwimmt unser Freund ruhig und ohne Angst, dann lassen wir ihn einen Apportiergegenstand aus dem Wasser bringen. Es sollte sich hierbei anfangs immer um denselben Gegenstand handeln, z.B. das unsinkbare Lieblingsspielzeug des Hundes, damit er nicht anfängt, wahllos Gegenstände aus dem Wasser zu bringen. Das so lustige Werfen von Stöckchen hat später schon manchen Führer zur Verzweiflung gebracht, es sei denn, er benötigte Hilfe bei der Holzsuche für ein Grillfeuer. Es ist interessant, daß auch Welpen, die an Land keine ausgeprägte Apportierbereitschaft zeigen, ins Wasser geworfene Gegenstände grundsätzlich zumindest bis zum Ufer bringen.

Mit den oben beschriebenen Übungen versuchen wir, drei Dinge im Gedächtnis des jungen Hundes zu verknüpfen: Schwimmen macht Spaß, weil der Jagdtrieb angeregt und das Abliefern der Beute beim Rudelführer wunderbar belohnt wird (Futterbrocken usw.). Haben wir den Jagdhund so weit, daß er den sichtig vor ihm ins Wasser geworfenen Apportiergegenstand freudig bringt, gehen wir dazu über, das Apportel zu werfen, ohne daß der Hund dies sehen, wohl aber den »Aufschlag« vernehmen kann. Er wird in Richtung des Hörreizes schwimmen und früher oder später, auch durch Benutzung der Nase, das Apportel finden.

Davon ausgehend, daß Sie Ihrem Hund bei diesen Übungen immer dasselbe Kommando gegeben haben (z.B.: »Such Apport!«), wagen wir jetzt den Schritt, das Apportel ins Wasser zu werfen, ohne daß der Hund dies irgendwie bemerkt hat, und schicken ihn mit dem bekannten Kommando los. Normalerweise klappt die Sache nach einiger Übung problemlos, da die mehr oder weniger automatisch vom Führer gegebenen Sichtzeichen eine große Unterstützung für den Hund darstellen.

Der letzte Schritt besteht darin, eine tote Ente (man kauft entweder eine lebende Hochbrutflugente und tötet sie tierschutzkonform, oder man schießt eine Wildente) in den Schilfbereich eines Gewässers zu werfen und den Hund mit dem wohlbekannten Kommando loszuschicken. Er wird die Ente durch Einsatz seiner Nase früher oder später finden und bringen. Auch hierbei ist eine langsame Steigerung des Schwierigkeitsgrades selbstverständlich. Bei Fortschreiten dieser Übungen tritt der Naseneinsatz immer mehr in den Vordergrund und wird schließlich zur Hauptsteuerung der Arbeit des jungen Hundes. (vgl. Wolters, 1993)

Kapitel 7
DIE JAGDLICHE EINARBEITUNG DES JUNGHUNDES IM FELD

Obwohl in den meisten deutschen Revieren die Feldjagd auf Niederwild nicht mehr die große Rolle spielt wie noch vor zwanzig Jahren, ist die Einarbeitung des Deutschen Vorstehhundes im Feld ein absolutes Muß und die Basis für die weitere Arbeit.

Um seine jagdlichen Anlagen und den Erfolg dieser Einarbeitung zu überprüfen, sollte man den Jährling im Frühjahr auf einer Verbandsjugendprüfung (VJP) vorstellen. Das Führen des Hundes auf Prüfungen ist auch deshalb wichtig, weil es dem Züchter und dem Verein Deutsch-Drahthaar wichtige Aufschlüsse über die Vererberqualitäten der Elterntiere gibt und zukünftige Zuchthunde dabei geprüft werden. Im Feld muß der Hund Wild suchen, vorstehen und die Spur des nicht (mehr) sichtigen Hasen arbeiten.

Suche

Wenn geschnallt, soll Ihr Hund ein Feld so absuchen, daß man davon ausgehen kann, daß kein Wild liegengeblieben ist. Eine Ausnahme können Fasane bilden, mit denen junge Hunde manchmal, vor allem bei mangelnder Erfahrung, so ihre Probleme haben können.

Drei Dinge spielen bei der Suche die Hauptrolle: 1. das Tempo, 2. die Ausdauer und 3. die Planmäßigkeit.

1. Tempo

Unsere Vorstehhunderassen haben heute alle genug Temperament - Trabsucher findet man kaum noch, und ich sehe bei unserer Rasse schon eher das Problem, daß die Hunde zu schnell suchen, also über die Felder rasen und Wild dabei überlaufen. Der Hund sollte im Idealfall in einem mittelschnellen Galopp suchen und dieses Tempo auch über längere Zeit durchhalten können (siehe Ausdauer). Das Suchtempo ist dem Hund angewölft - man hat hier keine großen Einwirkungsmöglichkeiten.

2. Ausdauer

Auch die Ausdauer ist natürlich teilweise angewölft - hier kann man aber sehr stark verbessernd eingreifen. Gibt man dem Hund vom Welpenalter an immer genügend Gelegenheit, seinen Bewegungstrieb im Revier auszuleben, dann wird man später auch keine Probleme mit einer mangelhaften Kondition haben, da die körperliche Entwicklung optimal abgelaufen ist.

Ein gut durchtrainierter Jährling sollte ein bis zwei Stunden mit gleichbleibendem Tempo im Galopp auf dem Feld suchen können, ohne dabei allzu stark zu ermüden. Die Ausdauer und Gleichmäßigkeit im Tempo ist meiner Meinung nach sehr viel höher zu bewerten als die Geschwindigkeit, mit der der Hund über die Felder läuft.

3. Planmäßigkeit

Der Erfolg der Suche ist untrennbar mit der Planmäßigkeit derselben verknüpft.

Ein Hund kann schnell und ausdauernd suchen, aber dabei jede Menge Wild überlaufen, wenn seine Suche nicht planmäßig ist.

Bei vielen Deutsch-Drahthaar ist die Planmäßigkeit der Suche so fest genetisch verankert, daß man kaum korrigierend eingreifen muß. Leider aber gibt es immer wieder Hunde, die zu weit suchen, und/oder mehr oder weniger chaotisch durch die Gegend laufen. Niederwildmangel kann dies noch unterstützen.

Im Gegensatz zu den Sportführern vor allem englischer und französischer Vorstehhunde bin ich nicht der Meinung, daß Planmäßigkeit auf dem Reißbrett vorgegeben werden und entsprechend eingeübt werden sollte. Planmäßigkeit hat sehr viel mit Jagdinstinkt und noch mehr mit Erfahrung zu tun, sollte also bei einem jungen Hund nicht überbewertet werden. Ich habe noch nie (!) einen VJP-Hund an der langen Feldleine suchen lassen. System in die Suche bekommen Sie, indem Sie selbst so über ein Feld gehen, wie der Hund dies tun sollte - ganz einfach!

Da der Hund sehr viel schneller ist als Sie, brauchen Sie nicht so weit nach rechts und links zu gehen, aber immer so weit, daß Sie ihn jeweils in die von Ihnen eingeschlagene Richtung lenken. Hat er diese dann eingeschlagen und Sie überholt, dann können Sie wieder wenden.

Ein Beispiel: Sie wollen ein 150 m breites und 600 m langes Saatfeld optimal absuchen. In unserem Beispiel weht der Wind parallel zur Längsachse auf Sie und Ihren Hund zu, die Sie in der Hälfte der Breitkante stehen. Sie schnallen den Hund und gehen, sich dabei selbst leicht vorwärts bewegend, in Richtung des linken Feldrandes. Der Hund wird Ihnen richtungsmäßig folgen, Sie überholen und lange vor Ihnen den Feldrand erreichen. Hat er dies getan, dann wenden Sie, sich dabei weiterhin leicht vorwärts bewegend, nach rechts und gehen in Richtung des rechten Feldrandes. Der Hund vollzieht Ihre Richtungsänderung nach, überholt Sie und sucht bis zum rechten Feldrand. Hat er diesen erreicht, dann ändern Sie wieder die Richtung usw.

Im Laufe dieser Übungen kann der Führer seinen eigenen Zickzackkurs allmählich immer weiter reduzieren, bis er schließlich nur noch geradeaus durch die Mitte des Feldes läuft. Dies ist die effektivste Methode, um System in eine Suche zu bekommen.

Schwieriger wird es, wenn der Hund sich zu weit vom Führer entfernt (ab etwa 100 m wird es kritisch). Das kann im Prinzip nur zwei Gründe haben. Entweder stimmt etwas nicht in der Beziehung zwischen dem Hund und seinem Rudelführer oder Passion und Vorwärtsdrang des Hundes dominieren über die Unterordnung unter den Rudelführer, obwohl die beiden ansonsten eine gute Beziehung haben. Für den ersten Fall gibt es eine recht einfache Lösung: Kümmern Sie sich mehr um Ihren Hund, nehmen Sie ihn nach Möglichkeit überall hin mit - auch z.B. zum Einkaufen oder einem Schaufensterbummel - und Sie werden sehen, daß, wenn die »Chemie« stimmt, Ihr Hund sich auch im Feld stärker an Sie anlehnt und sich Ihnen unterordnet.

Schwieriger zu handhaben ist der zweite Fall - daran sind auch schon erfahrene Hundeführer fast verzweifelt (ich auch!). Bei solchen Kerlen handelt es sich meist um Kopfhundtypen mit großem Spur- und Finderwillen, die im Prinzip für die Zucht sehr wertvoll sind und später meist hervorragende Jagdhunde werden - so man sie denn in den Griff bekommt.

Wenn Sie nicht erst in diesem Kapitel mit dem Lesen angefangen haben, dann ist Ihnen sicherlich klar, daß ich bei der Jagdhundeabrichtung so weit wie möglich auf Zwang verzichte. Aber in diesem Fall geht es nicht ohne. Nur über absoluten Gehorsam kann man einen solchen Hund in den Griff bekommen. Er muß auf Trillerpfiff quasi auf jede Entfernung »Platz« machen (siehe Platzerziehung). Hat man ihm dies beigebracht, dann trillert man ihn immer herunter, wenn er bei der Suche zu weit geht, pfeift ihn zurück und läßt ihn nach dem oben erklärten Schema in die jeweils andere Richtung suchen. Dies ist eine anstrengende Arbeit, aber nach einigen Übungstagen entschädigt einen der Erfolg für die Mühe.

Fassen wir zusammen: Eine gute Suche zeichnet sich durch Ausdauer, Finderwille, ein angemessenes Tempo und eine gewisse Planmäßigkeit aus.

Vorstehen

Mit dem bedenklichen Rückgang des Federwildes und vor allem des Rebhuhns in fast allen deutschen Revieren hat die Vorsteharbeit leider enorm an jagdlicher Bedeutung verloren.

Wer noch das Glück hatte, an herbstlichen Hühnerjagden mit guten Vorstehhunden teilzunehmen, der wird mir wohl nachempfinden können, daß dies für mich die schönste aller Jagdarten ist, Hirschbrunft hin - Saujagd her.

Altweibersommer - ein Deutsch-Drahthaar sucht flott einen Kartoffelschlag ab - zwei bis drei Schützen folgen - der Hund zieht an - er macht sich immer kleiner und kriecht schließlich wie eine Raubkatze am Boden entlang - er steht fest vor - die Schützen bewegen sich so nahe wie möglich an ihn heran - die Hühner gehen hoch - ein paar Schüsse - einige Hühner fallen.

Der Hund wird gelobt, angeleint und die Jäger stecken sich eine an. Damals schadete Rauchen noch nicht ihrer Gesundheit. - Pause -

Nach ein paar Minuten Erholung wird der Hund dann zum »Einsammeln« losgeschickt. Nacheinander bringt er drei tote Hühner. Das vierte war wohl nur geflügelt. Nun muß er das Geläuf des kranken Huhns arbeiten. Man sieht, daß er einer Spur folgt, hin und her sucht und plötzlich vorsteht. »Apport« - der Hund springt voran, greift und bringt das Huhn - »sitz, aus« - Lob. Und die Jäger stecken sich wieder eine an - geben dem Hund eine Pause - und nehmen den nächsten Rübenschlag in Angriff.

Auch wenn solche jagdlichen Erlebnisse heute selten geworden sind, so ist die Feldsuche mit Vorstehen doch die bei weitem ästhetisch ansprechendste Disziplin der Jagdhundearbeit.

Unsere Drahthaar haben alle die Grundveranlagung zum Vorstehen, bei dem einen ist sie stärker, bei dem anderen weniger stark ausgeprägt. Ihre Aufgabe besteht darin, den Hund mit gutem Wind an Federwild zu bringen und sein Verhalten aufmerksam zu beobachten. Die meisten Deutsch-Drahthaar stehen, wenn sie zwei- oder dreimal an Federwild gekommen sind, also die Witterung kennen, problemlos vor, auch wenn sie dann dem abstreichenden Wild hinterherlaufen. Letzteres kann man bei einem in »Platz auf Entfernung« durchgearbeiteten Hund sehr einfach durch einen Trillerpfiff unterbinden.

Das andere Extrem sind Hunde, die, wenn sie das Wild in die Nase bekommen haben, erst kurz stocken, dann enorm beschleunigen, das Wild herauswerfen und laut kläffend hinterherrennen. Was nun? Offensichtlich ist bei diesem Hund die Beutegreifhemmung nicht stark genug ausgeprägt, und der Führer muß korrigierend eingreifen. Auch wenn es Sie mittlerweile nervt - wieder ist »Platz auf Entfernung« gefragt. Einen Hund, der diese Übung beherrscht, kann man, wenn er zeigt, daß er Wild in der Nase hat, sofort heruntertrillern. Man geht dann vorsichtig auf ihn zu, lobt ihn und läßt ihn, die Pfeife trillerbereit, weitersuchen. Ist er immer noch zu stürmisch, wird er sofort wieder heruntergetrillert. Diese wiederholte psychologische Bestrafung wirkt meist schon beim ersten Mal, und nach einigen Wiederholungen wird der Hund immer vorsichtiger, wenn er Wild in der Nase hat und steht schließlich auch einwandfrei vor.

Alles schön und gut, werden Sie vielleicht jetzt sagen, aber wo soll ich meinen Deutsch-Drahthaar an Federwild bringen? In dem Revier, in dem ich jagen darf, gibt es keines. Und außerdem wird mein Hund wohl nach den Prüfungen nie mehr vorstehen können oder müssen - also was soll das?

Die Entscheidung für einen Deutsch-Drahthaar ist die Entscheidung für einen jagdlichen Allroundkönner, aber auch für einen Vorstehhund. Diese wunderbare Anlage sollten Sie fördern und festigen, und sei es nur wegen der Ästhetik der Arbeit.

Auch wenn Sie normalerweise nur in einem »federwildfreien« Revier jagen, wird man als Otto-Normaljäger doch mal hier und dort eingeladen. Der Hochwildjäger jagt gerne mal auf Fasan und Hase, und der Traum vieler Niederwildjäger ist die Pirsch auf Rotwild und Sauen. Im Prinzip ist man als Durchschnittsjäger mit einem Vollgebrauchshund besser bedient als mit einem Spezialisten. Seinen Deutsch-Drahthaar kann man bei mehr oder weniger jeder Jagdart sinnvoll einsetzen, dies ist bei einem Spezialisten nicht der Fall.

Ein Jagdhundeleben ist für den Hund umso befriedigender und artgerechter, je mehr Arbeitsmöglichkeiten er hat. Der beste Schweißhund verkümmert, wenn er nur drei Nachsuchen im Jahr machen kann. Hält man sich einen Jagdhund, dann sollte man ihn auch an jeder Form der Jagdausübung teilnehmen lassen, und sei es manchmal auch nur passiv.

Zurück zum Vorstehen: Arbeiten Sie Ihren Hund in dieser Disziplin - Sie werden es nicht bereuen, und im Hinblick auf die Prüfungen ist es unverzichtbar. Haben Sie selbst kein geeignetes Revier zum Einarbeiten zur Verfügung, dann versuchen Sie es über Jagdfreunde.

Hilft auch das nicht, dann kann man sich privat ein wenig »Geflügel« halten. Tauben, Fasane oder Wachteln sind angenehme Haustiere und lassen sich nebenbei, in tierschutzgerechten Behältnissen in ein Deckung bietendes Feld gestellt, auch sinnvoll zur Einarbeitung im Vorstehen nutzen, ohne daß ihnen eine Feder gekrümmt wird. Bei Erreichen des Schlachtgewichts können Sie Ihr Geflügel dann tierschutzgerecht schlachten und verspeisen. Vermeiden Sie aber bitte, daß Ihr Hund dies in eigenmächtiger Weise selbst tut - das wäre dann nicht mehr tierschutzgerecht und auch nicht im Sinne der Einarbeitung im Vorstehen.

Vorstehen und Nachziehen. Fotos: G. Bottler.

Vorstehen und Nachziehen. *Fotos: G. Bottler.*

Die Spurarbeit

Für die spätere jagdliche Praxis spielt die Spurarbeit eine entscheidende Rolle. Sei es die freie Nachsuche eines kranken Hasen oder die Arbeit auf der Wundfährte am langen Riemen - der Hund leistet Spurarbeit, und auch die muß man einüben. Ist Ihr Hund vom Welpenalter an auf Futter-, Lungen- und Wildschleppen gearbeitet worden, dann hat er schon eine für die Spurarbeit positive Prägung durchlaufen. Er muß aber noch lernen, eine frische Hasenspur ausdauernd zu verfolgen. Hilfreich hierzu ist es, den Hund erst einmal den einen oder anderen Hasen hetzen zu lassen, damit sein Interesse an der Wildart und seine Passion geweckt werden.

Übertreiben Sie das aber bitte nicht, denn mancher Hund tendiert dann dazu, sich allzusehr auf seine Augen zu verlassen. Dieses Problem stellt sich aber in den meisten deutschen Revieren angesichts der mangelhaften Hasenbesätze erst gar nicht.

Da der Hund an die Arbeit am langen Riemen gewöhnt ist und diesen positiv mit Erfolgserlebnissen zu verknüpfen gelernt hat, halte ich es für sinnvoll, zumindest die ersten Spuren auch am Riemen zu arbeiten. Hierfür ist es unabdingbar, daß man sich den Fluchtweg des Hasen ganz genau gemerkt hat. Sodann legt man den Hund an den langen Riemen, setzt ihn hinter der Sasse an und läßt ihn voran suchen, ihm immer wieder z.B. das Kommando »Such den Hasen« gebend. Sie arbeiten die Spur so weit, wie der Hund sie mit Interesse verfolgt und Sie sicher sind, sich noch auf derselben zu befinden. Es bringt nichts, auf gut Glück hinter seinem Hund über die Felder zu irren.

Die Einarbeitung auf der Hasenspur am langen Riemen hat den Vorteil, daß der Hund lernt, sich zu konzentrieren und in langsamem Tempo die Spur ganz genau zu verfolgen. Ist man mit der Arbeit am langen Riemen zufrieden, dann läßt man seinen Hund die Hasenspur frei arbeiten, da dies das Endziel der Übung ist.

Hierzu brauchen Sie eine ca. 6 - 8 m lange Schnur, die Sie dem Hund, wenn er eine Spur arbeiten soll, durch die Halsung ziehen, so daß sich die Länge halbiert. Sie halten beide Enden in der Hand und setzen den Hund nach bewährtem Verfahren auf der Spur an. Die ersten dreißig Meter gehen Sie mit Ihrem Hund auf der Spur voran. Hat er sich richtig festgesogen, dann lassen Sie ein Ende der Schnur los und bleiben stehen. Die Schnur löst sich aus der Halsung und der Hund arbeitet frei. Die Benutzung einer solchen Schnur bringt den Vorteil, daß hier ein fließender Übergang vom kontrollierten zum freien Arbeiten gewährleistet ist - es gibt kein Ruckeln an der Leine oder ein Bremsen des Hundes.

Eine Spurarbeit ist gut, wenn der Hund in enger Anlehnung an ihren Verlauf arbeitet, zügig vorankommt und auch unter schwierigen Verhältnissen (unbewachsener, trockener Acker) nicht aufgibt. Auf bewachsenen Feldern sollte Ihr Hund mindestens 400 m weit arbeiten. Unter erschwerten Bedingungen sollten Sie vor allem seinen Willen zum Weiterkommen als Maßstab für die Qualität der Spurarbeit bewerten.

Steht Ihr Hund vor, arbeitet die Spur des nicht (mehr) sichtigen Hasen und sucht sorgfältig die Felder ab, dann haben Sie gemeinsam den ersten Schritt zur Ausbildung zu einem Vollgebrauchshund gemacht und können Ihren Freund auf einer Verbandsjugendprüfung vorstellen. (Ich werde die Anforderungen der einzelnen Prüfungen im folgenden noch detailliert behandeln.)

Kapitel 8
DIE GEHORSAMSAUSBILDUNG

Meine kynologischen Ziehväter hielten es früher so, daß sie nach der Jugendprüfung mit der sogenannten Stubendressur anfingen. Das heißt, man brachte den Hunden Sitz, Platz und das Apportieren bei und dies meist in einem abgeschlossenen Raum, daher der Name.

Inzwischen hat sich in Bezug auf die Methoden viel getan, aber eine Abrichtung in diesen Fächern ist unumgänglich, obwohl die Art und Weise sich geändert hat. Sie haben sicher gemerkt, daß ich in diesem Kapitel versuche chronologisch vorzugehen und erkennen an der Plazierung dieses Abschnittes, daß auch ich heute noch die Zeit für die »Hohe Schule« der Gehorsamsabrichtung im Alter von etwa einem Jahr (8 - 14 Monate, je nach psychischem Zustand des Hundes) sehe. Erschrecken Sie bitte nicht, es folgen jetzt keine Anleitungen zum Herunterknüppeln von Hunden. Vielmehr kann ich die Wahl dieses Alters damit begründen, daß die Hunde geschlechtsreif sind, ihr Wachstum mehr oder weniger abgeschlossen haben und charakterlich gefestigt sind, also einem gewissen abrichtungsbedingten Druck standhalten. Bis zu diesem Alter lasse ich meinen Hunden so viel Freiheit wie möglich, obwohl ich intensiv mit ihnen arbeite.

Nun befinden wir, die wir nach Anleitung dieses Buches vorgegangen sind, uns in der vorteilhaften Lage, daß unsere Hunde bereits nach dem »Lustprinzip« Sitz, Platz, Leinenführigkeit und eventuell auch das Apportieren gelernt haben. Was sollen sie denn jetzt noch lernen? Darauf gibt es nur eine Antwort: Zuverlässigkeit.

Ich weiß, daß viele Abrichter anderer Rassen mir hier vehement widersprechen werden, indem sie sagen, daß man erwünschte Verhaltensweisen ohne jede negative Verstärkung ausschließlich nach dem Lustprinzip zuverlässig festigen kann. Ich weiß nicht, wer von diesen Leuten schon einmal probiert hat, nach dieser Methode einen hochpassionierten Deutsch-Drahthaar davon abzuhalten, ein Reh zu hetzen, wenn man einige Zeit vorher noch die Hetzpassion am Hasen gefördert hat. Das Komplizierte bei diesen Allroundjagdhunden ist doch, daß man sich scheinbar widersprechende Leistungen von ihnen fordert.

Englische Vorstehhunde sind Feldspezialisten mit ausgeprägter Beutegreifhemmung, die hervorragend vorstehen, aber nach dem Schuß nicht mehr so gut zu gebrauchen sind. Dafür hat man dann den Retriever, der das Wild einsammelt, aber wiederum nicht vorsteht. Sucht man ein krankgeschossenes Stück Schalenwild, dann nimmt man einen Schweißhund zu Hilfe, der aber weder auf der Feldjagd noch bei der Wasserarbeit zu gebrauchen ist. Ein guter Deutsch-Drahthaar soll alle diese Aufgaben zuverlässig erfüllen, und es ist gar nicht so leicht, ihn so weit zu bringen.

Wer einmal beobachtet hat, wie eine Hündin ihre Welpen oder Junghunde maßregelt, der wird mir zustimmen, daß auch die negative Verstärkung, sprich Bestrafung, zu Lerneffekten führt. Wir tendieren immer dazu, von einem Extrem ins andere zu fallen. Nachdem man jahrhundertelang hauptsächlich mit Zwang abgerichtet hat, glauben heute viele, vollkommen ohne diesen auskommen zu können. Ich bin sicher, daß dies genauso gut oder schlecht funktioniert wie die antiautoritäre Kindererziehung der siebziger Jahre. So wenig Zwang wie möglich, aber so viel wie nötig anzuwenden, in Abhängigkeit vom Wesen des jeweiligen Hundes, scheint mir die richtige Lösung zu sein.

Zurück zur sogenannten Grundabrichtung: Es heißt also, das bereits Erlernte zu festigen und auszubauen. Wichtig ist hierbei, daß der Hund ein Kommando ohne Wenn und Aber befolgt. Dies erfordert vor allem Konsequenz vom Ausbilder.

Ablegen

Da unser Hund das Kommando »Platz« bereits kennt und auch meistens befolgt, können wir darauf aufbauen. Als erstes wollen wir das Ablegen einüben. Das freie Ablegen ist in der jagdlichen Praxis zum Beispiel bei Pirschgängen von großer Bedeutung. Die Schwierigkeit dabei ist, daß ein Hund normalerweise seinem Meuteführer folgen will, es wird also ein nicht unbedingt arttypisches Verhalten verlangt.

Ablegen. Foto: Gerd Bottler.

Geben Sie Ihrem Hund das Kommando »Platz«. Hat er dies ausgeführt, dann bewegen Sie sich langsam rückwärts von ihm weg, das Kommando in kurzen Abständen wiederholend. Bleibt der Kerl liegen - gut - steht er auf, gehen Sie schnell auf ihn zu und und bringen ihn energisch (laute, bestimmte Stimme, erhobene Hand) dazu, sich wieder hinzulegen. Wiederholen Sie die Prozedur, bis Sie sich auf etwa zwanzig Meter entfernen können, ohne daß der Hund Ihnen folgt oder auch nur aufsteht. Lassen Sie ihn jeweils eine Zeitlang liegen und gehen Sie anschließend zu ihm zurück. Dann hat er sich natürlich ein riesiges Lob verdient - damit sollte man grundsätzlich nicht sparsam umgehen. Und noch etwas: Gewöhnen Sie sich an, nach einigen Minuten der Übung zu sagen: »Genug für heute«. Denken Sie immer an diesen Satz, wenn das Aufnahmevermögen des Hundes nachläßt oder Sie den Eindruck haben, selbst genervt zu sein.

Klappt also diese erste Übung zuverlässig, dann gehen wir zum nächsten Schritt über. Man legt den Hund so ab, daß man sich beim Entfernen nach etwa 20 - 30 Metern um eine Hausecke außerhalb des Blickfeldes des Hundes bewegen kann. Im Normalfall wird der um die Ecke schielende Ausbilder nach kurzer Zeit einen langsam vorrobbenden Hund auf der Suche nach seinem Chef erblicken. Jetzt heißt es wieder, energisch einzugreifen. Leinen Sie den Hund an und bringen Sie ihn an die Stelle zurück, wo er eigentlich noch liegen sollte. Der Tonfall ihrer Stimme und energisches Rucken an der Leine machen dem Hund klar, daß er ein vom Rudelführer unerwünschtes Verhalten gezeigt hat. Wie bei allem Üben festigt die Wiederholung auch hier erwünschtes Verhalten und läßt unerwünschtes immer seltener auftreten. Die Zeitspanne, über die Sie sich verstecken, wird natürlich dabei immer weiter ausgedehnt, bis der Hund es abgelegt mindestens zehn Minuten ohne seinen »geliebten« Rudelführer aushält. Übrigens, vergessen Sie das Loben nicht.

Draußen im Revier üben wir dieses »Versteckspiel« lustig weiter, bis es dann bei einem Pirschgang ernst wird und funktionieren muß. Es gibt kaum etwas Unangenehmeres als einen Jagdhund, der einem die Jagd »vermasselt«.

Schließlich muß der Hund auch ruhig liegen bleiben, wenn Sie außerhalb seines Sichtfeldes schießen. Das diesbezügliche Einarbeiten funktioniert im Prinzip genauso wie das Ablegen ohne Schußabgabe, d.h. man entfernt sich beim Schießen immer weiter vom abgelegten Hund, bis man schließlich außer Sicht ist. Nicht schußhitzige Hunde lernen dies sehr schnell.

Platz auf Entfernung

Das »Platz auf Entfernung« ist nicht nur jagdlich ein Muß, sondern auch eine Art Lebensversicherung für Ihren Hund. Wie oft habe ich es erlebt, daß einer meiner Hunde hinter Wild auf eine stark befahrene Straße zujagte und nur ein Trillerpfiff ihn davon abhielt, diese zu überqueren. Ihr Hund muß, solange er seinen Führer wahrnehmen kann, auf Ruf, Trillerpfiff oder Handzeichen Platz machen. Und Sie müssen ihm das beibringen.

Ich hatte mit folgender Vorgehensweise immer die schnellsten Erfolge, auch wenn die Sache schon etwas komisch wirkt. Ich stelle mich vor den Hund mit erhobener Hand, sage »Platz« und trillere anschließend. Nicht der geballte Einsatz der Kommandos bringt es, sondern deren Verknüpfung beim Hund. Wenn wir davon ausgehen, daß er bisher nur das Kommando »Platz« und eventuell das Sichtzeichen kannte, dann lernt er jetzt ein drittes Kommando kennen, das er in Zukunft befolgen soll. Nach einigen Wiederholungen dieses Kommandospektakels trillert man nur noch bei gleichzeitig erhobener Hand. Sie werden sehen, der Hund legt sich brav hin und bald funktioniert die Sache auch »freihändig«. Platz auf (große) Entfernung ist das aber immer noch nicht, werden Sie einwenden - also weiter.

Nehmen Sie Ihren Hund an eine lange Leine (mindestens zwanzig Meter) und trillern Sie mit erhobener Hand, wenn er sich einige Meter von Ihnen entfernt hat. Legt er sich hin, dann loben Sie ihn überschwenglich, tut er es nicht, dann rucken Sie stark an der Leine, gehen zügig auf ihn zu und wiederholen dabei das Kommando. Dieses am Hundehals schmerzende Rucken an der Leine kennt unser Freund ja bereits als Reaktion des Rudelführers auf ein unerwünschtes Verhalten und das bedrohliche Nähern des Ausbilders tut ein übriges, um den Hund zum Hinlegen zu bewegen. Beim zweiten oder dritten Mal legt der Hund sich dann auf jeden Fall auf Kommando hin, egal, ob er zehn oder dreißig Meter vom Ausbilder entfernt ist. Die Übungen an der langen Leine muß man so lange durchführen, bis der Hund aud jedes Platzkommando quasi zusammenklappt. Erst dann übt man ohne lange Leine, jedoch auf einem eingefriedeten Grundstück, damit der Hund sich nicht gänzlich der Einwirkung seines Ausbilders entziehen kann.

Frei umherlaufend scheinen viele Hunde zu glauben, das Erlernte gelte nicht mehr. In solchen Fällen kommt meine Wurfkette zum Einsatz. Es handelt sich dabei um ein etwa 80 cm langes, recht kleingliedriges Kettenstück, das gut in meine Hand paßt. Ich weiß schon, was Sie jetzt denken: Also doch einer von der alten Schule. Ja und nein, denn ich übe dominantes, einschüchterndes Verhalten aus, ohne allerdings dem Hund dabei Schmerzen zuzufügen. Die Kette werfe ich also nicht dem Hund ins Kreuz, sondern vor die Füße. Das wirkt unheimlich einschüchternd und führt sofort zum Erfolg. Nach einem kurzen Seitensprung legt unser Freund sich auf ein erneutes Kommando mit eingeklemmter Rute hin.

Welchen Lerneffekt haben wir hiermit erreicht? Unser Hund hat erkannt, daß die Einwirkungsmöglichkeit des Kopfhundes unabhängig von der räumlichen Entfernung und einer Leine immer vorhanden ist. Er lernt das unangenehme, von der Kette erzeugte Geräusch als etwas Bedrohliches kennen, das, wie zum Beispiel das Knurren eines Ranghöheren, eine Verhaltensänderung bewirken soll. Die Wurfkette kommt auch später im Revier zum Einsatz und macht meist den Einsatz eines elektronischen Dressurgerätes (Teletakt) überflüssig.

Leinenführigkeit, Gehen frei bei Fuß

Perfekte Leinenführigkeit bedeutet mehr als nicht an der Leine zu zerren. Der Hund muß sich mit seinem Kopf immer auf Kniehöhe des Führers befinden, sich an dessen jeweilige Geschwindigkeit anpassen, sich mit der locker durchhängenden Leine nicht an Hindernissen (z.B. Bäumen) verfangen und jede Richtungsänderung des Führers mitmachen.

Von der Früherziehung her kennt unser Hund bereits das Kommando »Fuß« und er weiß, daß er, wenn angeleint, links neben seinem Führer hergehen muß. Jetzt müssen wir ihm noch einige Feinheiten beibringen: Damit der Hund auch wirklich immer auf Kniehöhe bleibt, ruckt man jedesmal an der Leine, wenn er zu weit vorgeht oder seitlich ausbrechen will. Ziehen Sie den Hund dabei nicht hinter sich her, sondern rucken sie nur kurz (entgegen der Bewegungsrichtung des Hundes) und lassen Sie danach die Leine sofort wieder locker durchhängen. Man kann auch an einem Zaun (oder einer Mauer) entlanggehen. Dabei befindet sich der Hund zwischen dem Bein des Führers und dem Zaun. Geht er zu weit vor, dann bewegt man sich näher auf den Zaun zu und schneidet dem Hund so den Weg ab. Bei diesen Übungen gibt man immer wieder das Kommando »Fuß«. Schließlich wechselt man des öfteren das Tempo. Man geht sehr langsam oder ganz forsch und immer muß der Hund auf Kniehöhe seines Führers mitlaufen. Bleibt der Führer stehen, dann muß sein Hund sich hinsetzen. Anfangs gibt man ihm beim Stehenbleiben das Kommando »Sitz«, aber nach einigen Übungen wird dies überflüssig, der Hund hat die Lektion gelernt.

Für einen Jäger ist es wichtig, daß sich sein Hund bei Waldgängen nicht laufend mit der Leine an Bäumen verfängt, daß also, wenn der Führer rechts an einem Baum vorbeigeht, der Hund es nicht links versucht.

Um seinen Jagdfreund hierfür zu sensibilisieren, geht man durch ein Stangenholz, und wenn die oben beschriebene Situation eintritt, bleibt man erst einmal stehen und sagt »Fuß«. Korrigiert er sich nicht selbst, dann geht man sehr langsam aber bestimmt weiter. Dabei zieht man den Hund automatisch mit der Leine nach hinten und schließlich um den Baum herum. Für unseren Freund ist das eine recht unangenehme Erfahrung. Nur wenige Wiederholungen dieser Lektion führen zum erwünschten Lernschritt. Der Hund hat »verstanden«, daß es sehr viel angenehmer ist, die Bäume »links liegen zu lassen«.

Geht der Hund einwandfrei an der Leine, dann übt man das »Gehen frei bei Fuß«. Ich habe diese beiden Disziplinen in einem Kapitel zusammengefaßt, weil das »Gehen frei bei Fuß« nur die Fortsetzung der »Leinenführigkeit« ohne das Mittel Leine ist. Um dem Hund nicht allzu abrupt das Gefühl der großen Freiheit zu geben, lasse ich anfangs einfach die Umhängeleine über den Boden schleifen und gebe wiederholt das bekannte Kommando »Fuß«. Dabei hat mein Hund wohl immer noch irgendwie das Gefühl angeleint zu sein und benimmt sich entsprechend. In einem nächsten Schritt ersetze ich die Umhängeleine durch eine ganz kurze Führleine. Lasse ich diese los, dann fühlt sich der Hund wohl schon relativ frei, aber er geht trotzdem einwandfrei bei Fuß. Beim letzten Schritt der Abrichtung benutze ich ein Seil, das ich durch die Halsung führe und an den beiden Enden festhalte. Nachdem ich so einige Meter mit dem Hund gegangen bin, ziehe ich

Sitz! *Foto: Gerd Bottler.*

Frei bei Fuß! *Foto: Gerd Bottler.*

es vorsichtig an einem Ende aus der Halsung und schaffe so einen fließenden Übergang von der »Leinenführigkeit« zum »Gehen frei bei Fuß«. Wenn Sie nach dieser Methode vorgehen, dann erziehen Sie sich einen angenehmen Begleiter auf allen Wegen. Aber vor einem muß ich Sie noch warnen: auch wenn Sie glauben, daß Ihr Hund absolut zuverlässig »frei bei Fuß« geht, führen Sie ihn niemals unangeleint in der Nähe von oder auf stark befahrenen Straßen, denn nicht nur wir Menschen vergessen manchmal unsere gute Erziehung.

Apportieren

Das Einarbeiten eines Deutsch-Drahthaar im Apportieren belastet mich normalerweise noch mehr als das Schreiben darüber. Warum? Die zwei bis drei Wochen intensiver Einarbeitung im Apportieren stellen das Verhältnis Abrichter - Hund oft vor größte Bewährungsproben. Ich habe bereits darauf hingewiesen, daß ich bei der Platz- und Apportierabrichtung leider nicht ganz auf negative Verstärkung verzichten kann.

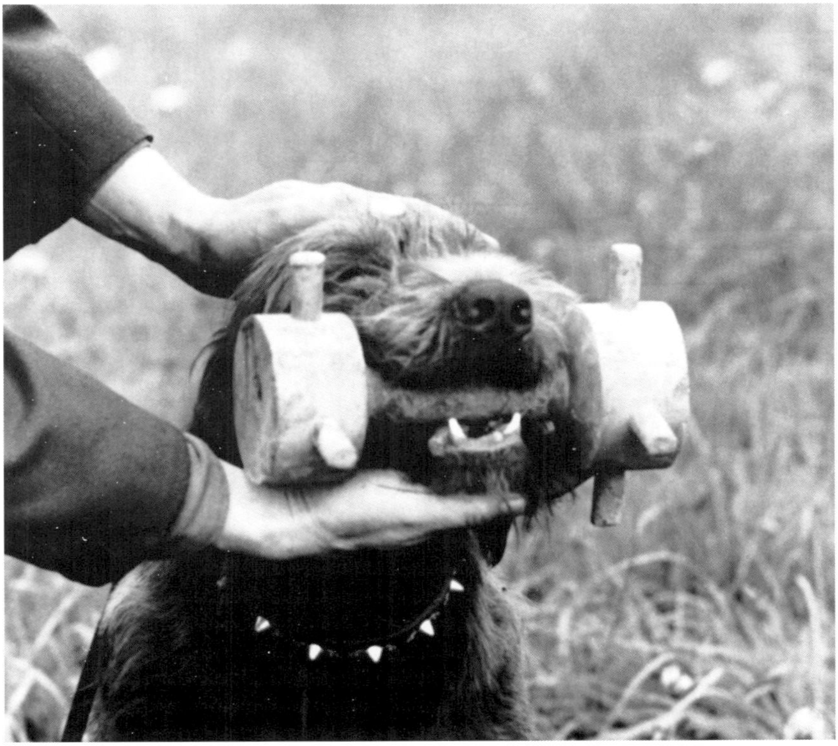

Übung zum Halten des Apportierbocks. Foto: Hans Niesters.

Es ist mittlerweile bekannt, daß vor allem amerikanische Abrichter große Erfolge (als Abrichter, aber vor allem als Buchautoren) mit ihren scheinbar zwangfreien Methoden bei der Einarbeitung im Apportieren haben. Warum machen wir ihnen das nicht, wie so vieles andere, auch nach? Weil es bei mindestens 80 % der Deutsch-Drahthaar nicht funktioniert.

Es gibt vielleicht die 20% Deutsch-Drahthaar, die eine ähnlich stark ausgeprägte, angewölfte Apportierfreude besitzen wie z.B. ein Retriever, dessen Hauptaufgabe das Bringen von Nutzwild ist. Da das Arbeitsfeld eines Vollgebrauchshundes aber viel weiter ist, gab es nie eine bewußte züchterische Selektion in Richtung Apportierfreude. Außerdem müssen unsere Hunde nicht nur angenehm riechende Enten und Fasane, sondern auch stinkende und schwere Füchse über längere Strecken apportieren - und da scheiden sich die

Geister - ich wette darauf, auch bei der überwiegenden Mehrzahl der nicht mit Zwang abgerichteten Retriever.

Aber zurück zur Apportierabrichtung. Stellen Sie sich vor, Ihr junger Deutsch-Drahthaar bringt Ihnen schon im Alter von fünf bis sechs Monaten, spielerisch eingeübt, Federwild, Kaninchen u.ä. ohne Probleme und hat auf einer winterlichen Jagd auch schon den einen oder anderen Hasen »herangeschleppt«. Toll, werden Sie sagen, warum sollte ich den Hund noch mit der Zwangsapportiererei quälen? Die Antwort ist: Wegen der Zuverlässigkeit.

Auch wenn man schon die Welpen an den Fuchs und seinen Geruch gewöhnt hat, kommt es später immer wieder vor, daß nicht durchgearbeitete Hunde den Fuchs, besonders, wenn sie sich unbeobachtet fühlen, liegen lassen. Andere Probleme können z.B. auch bei Hasenjagden auftreten. Nachdem der Hund mehrere Hasen herangetragen hat, wird ihm die Arbeit zu schwer, und er läßt den nächsten nach einigen Metern einfach liegen. Auch kann es vorkommen, daß vor einem apportierenden Hund Wild hochgeht, er dieses dann hetzt und den Hasen einfach fallen läßt. Dies sind Dinge, die Ihnen mit einem im Zwangsapport (das Wort klingt grausamer als es die Einarbeitung ist) konsequent durchgearbeiteten Hund nicht passieren.

Halten des Apportierbocks. *Foto: Gerd Bottler*

Aufnehmen. *Foto: Gerd Bottler.*

Also zum sogenannten Zwangsapport: Vergessen Sie erst einmal alles, was der Hund apportiermäßig schon beherrscht und fangen Sie ganz von vorne an. Dazu benötigen Sie Ihre Umhängeleine, ein Stück (etwa 25 cm) Besenstiel, Ihre beiden Hände, viel Geduld und natürlich Ihren Hund. Lassen Sie ihn sich angeleint neben Sie setzen, halten Sie ihm den Besenstiel vor den Fang und sagen Sie »Apport«. Normalerweise passiert jetzt gar nichts. Versuchen Sie dann, dem Hund das Apportel in den Fang zu schieben. Läßt er das mit sich machen, gut, dann wiederholen Sie das Kommando, loben den Hund und nehmen den Stiel nach kurzer Zeit mit dem Kommando »Aus« wieder aus dem Fang des Hundes. Dies wiederholen Sie einige Male. Aber ich muß Ihnen jetzt schon sagen, daß es so wahrscheinlich nicht funktioniert. Die meisten Hunde lassen sich nicht so einfach einen Besenstiel in den Fang stecken, und tun sie es doch, so lassen sie ihn gleich wieder fal-

Bringen. Foto: Gerd Bottler.

len. Hier kommen Ihre beiden Hände ins Spiel. Öffnet der Hund den Fang nicht, dann drücken Sie mit Ihrer linken Hand die Lefzen gegen die Zähne des Oberkiefers. Sobald er den Fang öffnet, schieben Sie das Apportel hinein, dabei immer wieder das Kommando »Apport« gebend. Hat er es im Fang, dann legen Sie die rechte Hand unter den Unterkiefer, während die linke auf dem Oberkiefer bleibt, damit der Hund das Apportel nicht wieder fallen läßt. Nach etwa 30 Sekunden nehmen Sie das Apportel mit dem Kommando »Aus« wieder aus dem Fang und wiederholen die Übung 10 - 15 mal. Vergessen Sie nicht, Ihren Deutsch-Drahthaar immer kräftig zu loben, wenn sein Verhalten einigermaßen Ihren Vorstellungen entspricht. Nach jeder Übungseinheit tollen Sie mit Ihrem Hund herum oder gehen ins Revier, damit das Verhältnis sich wieder normalisiert. Über zwei Übungseinheiten am Tag mit maximal 10 Minuten sollten Sie nicht hinausgehen.

Ich habe immer das Gefühl, gewonnen zu haben, wenn mein Hund auf Kommando selbständig den Fang öffnet und das Apportel ohne Unterstützung meiner Hand festhält. Wann dieser Punkt erreicht ist, differiert von Hund zu Hund stark (ein bis fünf Tage). Eine weitere wichtige Klippe ist überwunden, wenn unser Freund seinen Kopf ein wenig vorbewegt, um das Apportel selbständig aufzunehmen. Hat er diesen Schritt vollzogen, dann ist der Rest nur noch eine Frage der konsequenten Weiterführung der Übungen. Aber zurück zu dem Punkt, wo der Hund den Fang ohne Lefzendruck öffnet und das Apportel ohne Unterstützung festhält. Jetzt müssen wir ihn dazu bringen, das vor die Nase gehaltene Apportel aufzunehmen. Um dies zu erreichen, deute ich mit der linken Hand einen Lefzendruck an und führe gleichzeitig mit dieser Hand den Kopf etwas nach vorne, damit der Hund das Apportel aufnimmt. Die meisten Kerle haben das sehr schnell verstanden und greifen zur Vermeidung des Lefzendrucks begierig nach dem Apportel. Langsam kann man jetzt die Entfernung zwischen Fang und Apportel bei den einzelnen Übungen vergrößern, und zwar in Richtung Boden. Nun ist auch der Zeitpunkt gekommen, den Besenstiel gegen einen Apportierbock (im Fachhandel erhältlich) auszutauschen. Der Wechsel vollzieht sich normalerweise reibungslos.

Der dritte kritische Punkt bei der Apportierabrichtung ist das selbständige Aufnehmen des Apportierbocks vom Boden. Komischerweise nimmt jeder Hund nach den oben beschriebenen Übungsschritten den Bock auf, solange man die Hand daran hält. Legt man ihn aber vor den Hund auf den Boden und sagt dann Apport, so nehmen die meisten Hunde ihn nicht gleich auf. Auch hier hilft dann wieder die Androhung des Lefzendrucks und eine Bewegung der rechten Hand auf den Apportierbock hin. Nimmt unser Freund den Bock zuverlässig vom Boden auf und hält ihn in Sitzposition, bis der Führer ihn abnimmt, dann vergrößern wir die Entfernung zwischen Hund und ausgelegtem Bock. Erst muß er nur einige Schritte zum Apportierbock laufen, ihn aufnehmen, zum Führer tragen, sich setzen und nur auf Kommando ausgeben. Halten Sie dabei immer die Kommandofolge »Apport«, »Komm«, »Sitz«, »Aus« ein. Ich möchte nochmals betonen, daß der Hund bei allen diesen Übungen angeleint ist, also mit der Leine dirigiert und kontrolliert wird. Bei zunehmenden Apportierentfernungen wird die Führerleine durch eine lange Leine ersetzt. Erst wenn der

Bock mit Zusatzgewichten. Foto: E. Grüner.

Hund den in 10 bis 20 m Entfernung ausgelegten Bock an der langen Leine hundertprozentig apportiert, machen wir den Versuch, ihn frei arbeiten zu lassen.

Unter einem hundertprozentigen Apportieren verstehe ich, daß unser Hund zügig zum Apportierbock läuft, ihn ohne Zögern aufnimmt, ihn zügig bringt, sich setzt und den Bock erst auf Kommando ausgibt. Das freie Arbeiten funktioniert normalerweise einwandfrei, wenn die oben beschriebenen Voraussetzungen geschaffen worden sind. Ich lege normalerweise den Hund ab, trage den Bock zwischen zehn und dreißig Meter vom Hund weg, gehe zurück zu ihm und schicke ihn mit dem Kommando »Apport« los. Ich vermeide es bewußt, den Apportierbock zu werfen, da dies einige Hunde erfahrungsgemäß zum Herumspielen mit dem Apportel animiert. Um den Hund für seine spätere Apportierarbeit mit schwererem Wild auch körperlich fit zu machen, erhöhe ich ganz allmählich das Gewicht des Apportierbocks durch das Hinzufügen von Gewichtsscheiben (aus Holz und Eisen), bis der Bock schließlich etwa zehn Pfund wiegt. Bei diesen höheren Gewichten muß der Teil des Bockes, den der Hund greift, mit weichem Material (Fell o.ä.) umwickelt werden, damit das Tragen für den Hund nicht schmerzhaft ist.

Apportieren von Wild

Hat man seinen Deutsch-Drahthaar vom Welpenalter an mit allen möglichen Wildarten bekannt gemacht, dann wird er ein ausgelegtes Kanin oder einen Fasan ohne Zögern apportieren. Trotzdem arbeite ich anfangs noch mit der langen Leine, um irgendwelchen unerwarteten Reaktionen des Hundes vorzubeugen. Erst dann lege ich kurze Schleppen, auf denen ich meinen Hund frei arbeiten lasse. Dieses Prozedere sollte man bei allen später zu apportierenden Wildarten anwenden, Schwierigkeiten gibt es dann höchstens noch beim Fuchs. Viele Hunde packen tote Füchse nicht gerne an (verständlich?!), vor allem, wenn sie nicht mehr ganz frisch sind.

An dieser Stelle stellt sich natürlich die Frage, ob es in einer Zeit von mit Fuchsbandwurm durchseuchten Populationen sinnvoll, wünschenswert oder zumutbar ist, Jagdhunde Füchse apportieren zu lassen. Aber solange

Ganz schön schwer! Foto: Gerd Bottler.

Das erste Kanin!
Foto: Gerd Bottler.

die Arbeit am Fuchs Bestandteil der Verbandsgebrauchsprüfung ist, muß jeder Führer selbst entscheiden, ob ihm seine Gesundheit oder eine bestandene VGP wichtiger ist. Beim Fuchsapportieren fange ich mit einem Jungfuchs an, der weniger schwer ist und auch noch keinen so starken Geruch entwickelt. Will der Hund ihn auf Kommando nicht aufnehmen, er befindet sich natürlich an der Leine, dann setze ich wieder den altbekannten Lefzendruck ein. Der Hund weiß genau, was er tun soll und daß es kein Entrinnen gibt - er muß den Fuchs aufnehmen. Oft hilft auch schon ein kurzes Rucken an der Leine in Kombination mit dem energischen Kommando »Apport«. Sie müssen so lange an der langen Leine exerzieren, bis Sie sicher sind, daß Ihr Hund den Fuchs zuverlässig bringt, erst dann können Sie ihn frei auf der Fuchsschleppe arbeiten lassen. Man erspart sich, wie schon gesagt, viel Ärger und Arbeit beim Fuchsapportieren, wenn der Welpe bereits die Möglichkeit hatte, sich mit seinem Gattungsgenossen »anzufreunden«.

Was Ihr Hund beim Übergang vom Apportierbock zum Wild auch lernen muß, ist der richtige Griff. Einige Hunde balancieren das Wild selbständig nach dem »Versuch und Irrtum«-Prinzip richtig aus, anderen muß man auf die Sprünge helfen. Das Ausbalancieren schwerer Apportiergegenstände kann man mit einem Sandsack oder einem Aststück einüben. Man legt dem Hund das Apportel ausbalanciert in den Fang und läßt ihn es tragen. Hat man dies einige Male geübt, dann läßt man den Hund selbst aufnehmen, unterstützt ihn aber dabei, die richtige Stelle zum Anpacken zu finden. Da unsere Drahthaar intelligente Hunde sind, haben sie das Prinzip schnell erkannt und werden immer geschickter beim Ausbalancieren großer und schwerer Apportiergegenstände, so z.B. auch eines ausgewachsenen Fuchses.

Mit diesen Ausführungen möchte ich das Kapitel »Apportieren« abschließen. Es gibt sicherlich noch einige besondere Problemfälle (Knautscher, Totengräber), die man in diesem Zusammenhang ansprechen könnte, die aber nur bei unsachgemäßer Einarbeitung auftreten und deshalb später behandelt werden sollen.

Halt fest! *Foto: Gerd Bottler.*

Totverbellen und Totverweisen

Früher wurde der Totverbeller als die Krönung der Jagdgebrauchshundeabrichtung angesehen. Und auch heute ist es noch so, daß man auf der VGP mit einem Totverbeller oder -verweiser zusätzliche Punkte machen kann und so bei der Preisverteilung ganz oben landet. Während das Bringselverweisen meiner Meinung nach eine absolute Zirkusveranstaltung zur Erreichung einer höheren Punktzahl, aber ohne jede jagdliche Relevanz ist, können zuverlässige Totverbeller auch in der Jagdpraxis hilfreich sein. Aber bevor wir uns näher mit dem Totverbellen beschäftigen, sollten wir uns klarmachen, daß Schweißarbeit Riemenarbeit ist. Der Hund wird also nur geschnallt, wenn ein Stück aus dem Wundbett hochgeht und er es stellen oder niederziehen soll. Im letzteren Fall ist der Totverbeller von Nutzen, weil er einen durch sein Bellen zu der Stelle, an der er das Reh niedergezogen hat, rufen kann. Wie oft eine solche Situation in einem normalen Jagdhundeleben eintritt, steht allerdings auf einem anderen Blatt. Eine große Gefahr sehe ich darin, daß man einen Totverbeller schon schnallt, wo man mit einem anderen Hund noch ruhig am Riemen weiterarbeiten würde - und das führt oft zu Fehlsuchen.

Aber wenn es denn sein muß, wie mache ich aus meinem Hund einen Totverbeller? Nicht jeder Hund ist dafür geeignet, aber einige bieten sich geradezu an und bei denen ist es eigentlich ganz einfach. Es gibt nämlich Welpen, die bellen »mit einem«. Ja, wenn man sie ein wenig animiert oder ihnen Futter vorenthält, dann »bauzen« sie einen an. Aus solchen Welpen, die einen »losen Hals« haben, kann man Totverbeller machen. Bei den anderen ist es eher eine Quälerei für Hund und Abrichter.

Mit der Einarbeitung beginnt man bereits im Welpenalter. Nachdem der Welpe gelernt hat, daß er in seiner Futterschüssel mehrmals täglich wunderbare Köstlichkeiten serviert bekommt, geht man als »böses Herrchen oder Frauchen« plötzlich dazu über, die Schüssel mit einer getrockneten Rehdecke so abzudecken, daß der Hund nicht mehr ans Futter kommt. Bellfreudige Hunde kommentieren die frustrierende Situation sehr schnell mit einigen »Bauzern«. Bellt der Hund also an der Rehdecke, dann lobt man ihn mit dem Kom-

Totverbellen!
Foto: W. Weber.

mando »Gib laut, so ist's brav, gib laut«, entfernt nach kurzer Zeit die Rehdecke und gibt dem Kleinen so Zugang zum verdienten Futter.

Dieses Vorgehen muß man über acht bis vierzehn Tage bei jeder Fütterung wiederholen. Schließlich kann man probieren, ob der junge Hund die Rehdecke auch ohne eine sich darunter befindliche Futterschüssel verbellt. Normalerweise ist dies der Fall. Er hat die Decke und das Kommando mit einem bestimmten Verhalten, nämlich dem Bellen, assoziiert. Von jetzt an genügt es, ihn nach jeder Belleinheit, die man allmählich und mit zunehmendem Alter des Hundes bis auf zehn Minuten ausdehnen sollte, ausgiebig zu loben und ihm einen guten Brocken zu reichen.

Ein Problem gilt es allerdings jetzt noch zu meistern: Der Hund darf sich beim Verbellen nicht vom Reh oder der Decke entfernen, auch wenn sein Führer nicht in der Nähe ist. Manche Hunde bleiben ganz selbstverständlich bei ihrer Beute, die meisten wollen aber zum Rudelführer. Dazu bringt man dem Hund das »Bleib« bei. Bei den Jagdgebrauchshunden arbeiten wir, wie oben beschrieben, normalerweise mit dem »Ablegen«. Da es sich im Liegen aber nicht so gut bellt, sollte man hier die »Bleib«-Abrichtung durchführen. Erzieht man sich also einen Totverbeller, dann achtet man darauf, daß sich der Hund beim »Gehen frei bei Fuß« nicht hinsetzt, wenn der Führer anhält, sondern ruhig neben ihm steht. Dabei gibt man das Kommando »Bleib«. Beherrscht er die Übung, dann kann man analog zur Einarbeitung im »Ablegen« vorgehen (s.o.).

Hat der Hund verstanden, daß er die Decke verbellen soll, ohne sie dabei zu verlassen, dann schleppen wir sie etwa hundert Meter durch ein Altholz. Nach kurzer Zeit setzen wir unseren Hund auf der Schleppe an mit dem Kommando »Zum Bock« und warten, was er tut. Hat man die oben beschriebenen Vorübungen sorgfältig trainiert, dann stellt er sich zur Rehdecke und verbellt sie ausdauernd. Mit der Zeit verlängert man die Schleppe und legt sie so, daß der Hund seinen Führer nicht mehr wahrnehmen kann. Zeigt er dasselbe Verhalten, wenn man die Rehdecke gegen ein frisch geschossenes Reh austauscht, dann hat man sich einen Totverbeller erzogen.

Kapitel 9
DIE WALDARBEIT

Einarbeitung auf Schweiß

Da die Arbeit nach dem Schuß und hier insbesondere die Schweißarbeit eine immer größere Bedeutung beim jagdlichen Einsatz unserer Deutsch-Drahthaar bekommt, möchte ich der diesbezüglichen Einarbeitung hier einen größeren Raum geben.

Die richtige Ausrüstung. Foto: E. Grüner.

Haben Sie sich entschieden, einen Deutsch-Drahthaar zu kaufen, der später sehr viel auf Nachsuchen eingesetzt werden soll, dann müssen Sie dies bereits beim Welpenkauf berücksichtigen. Der einzelne Zwinger und seine Zuchtgeschichte sowie das dominierende Zuchtziel des Züchters sind mitentscheidend für den Erfolg bei der späteren Einarbeitung für spezialisierte Einsatzbereiche wie eben die Schweißarbeit. Auch innerhalb einer Rasse gibt es völlig unterschiedliche Veranlagungsschwerpunkte und Temperamente. Hat man sich also einen Zwinger ausgesucht, in dem nachgewiesenermaßen sehr viel Wert auf gute Spur- und Fährtenarbeit gelegt wird, dann sollte man bei der Auswahl des Welpen auch darauf achten, wie der kleine Kerl seine Nase einsetzt. Hunde, die bevorzugt mit tiefer Nase ihre Umwelt erkunden, eignen sich normalerweise besser für die spätere Spur- und Wundfährtenarbeit als Hunde, die mit hoher Nase, immer den Wind nutzend, zu Werke gehen. Auch wenn man durch die Einarbeitung sehr viel korrigieren kann, so kann eine gewisse genetisch bedingte Disposition für einen spezialisierten Einsatzbereich nur von Vorteil sein. Wir erinnern uns an die Entstehung der Rasse und damit daran, daß sowohl die Beutegreifhemmung als auch der Finder- und Spurwille genetisch verankert sind und bei den einzelnen Welpen unterschiedlich stark zur Ausprägung kommen können.

Ein zweiter Punkt, auf den man achten sollte, ist das Freßverhalten. Gierig fressende Welpen werden später meist die besten Schweißhunde. Warum dies so ist, werden Sie im Folgenden erfahren.

Übungsfährten

Den Grundstein für die Schweißarbeit haben wir bereits im Welpenalter durch das Arbeiten von Futter- und Lungenschleppen am langen Riemen gelegt. Wenn wir davon ausgehen, daß unser Junghund schon im Alter von 4 - 5 Monaten Lungenschleppen von 200 - 400 m arbeitet und einigermaßen riemenfest ist, d.h.

sich nicht durch den Riemen bei der Arbeit stören läßt und daran gewöhnt ist, daß der Führer die Geschwindigkeit seiner Arbeit kontrolliert und bestimmt, dann ist die Einarbeitung auf Schweiß nur eine konsequente Weiterführung mit sich ändernden Mitteln. Die Lungenschleppe bleibt aber vom Anfang bis zum Ende der Einarbeitung eine immer wiederkehrende, im Schwierigkeitsgrad steigende, sehr sinnvolle Übung für Hund und Führer. Da kaum jemals sichtbarer Schweiß vorhanden ist, beschränken sich die Kontrollmöglichkeiten des Führers auf die Beobachtung seines Hundes. Nach einiger Zeit muß er am Verhalten erkennen, ob sein Hund noch richtig ist, einer Verleitfährte folgt, oder ganz einfach »durch die Gegend irrt« - eine sehr gute Vorübung für die jagdliche Praxis.

Eine andere Art der Übungsfährte ist die Spritzfährte, mit der ich aber kaum noch arbeite, aber zu den Gründen dafür später mehr. Hierfür benötigt man ungeronnen Wildschweiß und eine Flasche mit einer kleinen Öffnung (z.B. Spülmittelflasche), damit nicht zuviel Schweiß entweichen kann. Man sollte den Schweiß anfangs so spritzen, daß man auf hundert Meter nicht mehr als 50 ccm verbraucht. Wie alle Übungsfährten sollte auch die Spritzfährte bereits vor dem Anlegen im Gelände deutlich markiert werden, um über eine exakte Kontrollmöglichkeit zu verfügen. Die ersten Fährten sollten daher auch in übersichtlichem Gelände wie einem Kahlschlag, Stangen- oder Baumholz gelegt werden. Das exakte Markieren des Fährtenverlaufs eröffnet dem Führer die entscheidende Beobachtungsmöglichkeit, wie sich der Hund auf der Fährte, beim Abkommen und schließlich beim Aufnehmen einer Verleitung verhält. Die genaue Kenntnis seines Verhaltens (z.B. Rutenstellung und -bewegung, Nasenhaltung, Tempo) gibt dem Führer bei der erschwerten, nicht mehr sichtbar markierten Kunstfährte, aber auch und vor allem bei der praktischen Nachsuchenarbeit die notwendige Sicherheit und die Möglichkeit der richtigen Einwirkung. Übrigens dürfen solche fest markierten Fährtenverläufe natürlich nicht wiederholt gearbeitet werden, da der Hund ansonsten irgendwann »aus dem Gedächtnis« zum Stück findet.

Das Legen einer Übungsfährte beginnt also mit dem Markieren einer anfangs 200 - 400 m langen Strecke mit zwei stumpfen Haken (Kurven) und einem Wundbett irgendwo in der Mitte. Anschließend spritzt man die Fährte so gleichmäßig wie möglich. Alle 60 - 80 m sollte man einen sogenannten »Verweiserpunkt« anlegen, also etwas geronnenen Schweiß oder ein ganz kleines Leberstückchen hinlegen und sich diese Stellen genau markieren. Dann wartet man zwei bis drei Stunden, bevor man die Fährte mit dem Hund arbeitet, damit die Legerfährte nicht mehr so sehr in den Vordergrund der Nasenwahrnehmung des Hundes tritt. Natürlich dürfen wir nicht vergessen, eine »Belohnung« am Ende der Schweißfährte zu deponieren. Dies ist im Idealfall ein frisch geschossenes Stück Schalenwild, aber eine getrocknete Rehdecke mit dem Lieblingsfutter des Hundes darunter tut es auch. Hunde, die gerne fressen, lassen sich besser auf Schweiß einarbeiten als »Kostverächter«. Bei Hunden, die die Wachstumsphase abgeschlossen haben, lege ich vor der Arbeit auf einer künstlichen Schweißfährte immer einen Fastentag ein. Daraus ergibt sich natürlich, daß man nicht mehr als eine Fährte pro Woche arbeiten sollte. Aber auch ohne Fastentag sollte man maximal zwei Fährten pro Woche arbeiten, damit der Hund den Spaß an der Sache nicht verliert.

Vor Beginn der Arbeit wird unser Freund mit angelegter Schweißhalsung und langem Riemen in einer Entfernung von zehn bis fünfzehn Metern vom Anschuß so abgelegt, daß er die langwierige Prozedur der Anschußuntersuchung seines Führers ruhig beobachten kann. Dieses Geschehen muß »ritualisiert« und fester Bestandteil der Schweißarbeit werden und darf bei den nachfolgenden Arbeiten niemals ausgelassen werden. Der Hund verknüpft dieses Ritual mit der bevorstehenden Aufgabe und der damit verbundenen und geforderten Verhaltensweise. Vor allem aber soll es ihn in Ruhe und Konzentrationsfähigkeit üben. Dies sind nicht nur Eigenschaften und Verhaltensweisen, die wir von unserem Hund fordern, sondern auch der Führer, der sich am anderen Ende des Schweißriemens befindet, muß über diese Eigenschaften in besonderem Maß verfügen. Jede Form falschen Einwirkens, aber vor allem die Anwendung unkontrollierter Zwangsmaßnahmen führt zu Irritationen oder gar zur Arbeitsverweigerung bei Ihrem Hund. Es gibt keine guten Schweißhunde, es gibt nur gute Schweißhundgespanne.

Nachdem Sie den Anschuß zwei bis drei Minuten untersucht haben und dabei aufmerksam von ihrem Hund beobachtet wurden, gehen Sie zu ihm und führen ihn langsam zum Anschuß. Auch dem Hund müssen Sie Gelegenheit geben, diesen ausgiebig zu untersuchen, ehe er dann langsam anfängt, der Fährte zu folgen. Gehen Sie ruhigen Schrittes hinter ihm her, solange er auf der Fährte arbeitet. Kommt er ab, dann bleiben Sie stehen und geben das Kommando »Zur Fährte«. Einen Bogen schlagend wird er wieder die Fährte finden und Sie gehen wieder langsam weiter und loben Ihren Hund. Achten Sie darauf, daß er die Verweiser-

Untersuchen des Anschussess. Foto: E. Grüner.

punkte findet und eventuell frißt und beobachten Sie sein Verhalten dabei ganz genau. Dies ist sehr wichtig für die spätere Praxisarbeit, bei der man im Normalfall kaum einmal Schweiß sieht und darauf angewiesen ist, daß der Hund das Wenige, das er findet, auch anzeigt. Haben Sie schließlich mit ihrem Hund »das Stück« gefunden, dann loben Sie ihn sehr und lassen ihn in Ruhe seine Belohnung fressen.

Ansetzen auf der Fährte. Foto: E. Grüner.

Wenn Ihr Hund die Arbeit auf der gespritzten Kunstfährte gut beherrscht, dann machen wir den nächsten Schritt hin zur *Tupffährte*, wo der Schweiß für den Führer kaum noch wahrnehmbar ist. Hierzu benötigen wir einen Tupfstock, das kann ein alter Spazierstock oder ähnliches sein, und befestigen am unteren Ende ein kleines Schwämmchen von ca. 3 x 3 x 3 cm. In einem kleinen Eimer haben wir etwa einen Viertelliter Wildschweiß für eine 400 bis 500 Meter lange Kunstfährte und einige Verweiserbrocken. Die Vorarbeiten gestalten sich genauso wie bei der Spritzfährte. Beim Legen der Fährte tauchen Sie das Schwämmchen in den Eimer und tupfen bei jedem zweiten Schritt auf den Boden. Wenn das Schwämmchen trocken ist, tauchen Sie es erneut in den Schweiß usw. Vergessen Sie dabei das Anlegen der Verweiserpunkte nicht. Auf der Tupffährte ist, wie schon gesagt, in der Regel nach einer

Stehzeit von drei und mehr Stunden kaum mehr sichtbarer Schweiß vorhanden, dafür aber die auch bei der Naturfährte neben der Wundwitterung so wichtige Bodenverwundung. Beim Auftupfen des Tupfstocks wird der Oberboden bzw. die Humusauflage verwundet und in ihrer Struktur verändert. Die millionenfach vorhandenen Mikroorganismen bewirken die für den Hund wahrnehmbare Geruchsveränderung des Bodens. Aus den oben genannten Gründen ziehe ich die Tupffährte der Spritzfährte vor, auch wenn das Anlegen etwas zeitaufwendiger ist. Die Einarbeitung auf Lungenschleppe und Tupffährte ist nach meinen Erfahrungen die erfolgsversprechendste.

Die Arbeit auf unbekannter Fährte

Haben Sie als Führer bis jetzt nur Ihnen bekannte Fährten gearbeitet, bei denen Sie Ihrem Hund meist unbewußt irgendwelche Hilfestellungen gegeben haben, so müssen Sie auf einer Ihnen unbekannten Fährte zusammen mit Ihrem Hund eine hohe Hürde nehmen. Spätestens hier kommen das im Welpen- und Junghundalter entwickelte »Sich-Verstehen« des Gespanns sowie das eingeübte Situationsverhalten zur Geltung. Wie einsam und verlassen steht der Führer bei einer praktischen Nachsuche im Wald, wenn dieses gegenseitige Verstehen des Gespanns nicht funktioniert. Sie lassen sich also von einem anderen Hundemann eine Fährte nach dem oben erklärten Prozedere tupfen und arbeiten diese nach einer Stehzeit von mindestens drei Stunden. Jetzt müssen Sie sich auf Ihren Hund verlassen, ihn beobachten, darauf achten, ob er die Verweiserpunkte und das Wundbett findet und vor allem Ihren Hund ruhig arbeiten lassen. Nervosität und Hektik übertragen sich. Da Sie genau wissen, wie der Hund arbeitet, wenn er auf der Fährte ist, wie er sich benimmt, wenn er einer Verleitung folgt, können Sie ihn auch jetzt z.B. mit dem Kommando »Zur Fährte« veranlassen, seinen »Job« ordentlich zu machen. Kommt man zu weit ab (80-100 m), dann sollte der begleitende Fährtenleger darauf aufmerksam machen. Sie legen Ihren Hund dann wieder an der Stelle an, an der er zum letzten Mal richtig war. Das Arbeiten unbekannter Kunstfährten ist nicht nur eine unerläßliche Vorbereitung auf die entsprechenden Verbandsprüfungen, sondern auch und insbesondere auf die spätere jagdliche Praxis. Man sollte damit aber erst beginnen, wenn das Gespann auf der (dem Führer) bekannten Fährte absolut sicher ist.

Der Schwierigkeitsgrad auf der Kunstfährte wird je nach Arbeitsfortschritt allmählich erhöht. Überforderungen durch zu schnelles Vorgehen sind unbedingt zu vermeiden, da Ihr Hund sonst mit Lustlosigkeit, abnehmender Arbeitsfreude und im Extremfall Arbeitsverweigerung reagiert. Um Ihren Hund gezielt auf die praktische Nachsuchenarbeit vorzubereiten und ihn mit allen dabei möglichen Eventualitäten vertraut zu machen, sollten Sie die folgenden Schwierigkeitsgrade auf Kunstfährten eingeübt haben: Ausdehnung der Fährtenlänge auf schließlich 1,5 - 2 km, Reduzierung der Schweißmenge auf maximal ein Viertel Liter auf 1000 m, Verlängerung der Stehzeit auf bis zu 40 Stunden, Einlegen von Widergängen und schweißfreien Abschnitten, Anlegen der Fährten unter verschiedensten Witterungsbedingungen und in unterschiedlichstem Waldgelände, bewußte Fährtenführung durch Suhlen oder stark begangene Wildwechsel, um die Verleitung bewußt zu provozieren. Auch kann man künstliche Verleitungen herstellen, indem man eine frisch gelegte Kaninschleppe die Schweißfährte kreuzen läßt. Besonders hohe Anforderungen an Ihren Hund und Sie stellen morgendliche Arbeiten auf Kunst- und Naturfährten, da jetzt die Verleitungen besonders frisch und verlockend sind. Das Einüben der Verleitungssicherheit ist eine der Hauptaufgaben bei der Einarbeitung auf der markierten Kunstfährte. Bewährt hat sich hier die »Halt«-, »Platz«- oder »Down«-Methode. Folgt Ihr Hund eindeutig einer Verleitung, dann wird er mit einem scharfen Kommando oder sogar mit Trillerpfiff in die »Down«-Lage gezwungen und mit dem Befehl »Zur Fährte« dazu gebracht, auf der Kunstfährte weiterzuarbeiten. Dieses »Down«- oder »Platz«-Kommando soll und muß er als Strafe empfinden. Anders ist es, wenn man den unkonzentrierter werdenden Hund auf der Fährte ablegt. In diesem Fall fordert man seinen Hund in einem freundlichen Ton auf, sich hinzulegen und ein wenig von der sehr anstrengenden Arbeit mit tiefer Nase zu erholen. Diese Erholungspausen sollte man von Anfang an einüben, damit der Hund unterscheiden lernt zwischen dem erholsamen und dem strafenden Hinlegen. Das konsequente »Platz« bei jeder angenommenen Verleitung geht dem Hund allmählich in Fleisch und Blut über, und so reagiert er schließlich bei Wahrnehmung von Wildwitterung, die nicht zur Übungsfährte gehört, mit selbständiger Down-Lage oder zumindest mit Verharren. Auf der Fährte arbeitend darf ein Hund niemals gestraft werden, auch nicht verbal. Arbeitet er zu schnell oder unkonzentriert, dann legt man ihn eine Zeitlang ab, spricht aber dabei in einem freundlichen und beruhigenden Ton zu ihm. Nur so gewöhnt man einem zu temperamentvollen Hund eine ruhige und kontrollierte Gangart an. Das nicht strafende Ablegen setzt man außer zur Regeneration und Sammlung auch ein, wenn widrige Geländebedingungen das Folgen des Führers erschweren oder streckenweise ganz verhindern, um gegebenenfalls umschlagen oder umgehen zu können. Kontrolliert der Führer zwischendurch die Fährte, sucht oder untersucht Pirschzeichen, wird der Hund auch abgelegt.

Der Fährtenschuh

Aus dem Lager der Bayrischen Gebirgsschweißhunde stammt die Erfindung des Fährtenschuhs. Es handelt sich hierbei um eine Holzkonstruktion, in die die Schalen eines Stückes Hochwild eingespannt werden. Auf diesen Schalen tritt der Hundeführer eine Fährte, die der Naturfährte recht nahe kommt, zumindest in Bezug auf die Bodenverwundung. Schweiß kann, wie in einer echten Wundfährte, sporadisch dazugegeben werden. Auch wenn man die Hunde mit dieser Methode nicht täuschen kann - sie wissen ganz genau, daß hier kein Hirsch, sondern Herrchen »gezogen« ist - besteht der große Vorteil des Fährtenschuhs darin, daß hier der junge Hund lernt, sich an etwas zu orientieren, das auch auf der Wundfährte immer da ist: die Bodenverwundung. In der mit dem Fährtenschuh getretenen Fährte sollte man natürlich auch Markierungen bzw. Verweiserpunkte anbringen, die es ermöglichen, die Arbeit des Hundes zentimetergenau zu kontrollieren. Ferner kann man eine solche Fährte beliebig durch verschiedenste Bestände unter Einbeziehung von Äsungsflächen legen oder bewußt viel belaufene Wechsel kreuzen und damit die Fährte so gestalten, daß sie dem jeweiligen Ausbildungsstand des Hundes entspricht. Auch im Lager der Vollgebrauchshunde, und hier vor allem bei unserer Rasse, erfreut sich der Fährtenschuh zunehmender Beliebtheit, insbesondere bei Führern, die ihren Hund auf die Schweißarbeit spezialisieren.

Die Naturfährte

Nachdem wir mit der Ausbildung unseres Deutsch-Drahthaar so weit sind, daß er Kunstfährten mit unterschiedlichen Schwierigkeitsgraden sicher beherrscht, können wir uns an die ersten Naturfährten wagen. Anfangs sollte man den Einsatz auf sichere Totsuchen beschränken. Hat Ihr Hund einige Arbeiten erfolgreich beendet, dann kann man ihm allmählich auch schwierigere Aufgaben zumuten. Aber es gilt immer noch die Regel, daß man schwierigere Arbeiten (Laufschüsse usw.) erfahrenen Spezialisten überlassen sollte. Dazu gehört natürlich, daß der Führer einen Anschuß entsprechend auswerten kann. Hierzu geben Anschußseminare eine gute Einführung. Steht Ihr Hund nun regelmäßig im jagdlichen Einsatz, dann müssen immer noch von Zeit zu Zeit Kunstfährten geübt werden. Der Hund erkennt zwar den Unterschied zwischen Kunst- und Naturfährte, arbeitet die Kunstfährte jedoch in entsprechender Manier auch weiterhin aus. Diese Arbeiten sollen ihn erzieherisch weiter in seiner Arbeitsweise, die bei der - auch für den Hund häufig recht »abenteuerlich« verlaufenden - praktischen Nachsuche in Vergessenheit geraten könnte, festigen. Erst die langjährige Erfahrung auf der Wundfährte verschiedenster Wildarten,

Gefunden! Foto: Gerd Bottler.

mit allen dazugehörigen Varianten, bis zur lauten Hetze mit abschließendem Stellen oder Niedertun, macht aus Ihrem Gebrauchshund einen zuverlässigen, nachsuchentauglichen Jagdbegleiter. (vgl. Krewer u. Pohl 1993)

Die Nachsuche kranken Niederwildes

Auch Hase, Kanin, Feder- und Raubwild wird leider manchmal nur krankgeschossen und der zuverlässige Deutsch-Drahthaar muß den Fehler des Jägers ausbügeln. Diese Aufgaben sind in Wald und Feld ähnlich, wie auch die Einarbeitung des Hundes. Wie Sie beim Lesen der vorangehenden Seiten sicherlich gemerkt haben, lege ich bei der Ausbildung meiner Deutsch-Drahthaar sehr viel Wert auf die Spurarbeit - in welcher Form auch immer. Wollen Sie sich Ihren Hund zu einem guten Verlorenbringer erziehen, dann müssen Sie ihm erstens das zuverlässige Apportieren aller möglichen Niederwild- und Raubwildarten nach dem oben erläuterten Prozedere beibringen und zweitens die Spurarbeit üben. Das kann man in beschränktem Umfang an lebendem Wild (Hasenspur) tun, sollte es aus tierschützerischen Gründen aber hauptsächlich auf Schleppen üben. Ich habe die Schleppenarbeit schon angesprochen, da sie den Hund vom Welpenalter an begleitet.

Beim Jährling, aber auch beim älteren Hund, geht es darum, die Schleppenarbeit zu festigen und immer schwieriger zu machen. Die Anforderungen der Prüfungen sollten hier nicht der Maßstab des Machbaren bzw. Sinnvollen sein. Schleppen von 400 m Länge stellen für einen gut eingearbeiteten Hund keinerlei Problem dar. Man kann die Länge problemlos bis zu zwei Kilometern ausdehnen, auch kann man durch das Einlegen mehrerer Haken und eventuell sogar eines Widergangs das Können des Hundes steigern und perfektionieren. Verstehen Sie mich recht, dies sind Stadien der Ausbildung, die man nur ganz allmählich erreicht und die nicht jeder Hund erreichen muß, die aber anstrebenswert sind. Dem Hund, der vom Welpenalter an mit mehr oder weniger allen Wildarten vertraut gemacht worden ist, ist es im Prinzip egal, ob er ein Kanin, einen Hasen oder eine Ente am Ende der Schleppe findet. Er wird jede Nutzwildart (natürlich außer Schalenwild) freudig seinem Führer zutragen, der ihn dafür auch entsprechend lobt. Dies ist ein dem Rudeljäger Hund angeborenes Verhalten, das nur dann nicht funktioniert, wenn die Beziehung zum Ersatzrudelführer Mensch nicht in Ordnung ist.

Probleme gibt es dagegen öfter, wenn der Hund einen Fuchs apportieren soll. Ich habe das schon weiter oben angesprochen. Das Apportieren von Füchsen erlernt der Hund am besten, wenn man ihn erst einmal Jungfüchse bringen läßt und dann allmählich das Fuchsgewicht bis auf 7 - 10 Pfund steigert. Der Hund muß allerdings schon vorher einen Apportierbock von diesem Gewicht problemlos tragen können. Eine andere Möglichkeit, unserem Hund das Fuchsapportieren näher zu bringen, ergibt sich, wenn er auf der Jagd die Möglichkeit hat, einen kranken Fuchs abzutun. Die Aversion gegen den Gattungsgenossen weicht dann dem Beutetrieb und der angewölften Schärfe an wehrhaftem Wild.

An dieser Stelle möchte ich nochmals darauf hinweisen, daß ich die ganze »Fuchsapportiererei« für zumindest fragwürdig halte. Sie sagt nichts, aber auch gar nichts, über die Veranlagung unserer Deutsch-Drahthaar aus und ist eine reine Dressursache. Da die Verbandsgebrauchsprüfungsordnung das Apportieren des Fuchses auf der Schleppe und über ein Hindernis vorschreibt, übt so mancher Hundeführer angewidert Fuchsschleppen, weil er seinen Hund auf dieser Prüfung vorstellen will. Obwohl den meisten Führern klar ist, daß der Fuchs potentieller Überträger der Tollwut und des Fuchsbandwurms ist, beißen sie in den sauren Apfel und gefährden ihre Gesundheit. Warum man die Fuchsfächer nicht zumindest für eine Übergangszeit durch andere (ungefährlichere) Fächer ersetzt, ist nur damit zu erklären, daß sie eine große Tradition haben und für viele Hunde eine Klippe auf den Prüfungen darstellen, somit also selektiv wirken. Welch ein Standpunkt! Sie können sich vielleicht vorstellen, daß es mir inzwischen lieber ist, wenn meine Hunde auf Jagden keine Füchse mehr apportieren. Ich muß sie dann nämlich nicht anfassen und zum Auto schleppen. Solange die Fuchsbandwurmproblematik nicht geklärt ist, sollte man um ihre Gesundheit besorgten Führern auf der VGP Ersatzarbeiten am (gleich schweren) Hasen anbieten, die dann niedriger bepunktet (geringere Fachwertziffer) werden müßten.

Übungen zum Verlorenbringen von Federwild werde ich im Kapitel »Feldarbeit« näher erläutern, da sie auch auf die Waldjagd übertragbar sind.

Das Stöbern

Beim Stöbern muß der Hund auch ausgedehnte, nicht einsehbare Kulturen und Dickungen selbständig und planmäßig absuchen. Er soll gezügelt jagen und die Spur oder Fährte des Wildes aufnehmen, ihr laut folgen und so das Wild dem Jäger zutreiben. Verläßt das Wild die von Jägern abgestellte Fläche, dann muß der Hund, zumindest auf Hör- oder Sichtzeichen hin, ins Treiben zurückkommen und weiter stöbern. Er muß also gehorsam sein und mit zunehmender Erfahrung selbständig erkennen, wann er sich außerhalb des bejagten Gebietes befindet.

In Bezug auf das Stöbern herrscht die weitverbreitete Meinung, daß man seinen Hund einfach an einer Dickung schnallt und dieser dann wunderbar stöbert - so einfach ist es leider nicht, sonst hätte man auch keine speziellen Stöberhundrassen züchten müssen. Ein Deutsch-Drahthaar kann auch ein hervorragender Stöberhund sein, wenn er spur- und fährtenfreudig ist und nach Möglichkeit spur- und fährtenlaut. Laut jagende Hunde sind für das Wild besser berechenbar und panische Fluchten sind quasi ausgeschlossen. Für den Jäger ist der spur- und fährtenlaut jagende Hund natürlich auch von großem Vorteil, da das Erscheinen bzw. die Fluchtrichtung des Wildes angekündigt wird. Absoluter Unsinn ist die gern vertretene Behauptung, daß große Hunde, wie unsere Deutsch-Drahthaar, das Wild zu schnell machen bzw. es zu sehr hetzen. Ein Deutsch-Drahthaar, der laut einer Rotwildfährte folgt, ist im Wald nicht schneller als ein Wachtel, der dasselbe tut. Stöberhunde hingegen, die noch unter Terriermaß liegen, geraten in schwierigem Gelände oder bei Schneelage sehr schnell an die Grenzen ihrer physischen Belastbarkeit.

Ich setze meine Deutsch-Drahthaar im Herbst und Winter sehr viel auf Stöberjagden ein, sei es an Sauen, Rotwild oder Rehwild. Dabei muß ich allerdings anmerken, daß diese Stöberjagden eigentlich Bewegungsjagden sind. Bei dieser Art der Schalenwildbejagung, bei der die Schützen sehr weiträumig angesetzt oder -gestellt werden, beunruhigen drei oder vier Hundeführer mit jeweils ein bis zwei Hunden ein ihnen zuge-

Hoffentlich dreht die sich nicht um! *Foto: C. Dreger.*

wiesenes Waldgebiet während der ganzen Jagd. Der Vorteil ist, daß das Wild normalerweise ruhig ziehend bei den Schützen ankommt, daß man keine Treiber braucht, daß bei einer Jagd ein sehr großes Gebiet beunruhigt wird und so das Wild in Bewegung bleibt und schließlich, daß der Jagddruck sich auf wenige Tage beschränken läßt, da die Abschußergebnisse in der Regel sehr gut sind. Ein weiterer tierschützerischer Pluspunkt für diese Art der Jagd liegt darin, daß kaum Wild krankgeschossen wird, da es ruhig anwechselt. Auf diesen Jagden setze ich also, wie gesagt, normalerweise zwei Deutsch-Drahthaar ein, die fährtenlaut jagen und kaum einmal eine Sau nicht sprengen. Bisher gab es dabei auch noch nie ernsthafte Verletzungen.

Das Verletzungsrisiko ist ein anderer Grund, weshalb man sagt, daß große Hunde für die Stöberjagd auf Sauen nicht geeignet seien. Komischerweise habe ich bisher aber immer nur halb zerfetzte Terrier gesehen, aber noch keinen ernsthaft verletzten Vorstehhund. Dies mag daran liegen, daß andere Rassen schärfer sind, daß die Sauen sie wegen ihrer Größe nicht ernst genug nehmen oder ganz einfach daran, daß die Vorstehhunde, obwohl scharf, mit etwas mehr »Überlegung« an die Sache, sprich Sau, herangehen - aber mit Erfolg.

Ein Vorteil des Einsatzes von Vorstehhunden auf solchen Jagden besteht auch darin, daß sie das Wild zwar in Bewegung bringen, aber nicht kilometerweit hinterherjagen. Die Jäger unter den Lesern kennen sicher die Situation, daß irgendwelche Stöberhunde sich kurz nach Beginn der Jagd hinter ein Stück Wild »klemmen« und bis zum Mittagseintopf nicht mehr gesehen werden. Mit dem oben Gesagten möchte ich keiner anderen Jagdhunderasse am Zeug flicken, aber ich wehre mich dagegen, daß man unsere Deutsch-Drahthaar als nicht geeignet bezeichnet, auf Schalenwild zu stöbern - wenn sie denn richtig eingearbeitet sind.

Will man seinen Deutsch-Drahthaar zu einem guten Stöberhund ausbilden, dann muß man erst einmal bereit sein, an einigen Jagden als »Edeltreiber« teilzunehmen und mit seinem Hund durch die Dickungen zu kriechen. Stellt man sich mit der Waffe an den Dickungsrand und schickt seinen Hund einfach los, dann sind die Ergebnisse meist eher kärglich. Findet der Hund nicht bald Wild in der näheren Umgebung, dann wird er eher zu einer Garantie dafür, daß seinen Führer kein Wild mehr anläuft. So geht es also nicht. Bieten Sie sich stattdessen den Jagdherren als Treiber mit Hund an und lassen Sie Ihren Hund Erfahrungen sammeln. Nach einigen solchen Einsätzen wird er merken, »wie der Hase läuft« und mit immer größer werdender Selbständigkeit jagen. Die Intervalle, nach denen er zur Orientierung am Meuteführer zurückkommt, werden größer und der Hund selbständiger. Nun kann man dazu übergehen, ihn von einem Punkt aus in eine Dickung zu schicken und ihn diese selbständig absuchen zu lassen. Mit Hilfe der angesammelten Erfahrung sollte dies bei kleineren Dickungen kein Problem sein. Üben sollte man das Stöbern nur in erfolgsversprechenden Dickungen, »wildreine« Gebiete nehmen dem Hund zu schnell die Motivation. Aber hier geraten wir schnell wieder in Konflikt mit dem Tierschutz und unseren jagdlichen Interessen. Wenn Ihr Hund alle paar Tage das Revier »auf den Kopf stellt«, dann mag er ein guter Stöberhund werden, aber das Wild wird unnötig beunruhigt. Deshalb meine Forderung, daß die Einarbeitung im Stöbern nur anläßlich von Jagden durchgeführt wird - bei einem guten Hund genügt das.

Viele Jäger geben ihren Hund bei Stöberjagden einem Treiber mit. Dies ist eine Möglichkeit, von der ich überhaupt nichts halte. Erstens sind meine Hunde immer sehr auf mich fixiert und versuchen, meinen Stand zu finden, und zweitens verbitte ich mir, daß irgendjemand außer mir einen Fangschuß in der Nähe meines Hundes anbringt, eine Situation, die sich vor allem bei der Saujagd manchmal ergibt. Sie sehen schon, daß eine gewisse Spezialisierung auf das Stöbern auch bedingt, daß der Führer diese Art der Jagd mitmacht, also seinen Hund begleitet. Dies wiederum macht einen jagdlichen Erfolg (Erlegung eines Stückes Schalenwild) nahezu unmöglich, da durchgehende Schützen normalerweise nur Fangschüsse anbringen dürfen. Für meine Person muß ich allerdings sagen, daß es mir mehr Spaß macht, gut jagende Hunde zu begleiten als auf einem Stand vielleicht eine Sau zu erlegen und mir bei der Warterei den Hintern abzufrieren. Wenn man in einer Gruppe jagt, dann gibt es notwendigerweise eine Arbeitsteilung. Was zählt ist der Erfolg, den man gemeinsam hat.

Sie werden spätestens jetzt natürlich einwenden, daß solche gut stöbernden Deutsch-Drahthaar nicht mehr auf der Schweißarbeit einsetzbar sind. Das stimmt nicht, glauben Sie mir, vorausgesetzt, Sie haben Ihren Hund nach der oben beschriebenen Methode auf Schweiß eingearbeitet und ihm klar gemacht, daß er Verleitungen zu ignorieren hat. Ein Beispiel aus der Praxis mag dies belegen: Eine Bewegungsjagd in der Eifel, ich lasse meine Deutsch-Drahthaar-Hündin etwa drei Stunden stöbern, die Jagd ist am frühen Nachmittag zu Ende. Ein Schütze hat gegen 12.00 Uhr drei Stück Rotwild beschossen, und ich werde gegen

15.00 Uhr gebeten, die Anschüsse zu kontrollieren. Ein Kalb liegt einige Meter vom ersten Anschuß entfernt. Beim zweiten Anschuß finde ich Schweiß, entschließe mich, die Todsuche mit meiner Hündin durchzuführen und finde ein Alttier nach etwa 150 - 200 Metern Riemenarbeit. Der überglückliche Schütze erklärt, daß das dritte Stück, ein Spießer, nicht auf den Schuß gezeichnet habe und somit wahrscheinlich gesund sei. Wir finden auch keinen Anschuß und wollen schon die Nachsuche beenden, als der Jagdleiter mich bittet, noch einmal einen großen Bogen zu schlagen, damit der Hund nicht durch die beiden gefundenen und quasi an derselben Stelle eingewechselten Stücke abgelenkt wird. Ich tue dies und merke, wie meine Hündin auf einem Wechsel wieder im Riemen liegt. Das war wohl der Spießer, aber ist er gesund oder krank? Es ist mittlerweile düster geworden im Nadelwald, und die Streu tut ein übriges dazu, daß ich keinen Schweiß oder andere Pirschzeichen finde. Was tun? Wärend ich darüber nachdenke, ob ich abbrechen soll, arbeitet mein Hund ruhig weiter, und ich laufe am anderen Ende des Riemens hinterher. Eine Kombination aus Jagdfieber und Vertrauen in den Hund läßt mich weiterziehen. Nach etwa 800 - 1000 Metern wird der Hund plötzlich heftig und gibt Laut. Ich schaue von der Fährte hoch und sehe den Hirsch, der sich langsam ziehend von uns entfernt. Mir ist klar, daß er krank ist, und so schnalle ich meinen Hund. Er hetzt ihn etwa hundert Meter und stellt ihn dann. Ich pirsche mich vorsichtig heran und gebe ihm den Fangschuß.

Solche Arbeiten nach dem Stöbern sind allerdings die Ausnahme, da wir normalerweise frische Hunde zur Nachsuche einsetzen und die schwierigen Suchen den Spezialisten überlassen. Demonstrieren wollte ich mit dieser Schilderung nur, daß ein guter Vollgebrauchshund durchaus in der Lage ist, zwischen sehr unterschiedlichen jagdlichen Aufgaben zu differenzieren und sich optimal auf die jeweils anstehende zu konzentrieren. Unabdingbare Voraussetzung ist allerdings die saubere Einarbeitung und viel jagdliche Erfahrung.

Stöberjagd betreibt man natürlich nicht nur auf Schalenwild. Auf diese Art Füchse, Kanin und, wo es noch möglich ist, Hasen zu bejagen, macht Hund und Jäger sehr viel Freude.

Das Buschieren

Unter Buschieren versteht man die Suchjagd mit dem Hund im lichten Stangenholz, in niedrigen Kulturen oder auf kurz bewachsenen Schlägen. Der Vorstehhund soll hierbei, wie bei der Suche im Feld, im Schußbereich der Flinte unter Ausnutzung des Windes planvoll suchen und das sich drückende Wild vorstehen oder hochmachen. Aufstehendes Wild darf er nicht hetzen oder ihm nachprellen.

Bei dieser Jagdart spielt der Gehorsam eine große Rolle. Da die meisten Hunde, vor allem wenn sie auch zum Stöbern eingesetzt werden, dazu tendieren, auch außerhalb der Flintenschußweite zu suchen, muß man das Buschieren einüben. Man läßt den Hund in einem Buschiergelände vor sich suchen und ermahnt ihn mit dem Kommando »Langsam«, seine Gangart zu mäßigen. Da er das Kommando noch nicht kennt, kann nur der strenge, mahnende Ton ihn dazu bringen, das Gewünschte zu tun. Bei leichtführigen Hunden kann man alleine nach dieser Methode den Hund zur kurzen Suche in gemäßigtem Tempo anleiten. Etwas eigenwilligere Hunde muß man mit Hilfe der Trillerpfeife zum gewünschten Verhalten führen. Jedesmal, wenn Ihr Hund sich außerhalb der Schrotschußentfernung zu bewegen beginnt, trillern Sie ihn herunter und pfeifen ihn zurück. Mehrere Wiederholungen dieser Einwirkung lassen ihn erkennen, daß er sich bei der Suche nicht zu weit von seinem Führer entfernen darf und dies bei einem moderaten Tempo. Richtiges Buschieren ist also hauptsächlich eine Einarbeitungssache, die mit zunehmender Erfahrung und jagdlichem Erfolg bei unserem Hund in Fleisch und Blut übergeht. Mit einem so eingearbeiteten Hund kann man wunderbar auf Kanin, Fasan und Hase jagen.

Pirsch und Ansitz

Den meisten Besitzern eines Deutsch-Drahthaar geht es wahrscheinlich genauso wir mir, daß sie nämlich ihren Hund bei jeder Form der Jagdausübung dabeihaben möchten. Persönlich halte ich aus verschiedenen Gründen nicht viel davon, meinen Hund beim Ansitz unter dem Hochsitz abzulegen. Die Sache ist erstens für unseren Freund nicht besonders angenehm und gesundheitsfördernd, und zweitens kommt es immer wieder vor, daß auch die wohlerzogensten Hunde einmal stören. Deshalb lasse ich meinen Hund nor-

Pirschgang. Foto: E. Grüner.

malerweise im Auto warten, während ich ansitze. Benötige ich seine Hilfe beim Aufsuchen eines Anschusses oder bei der Nachsuche, dann ist er in kürzester Zeit verfügbar.

So man denn die Pirsch für eine sinnvolle Jagdmethode hält - meiner Meinung nach ist es nur die beste Methode, durch dilettantische Herumschleicherei das Wild zu beunruhigen - sollte man hier immer seinen vierläufigen Jagdbegleiter dabeihaben, sei es angeleint, oder wenn er wirklich gehorsam ist, frei bei Fuß. Jeder Jäger macht gerne einmal einen Reviergang mit Hund durch den Wald und sollte dies auch tun. Wenn man sich hierbei wie ein normaler Spaziergänger verhält, dann stört man das Wild nicht und erfährt erholsame Stunden in der Natur.

Kapitel 10
DIE FELDARBEIT

Die Arbeit im Feld war einmal die Hauptaufgabe unserer Rasse. Damals, als man im September begann, auf Rebhühner zu jagen und ab Oktober auf Hasen und Fasane, damals, als die Landwirtschaft noch meist kleinbäuerlich und weniger chemieunterstützt war und man noch nichts von Mais wußte, damals, als unser Land noch weniger zersiedelt und die »Abschußquoten« des Straßenverkehrs noch unter denen der Jäger lagen, damals war die Niederwildjagd die schönste und ästhetischste aller Jagdarten mit dem Vorstehhund. Es waren Zeiten, in denen die Jäger noch Muße hatten, auch unter der Woche ein paar Stunden zu jagen. Es waren wohl auch Zeiten, in denen wirklich existentielle Probleme es verhinderten, daß psychopathische Tierschützer mangels anderer sinnvoller Betätigungsfelder sich zu den Wächtern über eine Schöpfung aufspielten, deren Lebenszusammmenhänge sie nicht richtig kannten. Das Schlimmste, das daraus entstanden ist, möchte ich als selektiven Tierschutz bezeichnen, der nach dem Motto »Vor grauen Mäusen auf die Tische, für weiße Mäuse auf die Barrikaden« funktioniert oder auch nach der Devise: »Brigitte Bardot für weiße Ratten, der Kammerjäger für Wanderratten«. Militanter Tierschutz als Ersatzreligion mit dem Jäger als Inkarnation des Bösen - so sieht die heutige Situation in vielen Gebieten Deutschlands leider aus. Angesägte Hochsitze und massive Störungen bei Gesellschaftsjagden gehören zumindest im Bereich der Ballungsgebiete zu den alltäglichen »Jagderlebnissen« von Niederwildjägern. Dringen aber einmal ein paar Sauen in die Schrebergärten der »Tierschützer« ein, oder fressen die Wildkaninchen unverschämterweise die Möhren im Bio-Öko-Garten oder zerstören den teuren Blumenschmuck auf Friedhöfen, dann müssen die Jäger ran - das ist selektiver Tierschutz, der zutiefst heuchlerisch und inkonsequent ist.

Blitz u. Bautz v. Falkenberg. Foto: W. Weber.

DIE FELDARBEIT

Welches Rebhuhn würde wohl mit einem Suppenhuhn tauschen wollen, auch wenn sein Leben eventuell von einem »schießwütigen« Jäger anstatt von einer tierschutzkonformen Schlachtmaschine beendet wird - und welcher Feldhase mit einem Stallhasen?

Lieber Leser, entschuldigen Sie bitte diesen kleinen Exkurs, aber Jagdhunde ohne Jagd gibt es nicht. Ich hoffe auch, daß Sie mich nicht als »spinnerten«, unkritischen Verherrlicher der »guten alten Zeit« empfinden. So alt bin ich nämlich noch nicht. Aber es war mir noch vergönnt, wenn auch nicht mehr als Jagdscheininhaber, das Ende dieser guten alten Zeit in Bezug auf die Niederwildjagd mitzuerleben. Damals entstand meine Liebe zum Deutsch-Drahthaar und hat sich trotz veränderter Jagdverhältnisse bis heute gehalten.

Aber zurück zur heutigen Feldjagd mit unserem Hund. Wo es noch bejagbare Niederwildbesätze gibt, gehört zur Jagdausübung unbedingt ein deutscher Vorstehhund. Seine hierbei anfallenden Aufgaben kann man in die Arbeit vor dem und die Arbeit nach dem Schuß unterteilen.

Vor dem Schuß: Suche, Vorstehen und Gehorsam

Bevor man Wild erlegen kann, muß es vom Hund gefunden werden. Dies erfordert, daß er weiträumig und ausdauernd die entsprechenden Felder absucht und durch festes Vorstehen gefundenes Feder- oder auch Haarwild anzeigt. Er muß so lange verharren, bis der Jäger herangekommen ist. Jetzt darf der Hund auf Kommando das Wild hochmachen, so daß der Jäger zu Schuß kommt. Sie können sich sicher vorstellen, daß die ganze Aufgabe sehr viel Gehorsam verlangt, angefangen bei einer jederzeit vom Führer kontrollierten Suche bis zum Durchstehen, was bedeutet, daß der Hund beim Vorstehen abstreichendem Wild nicht nachprellen darf, sondern auf der Stelle verharren muß. Steht der Hund nicht von selbst durch, dann kann man dies durch Haltkommando oder Trillerpfiff unterstützen. Wir haben uns in diesem Buch schon mit der Suche und dem Vorstehen beschäftigt, ich brauche also an dieser Stelle nicht mehr auf die diesbezügliche Einarbeitung einzugehen. Was den Gehorsam betrifft, so bedarf es jedoch noch einiger Ergänzungen.

Vor allem bei der Feldjagd spielt der Wildgehorsam eine wichtige Rolle. Wildgehorsam ist ein Hund, wenn er flüchtendem oder abstreichendem Wild auf Kommando (oder auch ohne) nicht folgt. Abgesehen davon, daß ein solcher Gehorsam für den Hund bei ständig zunehmendem Straßenverkehr lebensrettend sein kann, ist er auf der Niederwildjagd unerläßlich, will man vernünftig mit seinem Hund jagen. Der Hund soll weder gesunde Hasen hetzen noch abstreichendem Federwild nachrennen - das nutzt weder dem Jäger noch

Wo ist das Wild? Zar II. v. Ortfeld. Foto: Josef Linneweber.

dem Hund, der sich bei unnötigen Hetzen nur müde macht und dann eventuell nicht mehr genug »Dampf« hat, wenn es darum geht, eine Verlorensuche durchzuführen. Dem Jäger und Hundeführer nutzt es schon gar nicht, weil er wohl kaum mit viel Jagderfolg rechnen kann und wenn Gast, auch nicht mit einer weiteren Jagdeinladung.

Sie wissen mittlerweile, wie Sie Ihrem Deutsch-Drahthaar »Platz auf Entfernung« beibringen, aber bei vielen Hunden funktioniert das bei Wildberührung nicht mehr so richtig. Als Hilfe gibt es da diese funkgesteuerten, einen elektrischen Schlag austeilenden Geräte, deren Benutzung man sucht, in Deutschland zu verbieten. Von einem Fachmann angewandt sind sie sehr effektiv und keineswegs tierquälerisch. Früher hat man (übrigens auch noch mein Vater) mit einer reduzierten Ladung dünnen Schrotes auf die Hunde geschossen, um ihnen die wüste Hetzerei abzugewöhnen - das erforderte noch mehr Sachverstand und führte oft zu Verletzungen - aber niemand hat sich groß darüber aufgeregt. Der Technik sei Dank haben die Hunde und Abrichter es heute besser, wenn da nicht - Sie merken schon, wohin die Reise geht - die selbsternannten Schützer Ihres und meines Hundes wären, die sich statt für die Freiheit der mit Hilfe von Elektrozäunen gefangengehaltenen Rinder und Kühe für die ungezügelte Freiheit unserer Jagdhunde einsetzen - ein wahrlich lobenswertes Anliegen. Wer ein solches Gerät schon einmal im Selbstversuch ausprobiert hat, der wird mir zustimmen, daß das Überfüttern eines Hundes eine bei weitem größere Beeinträchtigung seines Befindens bewirkt als ein leichter Stromschlag. Bei leichtführigen Hunden mit weniger stark ausgeprägtem Hetztrieb kommt man meist mit einer Wurfkette oder manchmal auch ohne jedes Hilfsmittel (abgesehen von der Trillerpfeife natürlich) aus. Egal wie man es auch anfängt, auf jeden Fall muß der Hund bei der Feldarbeit in besonderem Maße gehorsam sein und sich von seinem Führer durch Sicht- und Hörzeichen dirigieren lassen.

Die Arbeit nach dem Schuß

Klarzustellen ist gleich am Anfang, daß der Vollgebrauchshund nicht dazu da ist, Wild heranzutragen, um faulen Schützen diese Arbeit abzunehmen. Sieht man das geschossene Stück Niederwild liegen, dann geht man es selbst holen. Der Hund ist erst gefordert, wenn das Wild nicht tödlich getroffen ist oder vom Schützen nicht mehr gesehen wird. Auch schnallt man den Hund nicht direkt nach dem Schuß, da dies meist zu einer ungewollten »Schußhitzigkeit« führt. Das Abwarten hat auch noch den Vorteil, daß das geschossene Stück Wild allmählich mehr Witterung abgibt und so leichter vom Hund gefunden wird. Der Hund wird also nach dem Schuß nur auf Wild geschnallt, das der Schütze selbst in der Deckung nicht sieht, oder das nicht tödlich getroffen ist und möglichst schnell von seinen Schmerzen erlöst werden muß.

Handelt es sich bei dem kranken Stück um einen Hasen, dann sollte man allerdings sofort schnallen, wenn klar ist, daß kein anderer Schütze ihn mehr erlegen kann. In diesem Fall muß man aus tierschützerischen Gründen auch die sonst nicht gewollte Sichthetze in Kauf nehmen. In vielen Fällen wird es aber so sein, daß ein Nachbarschütze ohne Hund Sie heranruft, um den von ihm beschossenen Hasen nachzusuchen. In diesen Fällen läßt man sich den Anschuß genau zeigen und setzt den Hund an wie auf einer Übungsschleppe. Wenn er sich auf der Krankspur festgesogen hat, schnallt man ihn. Spätestens hier trägt die Einarbeitung auf der Gesundspur ihre Früchte. Ein spurfreudiger, gut eingearbeiteter Hund wird der Spur auch mehrere hundert Meter folgen und den Hasen bringen.

Federwild, das in die Deckung fällt (Zuckerrüben, Raps, usw.) muß meist vom Hund gesucht werden, auch wenn es tödlich getroffen ist. Bei der Nachsuche auf Federwild läßt man seinen Hund mit gutem Wind in Richtung der Stelle suchen, wo das Stück gefallen ist. Findet Ihr Hund nicht gleich, dann gibt es im Prinzip nur zwei Möglichkeiten: entweder hat das Stück, nicht tödlich getroffen, sich laufend entfernt, oder die Witterung ist noch nicht stark genug und Ihr Hund findet deshalb nicht. Im letzteren Fall hilft es fast immer, einige Minuten zu warten und den Hund erneut suchen zu lassen. Läuft aber z.B. ein kranker Fasan, dann bedarf es eines guten und erfahrenen Hundes, dem Geläuf zu folgen und den Fasan schließlich zu fangen. Wenn Sie dies lesen, werden Sie sich vielleicht fragen, wie es Jäger geben kann, die ohne guten deutschen Vorstehhund auf Niederwild jagen können - aber leider gibt es sie. Nimmt man den Tierschutzgedanken ernst und versteht man unter Waidgerechtigkeit mehr oder etwas anderes als das »Brimborium« jagdlichen Brauchtums mit Hörnerklang und letztem Bissen, dann geht am guten Jagdhund kein Weg vorbei.

Kapitel 11
DIE WASSERARBEIT

In vielen Teilen Deutschlands spielt die Jagd auf Wasserwild im Jagdjahr eine große Rolle. Aber auch in Revieren, in denen man nur ein paar Enten im Jahr schießt, benötigt man einen brauchbaren Jagdhund. Dies nicht nur, um die geschossenen Tiere anzulanden, sondern vor allem, um krankgeschossenes Wild möglichst schnell und effektiv zu finden und zu bringen, damit man es tierschutzgerecht töten kann (was auf keinen Fall Aufgabe des Hundes ist). Die Jagd auf Wasserwild wird, abhängig von den geographischen Gegebenheiten und jagdlichen Traditionen, unterschiedlich durchgeführt. Es würde an dieser Stelle zu weit führen, auf die unterschiedlichen Jagdarten einzugehen, in Bezug auf die Arbeit unseres Deutsch-Drahthaar lassen sich aber einige allgemeingültige Aussagen machen.

Vor dem Schuß

Bei der Jagd an größeren Binnengewässern ist es vor allem zu Beginn der Entenjagd Aufgabe des Hundes, die Enten erst einmal zu finden und hochzumachen, damit die Jäger zum Schuß kommen. Meist ist es aber wohl so, daß der Hund ruhig und geduldig bei seinem Herrn sitzen muß, der Dinge harrend, die da hoffentlich bald kommen. Das bedeutet also, daß unser Hund sich weder von Entengeschnatter noch von Schüssen aus der Ruhe bringen läßt. Miefernde und herumzappelnde Hunde kann man bei dieser Jagd nicht gebrauchen. Unser Hund muß wissen, nachdem man es ihm beigebracht hat, daß seine Arbeit in der Regel erst beginnt, wenn die Jäger die ihre beendet haben.

Wichtige Vorübungen für diese Situation sind das »Ablegen« und die »Erziehung zur Schußruhe«. Über das »Ablegen« haben wir uns bereits unterhalten, die »Erziehung zur Schußruhe« ist nur eine weiterführen-

Abstöbern eines Gewässers. Foto: Gerd Bottler.

de Übung, bei der man erst neben dem abgelegten Hund in die Luft schießt und sich allmählich zum Schießen immer weiter von ihm entfernt. Eine andere Übung, die einem auch im Feld sehr nützlich ist, besteht darin, den Hund suchen zu lassen, zu schießen und ihn gleichzeitig herunterzutrillern. Mit der Zeit macht der Hund dann auf Schuß »Platz«, oder sogar schon beim alleinigen Inanschlaggehen. Ein so vorbereiteter Deutsch-Drahthaar ist ein angenehmer Begleiter auf der Wasserjagd.

Nach dem Schuß

Die richtige Arbeit unseres vierläufigen Helfers beginnt am Wasser meist erst nach dem Schuß. Nun gilt es, die geschossenen Enten zu suchen, zu finden und zu apportieren. Das kann je nach Schwierigkeitgrad des Gewässers (Schilfbewuchs, Ausdehnung usw.) eine sehr komplizierte und körperlich anstrengende Angelegenheit sein. Ein Hund, mit dem man nicht schon, wie oben beschrieben, eine Einarbeitung am Wasser durchgeführt hat, der wird hier wohl kaum erfolgreich sein. Bei den Übungsarbeiten ist es vor allem wichtig, daß der Hund jedesmal, wenn er das Wasser annimmt und absucht, auch etwas findet, am besten eine tote Ente oder einen ihm vertrauten Apportiergegenstand. Wird der Hund immer ausgiebig gelobt und belohnt, dann wird er als Resultat seiner positiven Erfahrungen auch im jagdlichen Betrieb, egal bei welchen Temperaturen, das Wasser freudig annehmen, um seine Aufgabe zu erfüllen.

Apportieren. Foto: Gerd Bottler.

Kapitel 12
DAS KORRIGIEREN VON FEHLVERHALTEN

Es gibt einige klassische Formen des Fehlverhaltens von Deutschen Vorstehhunden, die manchmal genetisch, meist aber abrichtebedingt und so auch korrigierbar sind.

Schußempfindlichkeit und Schußscheue

Es kommt immer mal wieder vor, daß auch Hunde aus absolut wesensfesten Eltern Schußempfindlichkeit zeigen. So etwas macht einen Vollgebrauchshund grundsätzlich für seine Aufgabe untauglich. Ist diese Empfindlichkeit oder Ängstlichkeit auf einen generellen Mangel an Wesensfestigkeit, der sich auch bei anderen Gelegenheiten zeigt, zurückzuführen, dann steht dem Ausbilder eine Menge Arbeit bevor. Während schußempfindliche Hunde eine Zeitlang die Suche unterbrechen und sich in der Nähe des Führers aufhalten, entziehen sich schußscheue Hunde entweder dem Einwirkungsbereich des Führers und/oder sie suchen Zuflucht im oder unter dem Auto.

Grundsätzlich gilt, daß ein Jagdhund, den man von klein an schonend an den Schuß gewöhnt hat, später keine diesbezüglichen Mängel zeigt. Aber es gibt immer wieder die unvorhersehbaren Ausnahmen, die wohl teilweise auch entwicklungsbedingt sind.

Ich habe öfter miterleben müssen, daß ein Führer, der davon ausging, daß sein Hund schußfest ist, dies eine Woche vor der Jugendsuche nochmal ausprobierte und total erstaunt war, daß sein Hund zumindest eine leichte Schußempfindlichkeit zeigte, die dann in einigen Fällen sogar noch dadurch verstärkt wurde, daß der Führer seinen Hund durch viel »Herumgeballere« an den Schuß gewöhnen wollte. In solchen Fällen tritt aber oft nicht der gewünschte Effekt ein.

Der Hund gewöhnt sich nicht an den Schuß, sondern er wird immer ängstlicher. Um dies zu verhindern, ist es wichtig, daß er das unangenehme Geräusch mit einem positiven Erlebnis verknüpft. Ideal ist es, wenn man vor dem hetzenden Hund ein Stück Wild erlegt, das er dann greifen und bringen darf. Anschließend wird er kräftig gelobt. Hat ein Hund mehrere dieser Erlebnisse, dann ist die Schußempfindlichkeit oder -scheue kein Thema mehr.

Hat man diese Möglichkeit nicht, dann sollte man eine allmähliche Gewöhnung mit einem Helfer durchführen und die auf den Hund einwirkende Schußlautstärke ganz allmählich erhöhen. Diese kann man durch die Benutzung verschiedener Kaliber oder die Entfernung des Helfers zum Hund regulieren. Zu seinem Führer muß der Hund absolutes Vertrauen haben. Absolut falsch ist es, ihn zu loben oder zu »trösten«, wenn er auf den Schuß hin zum Führer kommt. Damit verstärkt man nur ungewolltes Verhalten. Der Hund wird also nur gelobt, wenn er weitersucht. Diese Methode dauert zwar länger als die zuerst erwähnte, sie führt aber normalerweise auch zum Erfolg.

Eine dritte Möglichkeit besteht darin, einen »Teleboc« (im Fachhandel erhältlich) zu verwenden. Hierbei handelt es sich um einen Apportiergegenstand, der mittels einer entsprechenden Vorrichtung aus der Hand abgeschossen wird und abhängig von der benutzten Ladung dann unterschiedlich weit wegfliegt. Besonders in Amerika und in Großbritannien benutzt man diese Geräte, um Apportierhunde daraufhin einzuarbeiten, daß sie Flug und Fall des Apportiergegenstandes beobachten und dann zielgenau suchen, finden und bringen.

Da der Abschuß des Teleboc eben auch ein Schußgeräusch erzeugt, kann man durch die Benutzung des Gerätes eine positive Verknüpfung (Knall - Beute) beim Hund herstellen und ihn seine Schußempfindlichkeit überwinden helfen.

Das Anschneiden

Früher sah man das Anschneiden als eines der größten Übel des Jagdgebrauchshundes an, trat er damit doch direkt in Beutekonkurrenz zum Meuteführer Mensch. Noch mein Vater predigte mir immer wieder, meine Hunde nicht mit rohem Wildbret oder -innereien zu füttern, da dies das Anschneiden fördere. Ich sehe das seit vielen Jahren anders. Meine Hunde werden nach einer erfolgreichen Schalenwildnachsuche »genossen« gemacht, d.h. sie bekommen einen Teil der Innereien ab. Das kann ein frisch von mir geöffneter Pansen eines Stückes Rehwild, ein Teil der Leber oder ähnliches sein. Wichtig dabei ist allerdings, daß der Hund weiß, daß er sich nicht selbst bedienen darf, also nur aus meiner Hand gefüttert wird.

Auch wenn man daran denkt, daß eine Hauptmotivation des Hundes bei der Einarbeitung auf Schweiß im anschließenden Fressen von »Beute« liegt, dann ist es absolut unlogisch und nicht tiergerecht, dem Hund nach im »Ernstfall« getaner Arbeit nicht einen Teil der Beute abzugeben. Aber auch wenn ich Wildbret zerlege, füttere ich meine Hunde mit für den menschlichen Genuß unverwertbaren Resten (außer von Sauen wegen der Aujetzkyschen Krankheit). Deshalb sind meine Hunde aber trotzdem keine Anschneider.

Wichtig ist, um es nochmals zu wiederholen, daß Hunde sich nie selbst bedienen dürfen. Sollte einer es doch einmal versuchen, dann mache ich ihm in kompromißloser Rudelführermanier klar, daß dies das erste und letzte Mal war. Bekommt man einen Hund in Abrichtung, der grundsätzlich anschneidet oder hat man sich unwillentlich einen Anschneider erzogen, dann gilt es energisch gegenzusteuern, ohne dem Hund den Spaß an der entsprechenden Wildart zu verderben. Erst einmal muß aber der Grund für das Anschneiden gefunden werden. Quantitative und/oder qualitative Unterernährung ist hier ein wichtiger Faktor. Ein Hund braucht gewisse Nährstoffe, Spurenelemente usw. in einer bestimmten Menge (vgl. Kapitel Fütterung). Füttert man ihn falsch oder nicht ausreichend, dann nimmt er sich, was er zusätzlich braucht. Ein anderer Grund, warum Hunde anschneiden, ist der Beuteneid. Dieser spielt besonders auf Gesellschaftsjagden mit vielen fremden Hunden und Menschen eine nicht zu unterschätzende Rolle. Wollen zwei Hunde einen Hasen apportieren und reißt dabei die Bauchdecke auf, dann kommt es schnell zum Anschneiden. Passiert so etwas einmal, dann handelt es sich bei dem Hund noch nicht um einen typischen Anschneider, wird es aber zur Gewohnheit, dann muß man entsprechende Maßnahmen ergreifen.

Ebenso sieht es aus, wenn ein Hund grundsätzlich am erlegten Stück Schalenwild das Aufbrechen selbst übernehmen will. In solchen Fällen legt man den Hund dicht neben dem unaufgebrochenen Stück ab und entfernt sich einige Meter. Macht er Anstalten anzuschneiden, dann gibt man ein energisches »Nein«-Kommando, hilft auch das nicht, dann muß man ihn körperlich strafen (Gertenhieb, Wurfkette o.ä.). Hat er die Lektion verstanden, dann entfernt man sich außerhalb des Sichtfeldes seines Hundes und wartet ab, was er nun tut. Will er lecken, rupfen, anschneiden, dann ruft man ihn mit einem lauten Kommando oder mit der heranprasselnden Wurfkette zur Ordnung.

Für die Beobachtung und eventuelle »Bestrafung« des Hundes sollte man sich einen Helfer hinzunehmen, der sich in der Nähe versteckt. Der Hund konzentriert sich normalerweise nur auf seinen sich entfernenden Führer und fühlt sich, wenn dieser für ihn nicht mehr wahrnehmbar ist, in seinem Tun unkontrolliert.

Abschließend möchte ich aber nochmals betonen, daß das Fressen von Wildbret und also auch das Anschneiden eine ganz natürliche Sache ist und die wirklich guten Schweißhunde auch immer potentielle Anschneider sind. Stimmt das Verhältnis Rudelführer - Hund, dann gibt es eigentlich keine Probleme, denn auch in einem Wolfsrudel hat das ranghöchste Tier das Recht der Inbesitznahme der Beute.

Der Totengräber

Als Totengräber bezeichnet man Jagdgebrauchshunde, die ein gefundenes Stück Wild, das sie normalerweise apportieren sollten, irgendwo vergraben. Auch hier gilt es sich zuerst einmal Gedanken darüber zu machen, warum der Hund so etwas tut. Seine Grundüberlegung (wenn man bei einem Hund von so etwas sprechen kann) ist wahrscheinlich, daß er dem Rudelführer die Beute nicht abgeben will und sie für spätere schlechte Zeiten irgendwo lagern will. Auch das ist eine Verhaltensweise, die man aus der Perspektive des Hundes irgendwo nachempfinden kann, die bei einem Jagdhund aber absolut unakzeptabel ist. Ich habe einige Hunde gesehen, die ihre Beute vergraben haben und die meisten davon auf Prüfungen. Die Führer beklagen sich dann immer, daß ihr Hund so etwas noch nie getan habe, und ich glaube es ihnen. Bei Prüfungen entwickeln manche Hunde ein starkes Neidverhalten gegenüber anderen Hunden und fremden Menschen, die ja immer in der Nähe sind. Wurde ein Jagdhund immer nur alleine eingearbeitet, dann kann es vorkommen, daß er auf einer Prüfung Wild aus Neid vergräbt. Um solchen negativen Überraschungen vorzubeugen, sollte man also auch schon im Vorfeld zusammen mit anderen Hunden und Führern üben.

Ein zweiter Grund, warum Jagdhunde Beute vergraben, liegt in einem gestörten Verhältnis zum Führer. Als Student hatte ich einmal einen Deutsch-Drahthaar in Ausbildung, der mir - so etwas gibt es - einfach unsympathisch war. Da ich zu jener Zeit aber auf jede Mark angewiesen war, habe ich den Hund übernommen, um ihn auf die HZP vorzubereiten. Die Apportdressur habe ich ziemlich hart und kompromißlos (alte Schule) durchgezogen und nach etwa zwei Wochen brachte mir der Hund Apportierbock und Kanin einwandfrei im Bereich unseres eingezäunten Grundstückes. Nun glaubte ich es an der Zeit, kurze Schleppen auf einer Wiese zu legen. Anfangs funktionierte auch das, bis der Hund anfing, das Kanin durch die Luft zu werfen und es mir immer zögerlicher zutrug. Dann beging ich den wahrscheinlich entscheidenden Fehler als ich dem Hund bei einer solchen Gelegenheit, wo er einige Meter vor mir stand, das Kanin aber nicht hergeben wollte, mit der Gerte einen überzog und ihn zum ordnungsgemäßen Ausgeben zwang.

Bei der nächsten Übungsschleppe in unübersichtlichem Gelände blieb mein Hund eine geschlagene Viertelstunde weg, um dann wieder einige Meter vor mir stehen zu bleiben - aber ohne Kanin. Davon ausgehend, daß er das Stück nicht gefunden hatte, schickte ich ihn nochmals los, aber er kam wieder leer zurück. Ja, und dann erst fiel mir auf, daß er Asche in den Barthaaren hatte. Des Rätsels Lösung war schnell gefunden. Es gab da eine Stelle, wo jedes Jahr ein großes Martinsfeuer abgebrannt wurde. So leinte ich den Hund an und ging mit ihm zur Feuerstelle. Die Stelle, an der das Kanin vergraben worden war, stach sofort ins Auge, und ich zwang konsequenterweise den Hund, das Kanin wieder auszugraben. Danach überdachte ich mein Verhältnis zu dem Kerl, er vergrub kein Wild mehr, und wir schnitten auch noch sehr gut auf der HZP ab. Und die Moral von der Geschichte? Ein fehlendes Vertrauensverhältnis und mindestens zwei grobe Abrichtefehler machten den Hund zum zeitweiligen Totengräber. Ob die Sache allerdings ohne die Asche des Martinsfeuers auch so positiv ausgegangen wäre, steht auf einem anderen Blatt.

Abschließend läßt sich zu diesem Kapitel sagen, daß die meisten unerwünschten Verhaltensweisen bei Hunden durch Fehlverhalten des Führers verursacht werden. Und sogar eine mangelnde Wesenfestigkeit läßt sich durch einfühlsamen Umgang mit dem Hund weitgehend beseitigen. Züchten darf man mit solchen Hunden allerdings nicht, so gut und schön sie auch sein mögen.

Kapitel 13
JAGDHUNDEPRÜFUNGEN FÜR DEN DEUTSCH-DRAHTHAAR

Es gibt verschiedene Prüfungen für unsere Hunde, auf denen ihre jagdliche Veranlagung und/oder ihre diesbezüglichen Leistungen überprüft und bewertet werden. Da der Deutsch-Drahthaar in erster Linie ein Gebrauchshund ist, spielen die Prüfungen eine sehr große Rolle bei der Feststellung des Zucht- und Verkaufswertes eines Hundes. Deshalb kann man nur jedem Deutsch-Drahthaar-Besitzer empfehlen, seinen Hund zumindest auf einigen der unten beschriebenen Prüfungen vorzustellen.

Zuchtprüfungen

Sinn und Aufgabe der Zuchtprüfungen ist es, die natürlichen Anlagen des Junghundes festzustellen im Hinblick auf seine Eignung im vielseitigen Jagdgebrauch und als Zuchthund. Da die Arbeit nach dem Schuß die spätere Hauptaufgabe des Hundes sein wird, soll besonderes Augenmerk auf Anlagen und Eigenschaften gelegt werden, die den guten Verlorenbringer auszeichnen. Dies sind eine sehr gute Nase, Finder- und Spurwille, Wesensfestigkeit, Ruhe, Konzentration und Durchhaltewille. Auf den Zuchtprüfungen wird nach einem 12-Punkte-System gerichtet, das folgendermaßen aussieht: 0 Punkte - ungenügend; 1, 2 Punkte - mangelhaft; 3, 4, 5 Punkte - genügend; 6, 7, 8 Punkte - gut; 9, 10, 11 Punkte - sehr gut; 12 Punkte - hervorragend. 12 Punkte dürfen nur in Spurarbeit und Nase vergeben werden.

In Wartestellung. Foto: Gerd Bottler.

Die Verbands-Jugendprüfung (VJP)

Auf einer VJP wird die Arbeit des Hundes auf der Spur eines nicht (mehr) sichtigen Hasen, das Vorstehen, der Gebrauch der Nase, die Suche und die Führigkeit geprüft. Die Prüfungen finden Ende April für die dann etwa einjährigen Hunde statt.

Hasenspur

Die Spurarbeit wird auf der vom Hund nasenmäßig wahrgenommenen Spur

Isa vom Losshof. *Foto: Claudia Dreger.*

Mutterfreuden! Ferra vom Spanger Forst und der halbe H-Wurf. *Fotos: Christine Rehkate.*

Beginn einer Freundschaft. *Foto: Gerd Bottler.*

Ajax van de Zandvang. Foto: Hans Keuper.

Aufmerksam! Foto: Claudia Dreger.

Na....? *Foto: Gerd Bottler.*

Gespannte Aufmerksamkeit! *Foto: Christine Rehkate.*

Bei der Arbeit! *Foto: Edmund Grüner.*

Winterfreuden! *Foto: Gerd Bottler.*

Bock tot! *Foto: Claudia Dreger.*

Försterhund. Foto: Gerd Bottler.

eines nicht (mehr) sichtbaren Hasen geprüft, dabei kann der Führer den Hund bis zu 30 m an der Leine arbeiten und muß ihn dann schnallen. Von den Richtern beurteilt wird der Spurwille und die Spursicherheit. Bei der Beurteilung der Arbeit müssen stärker der Spurwille, die Spursicherheit und die Schwierigkeit berücksichtigt werden als die Länge. Als Faustregel kann man aber etwa 300 m Spurarbeit für eine Beurteilung mit »sehr gut« nennen.

Nase

In diesem Fach soll der Gebrauch der Nase beurteilt werden, da eine objektive Messung der Nasengüte auf einer Prüfung nicht möglich ist und auch den jagdlichen Anforderungen nicht gerecht wird. Ein Hund zeigt eine sehr gute Nase, wenn er bei der Suche viel Wild findet (unter Berücksichtigung des örtlichen Besatzes), wenn er es weit anzieht, immer wieder Witterung von Wild und Vögeln markiert und auf der Hasenspur zügig vorankommt bzw. die Spur immer wieder findet.

Warten auf den Einsatz. Foto: Gerd Bottler.

Die Beurteilung des Nasengebrauchs ist eine der schwersten Aufgaben für die Richter, da Faktoren wie Einarbeitungsintensität, Erfahrung des Hundes und Ausdauer eigentlich berücksichtigt werden müßten. Man erlebt es immer wieder, daß Hunde, die stundenlang kein Wild gefunden haben, dann am Nachmittag Federwild herauswerfen, ohne eine nasenmäßige Wahrnehmung zu erkennen zu geben. In solchen Fällen ist es höchst fragwürdig, die Nasenbewertung herunterzusetzen, da es sich meist ganz einfach um Ermüdungserscheinungen des Hundes handelt. Auf der anderen Seite werden Hunde mit 11 Punkten verteilt, die ganz einfach hervorragend in gut besetzten Niederwildrevieren eingearbeitet wurden. Die Erfahrung schult den Hund im Umgang mit seinem Geruchssinn und so entsteht der Eindruck, daß seine Nase besser ist als die eines anderen Hundes, dessen Führer nicht die Gelegenheit hatte, in einem solchen Revier zu üben.

Vorstehen

Auf der VJP wird geprüft, ob der Hund eine Vorstehveranlagung besitzt. Dies soll man bevorzugt an Federwild prüfen, aber das Vorstehen an Haarwild wird nicht schlechter beurteilt. Die jungen Hunde müssen nicht durchstehen, d.h. so lange stehen bleiben, bis das Wild hochgeht oder vom Führer hochgemacht wird. Auch gibt es keine schlechtere Note, wenn der Hund hinter abstreichendem Wild herläuft, ihm nachprellt. Angesichts der heutigen Niederwildsituation kommt es bei Prüfungen leider immer öfter zu Problemen, weil die Hunde kaum Federwild finden und die Vorstehanlagen unter teilweise recht abenteuerlichen Umständen bewertet werden. Es stellt sich hier tatsächlich die Frage, ob das Vorstehen bei den Prüfungen nicht überbewertet wird. Federwild speziell für die Prüfungen auszusetzen ist verboten und in vielen Gebieten Deutschlands gibt es nur noch rudimentäre, nicht mehr bejagbare Bestände. Das Vorstehen ist so inzwischen oft zu einer reinen Sportveranstaltung geworden, die in der Jagdpraxis kaum mehr vorkommt. Es fällt nicht nur den Vereinsfunktionären sondern auch mir schwer, eine jagdliche Situation zu akzeptieren, wo Deutsche Vorstehhunde kaum noch vorstehen (wegen Niederwildmangel).

Aber wir dürfen nicht vergessen, daß diese Hunde primär vielseitige Vollgebrauchshunde sind, die auch vorstehen können. Insbesondere im Hinblick auf eine sich möglicherweise wieder verbessernde Niederwildsituation darf das diesbezügliche genetische Potential allerdings nicht vernachlässigt werden. Es muß also auch in Zukunft für unsere Deutsch-Drahthaar verbindlich sein, den Nachweis der vorhandenen Vorstehveranlagung zu erbringen. Ob dies allerdings angesichts der Federwildmisere auf jeder Prüfung zu geschehen hat, sollte man sich mal ernsthaft überlegen. Der Hund arbeitet ja in der Regel auch nur noch einmal auf Prüfungen an der lebenden Ente.

Suche

Die Suche soll fleißig und ausdauernd sein und damit den Finderwillen des Hundes erkennen lassen. Eine systematische Suche wird noch nicht verlangt, aber wenn der Hund überwiegend im Trab sucht, dann kann er in diesem Fach kein »sehr gut« mehr erhalten.

Führigkeit

In diesem Fach wird geprüft, inwieweit der Hund bestrebt ist, bei der Suche mit seinem Führer Verbindung zu halten. Oft kann man als Richter die tatsächliche Führigkeit eines Hundes gar nicht mehr richtig beurteilen, weil eine gute Gehorsamsdressur das normale Verhalten des Hundes überdeckt. Das diesbezügliche Verhalten eines Hundes läßt sich ganz gut in unübersichtlichem Gelände (z.B. mit Heckenstreifen) beobachten. Kommt der Hund ohne Kommando immer wieder zurück und sucht den Kontakt zum Führer, dann kann man von einer guten Führigkeit sprechen.

Weiterhin wird auf einer VJP die *Schußfestigkeit* der Hunde überprüft. Hierzu werden während der Suche eines jeden Hundes in seiner Nähe (30 bis 50 Meter) mindestens zwei Schüsse im Zeitabstand von mindestens 20 Sekunden abgegeben. Ein schußfester Hund wird höchstens durch das Zeigen erhöhter Aufmerksamkeit reagieren. *Schußempfindliche Hunde* hingegen reagieren mit einer allgemeinen Einschüchterung oder mit Ängstlichkeit, indem sie beim Führer Schutz suchen. Der Grad der Schußempfindlichkeit richtet sich nach der Dauer der »Arbeitsverweigerung« und des Beeindrucktseins. Man bezeichnet einen Hund als *schußscheu*, wenn er auf den Schuß hin ausreißt und sich damit der Einwirkung seines Führers entzieht.

Schließlich müssen die Richter in der Zensurentafel vermerken, wie der Hund gejagt hat (spurlaut, sichtlaut oder stumm), ob er »Scheue oder Ängstlichkeit« zeigt und ob er »körperliche Mängel« in Bezug auf die Augen, das Gebiß oder die Hoden (nur bei Rüden natürlich) aufweist.

Die Verbands-Herbstzuchtprüfung (HZP)

Diese Prüfung findet normalerweise im September für die dann etwa eineinhalbjährigen Hunde statt, und sie dient der Feststellung der Entwicklung der natürlichen Anlagen des Junghundes im Hinblick auf seine Eignung und zukünftige Verwendung im vielseitigen Jagdbetrieb und als Zuchthund. Die Ausbildung in der Feld- und Wasserarbeit soll zu diesem Zeitpunkt im wesentlichen abgeschlossen sein.

Auf der HZP werden Anlage- und Abrichtefächer geprüft. Zu den bereits auf der VJP geprüften Anlagefächern kommen die Fächer »Wasserarbeit« und »Arbeitsfreude«. Abrichtefächer sind das »Verlorenbringen von Federwild«, die »Haarwildschleppe«, die »Art des Bringens« und der »Gehorsam«. Herbstzuchtprüfungen können auch ohne Prüfung der Hasenspur durchgeführt werden.

Die bedeutendste HZP des Vereins Deutsch-Drahthaar ist die jährlich stattfindende »Hegewald-Zuchtprüfung«. Hierbei handelt es sich um eine Ausleseprüfung, bei der sich die besten Drahthaarjährlinge aus Deutschland, aber auch aus anderen europäischen Staaten und von Übersee messen. Es ist keine Seltenheit, daß auf der Hegewald über 200 Hunde geprüft werden. Sie ist somit die größte Jagdhundeprüfung in Europa und ein großes Fest für die teilnehmenden Drahthaarfreunde. Da es sich hierbei um eine Ausleseprüfung handelt, müssen potentielle Teilnehmer Mindestbedingungen in Bezug auf die VJP-Leistungen, Form- und Haarwert, Härte, HD-Freiheit und eine Wasservorprüfung erfüllen, um teilnahmeberechtigt zu sein.

Anlagefächer

Aber zurück zu den auf der HZP zusätzlich geprüften Anlagefächern: Die »Wasserarbeit« wird geregelt durch die am 1.9.94 in Kraft getretene »Prüfungsordnung Wasser«. Diese neue Prüfungsordnung war notwendig geworden, da ein allgemeines Verbot der Arbeit an der lebenden Ente zu befürchten war, und man einerseits weiterhin diese Arbeit auf einer Prüfung beurteilen als auch andererseits eine tierschutzgerechte Durchführung garantieren wollte, da die waidgerechte und tierschutzkonforme Durchführung der Jagd auf Wasserwild gemäß Bundesjagdgesetz den Einsatz brauchbarer Jagdhunde voraussetzt.

Die Wasserarbeit hat den Sinn, den Jagdhund auf seine spätere Aufgabe in der Praxis, das heißt vor allem auf die Nachsuche von krank oder verendet in Wasser gefallenem Wasserwild vorzubereiten und das Ergebnis durch die Prüfung zu beweisen und für die Zucht zu dokumentieren. So legte man fest, daß ein Hund nur noch einmal an der lebenden Ente geprüft werden darf und die erhaltene Zensur auf einer weiteren HZP oder auf einer VGP fortgeschrieben wird. Bei der Einarbeitung darf der Führer pro Hund nur drei lebende Enten verwenden. Hierzu, wie auch auf der Prüfung, dürfen nur voll ausgewachsene Stockenten ausgesetzt werden, deren Flugfähigkeit durch eine Papiermanschette (die sich im Wasser allmählich auflöst) für kurze Zeit eingeschränkt ist. Die Enten müssen mit dem Leben auf dem Wasser und in der Deckung (Schilf) vertraut sein und bis zur Verwendung Gelegenheit haben, ihr Gefieder zu fetten. Die Arbeit des Hundes an einer solchen Ente stellt keinerlei Form der Tierquälerei dar, da sie dem Hund jederzeit fluchtmäßig überlegen ist.

Für das Fach »Stöbern mit Ente im deckungsreichen Gewässer« wird also eine Ente in der Deckung ausgesetzt, ohne daß der Hund dies sehen kann. Nach dem Aussetzen führen die Richter den Führer zu einem Punkt in Schrotschußentfernung vom Aussetzort bzw. von der Ente und geben ihm die Richtung an. Der geschnallte Hund soll nun die Ente selbständig suchen und finden, der Führer darf ihn jedoch bei der Arbeit lenken und unterstützen. Sobald der Hund die Ente aus der Deckung drückt und sichtig verfolgt, ist sie vom Führer zu schießen. Die erlegte Ente muß vom Hund selbständig gebracht werden.

Am Anfang jeder Wasserarbeit steht jedoch das Fach »Schußfestigkeit«, da diese die Voraussetzung für eine Weiterprüfung am Wasser ist. Hierzu wird eine erlegte Ente möglichst weit ins offene Wasser geworfen und der Hund zum Bringen aufgefordert. Während der Hund auf die Ente zuschwimmt, wird ein Schrotschuß auf das Wasser in Richtung der Ente abgegeben. Der Hund muß die Ente selbständig bringen. Versagt er hierbei, dann darf er nicht weiter im Wasser geprüft werden.

Ruhepause! Foto: Gerd Bottler.

Das »Verlorensuchen« im deckungsreichen Gewässer erfolgt unmittelbar nach der Prüfung der Schußfestigkeit. Dazu wird eine frisch erlegte Ente so in eine Deckung geworfen, daß der Hund weder das Werfen noch die Ente vom Ufer aus eräugen kann. Die Ente wird so plaziert, daß der Hund über eine freie Wasserfläche in die Deckung geschickt werden muß. Dem Führer wird von einem Ort, der mindestens 30 m von der Ente entfernt ist, die ungefähre Richtung angegeben, in der die Ente liegt. Der Hund soll von dort aus die Ente selbständig suchen, er muß sie finden und seinem Führer zutragen. Auch hierbei darf der Führer seinen Hund lenken und unterstützen. Ein Hund, der in diesem Fach nicht mindestens mit dem Prädikat »genügend« bewertet wird, darf nicht an der lebenden Ente geprüft werden.

Als weiteres zusätzliches Anlagefach wird auf der HZP die *Arbeitsfreude* beurteilt. Hierbei kommt es auf die Arbeitslust und den Arbeitswillen an, den der Hund in allen Fächern zeigt. Sie wird durch eingehende Beobachtung während der ganzen Prüfung festgestellt.

Aufmerksame Wasserrichter. Foto: Gerd Bottler.

Abrichtefächer

Da bei den heute vorherrschenden Revierverhältnissen auf Prüfungen nicht mehr auf Niederwild geschossen wird, prüft man das »Verlorenbringen von Federwild« normalerweise auf der Federwildschleppe. Die Schleppe wird unmittelbar vor der Prüfung des Hundes von einem Richter auf bewachsenem Boden mit Rückenwind und unter Einlegung von zwei stumpfwinkligen Haken mindestens 150 Meter weit gelegt. Der Richter schleppt ein Stück Federwild und trägt ein anderes derselben Art mit sich. Am Ende der Schleppe wird das mitgetragene Stück abgelegt. Danach entfernt sich der Richter in Verlängerung der Schleppe und verbirgt sich so, daß er vom Hund nicht gesehen werden kann. Dort muß er das geschleppte Stück Wild frei vor sich hinlegen. Der Hund darf auch dieses Stück Wild bringen. Bringt er ein gefundenes Stück Nutzwild nicht, dann kann er die Prüfung nicht bestehen. Natürlich darf der Hund das Legen der Schleppe nicht eräugen. Dem Führer ist es erlaubt, die ersten 20 Meter der Schleppe an einer Leine zu arbeiten, dann muß er den Hund ablaufen lassen und stehenbleiben. Falls der Hund nicht findet, darf er noch zweimal angesetzt werden, dies führt allerdings zu Prädikatsminderungen. Von den Richtern wird bewertet, wie der Hund der Spur folgt und ob er seinem Führer zügig zuträgt. Das Aufnehmen, Tragen und Abgeben des Wildes wird im Fach »Bringen« beurteilt. Die »Haarwildschleppe« wird mit Kanin oder Hase 300 Meter weit gelegt. Im übrigen gelten die gleichen Bestimmungen wie bei der Federwildschleppe.

Im Fach »Art des Bringens« zensieren die Richter die Ausführung des Bringens, das heißt die übungsmäßig erlernte Fähigkeit, wie der Hund aufnimmt, trägt und abgibt. Der Hund soll seinen Griff nach der Schwere des Wildes richten und das Wild nicht »knautschen«. Korrektes Abgeben zeigt sich darin, daß der

Hund freudig zu seinem Führer kommt, sich auf ein leises Kommando (oder ganz ohne) hinsetzt und das Wild so lange im Fang hält, bis der Führer es ihm ohne hastiges Zugreifen abnimmt. Vergräbt ein Hund das Stück, schneidet er es an (frißt er daran) oder knautscht er stark, dann kann er die Prüfung nicht bestehen.

Schließlich wird auf der HZP auch erstmals der »Gehorsam« beurteilt. Der »Gehorsam ohne Wildberührung« zeigt sich in der Lenkbarkeit des Hundes bei seiner Arbeit und darin, daß der Hund den Kommandos seines Führers (Ruf, Pfiff oder Sichtzeichen) sofort folgt. Auch bei der Arbeit anderer Hunde soll sich der Hund ruhig verhalten. Gehorsam bei Wildberührung wird auf der HZP noch nicht verlangt. Der Hund darf also (sollte aber nicht) einen Hasen hetzen oder abstreichendem Federwild nachlaufen.

Wie auf der VJP wird auch auf der HZP die »Schußfestigkeit« im Feld geprüft und die Eintragungen bezüglich »Laut« und »körperlicher Mängel« in der Zensurentafel gemacht.

Leistungsprüfungen

Die Verbandsgebrauchsprüfung(VGP)

Die VGP ist eine Leistungsprüfung, deren Hauptaufgabe es ist, die Brauchbarkeit der für den vielseitigen Jagdbetrieb (Feld-, Wald- und Wasserarbeit) bestimmten Jagdhunde festzustellen, die Ergebnisse für die Jägerschaft nachzuweisen und das Verständnis für die sachgemäße Führung des vielseitigen Jagdgebrauchshundes zu wecken und zu fördern. Auf der VGP, die man als Meisterprüfung der Vollgebrauchshunde bezeichnen kann, soll allein die Ermittlung und Feststellung der abgeschlossenen Ausbildung, wie sie für den praktischen Jagdbetrieb notwendig ist, erfolgen. Im Gegensatz zu den Anlageprüfungen (VJP, HZP) wird auf der VGP allein die Leistung in den einzelnen Fächern geprüft. Daneben wird der bestandenen VGP auch eine große Aussagekraft in Bezug auf den Zuchtwert zuerkannt, und die daraus resultierende Eintragung im Gebrauchshundestammbuch (DGStB) wird als eines der wichtigsten Zuchtkriterien betrachtet. Grundsätzlich ist ein VGP-Hund jagdlich so firm, daß jeder Jäger mit etwas »Hundeverstand« und Wissen um die sachgemäße Führung von Jagdhunden waidgerecht und tierschutzkonform mit ihm jagen kann.

Die Verbandsgebrauchsprüfung läßt sich in die Fachgruppen *Waldarbeit, Wasserarbeit, Feldarbeit* und *Gehorsam* unterteilen. Der große Umfang der Aufgaben bedingt, daß die Prüfung an zwei aufeinanderfolgenden Tagen durchgeführt wird. Hunde, die auf der VGP geführt werden, sollten im zweiten Feld (1. Feld = Alter von etwa 1 bis 2 Jahren, 2. Feld = Alter von etwa 2 bis 3 Jahren usw.), dürfen aber auch im ersten Feld geführt werden (z.B. im Herbst nach der HZP).

Prädikate und Leistungsziffern

Für die in einem Fach gezeigte hervorragende, sehr gute, gute, genügende, mangelhafte oder ungenügende Leistung wird ein Prädikat erteilt. Den einzelnen Prädikaten entsprechen folgende Leistungsziffern: hervorragend = 4h, sehr gut = 4, gut = 3, genügend = 2, mangelhaft = 1, ungenügend = 0. Das Prädikat »hervorragend« = 4h darf nur ausnahmsweise für wirklich hervorragende Leistungen, die der Hund unter erschwerten Umständen gezeigt hat, vergeben werden. Die für die einzelnen Fächer erteilten Leistungsziffern werden mit einer Fachwertziffer multipliziert, deren Höhe der Bedeutung und der Schwierigkeit des entsprechenden Prüfungsfachs entspricht. Aus dieser Multiplikation ergibt sich die Urteilsziffer. Sie ist also für jedes Fach das Produkt aus dem Wert der Leistung und der Bedeutung dieses Faches. Die Urteilsziffer ist gleich der Punktzahl, nach deren Höhe sich die Einstufung des Hundes richtet. Angesichts der für den Jagdgebrauchshund notwendigen Vielseitigkeit muß jeder Hund in allen vier Fachgruppen (Wald, Wasser, Feld, Gehorsam) bestimmte Leistungen für die drei Preisklassen (bestanden im 1. Preis, im 2. Preis, im 3. Preis) erreichen. Deshalb sind für jede Preisklasse bestimmte Mindestpunktzahlen in den einzelnen Fachgruppen festgesetzt.

Fachguppe Waldarbeit

In dieser Fachgruppe werden folgende Fächer geprüft: »Riemenarbeit auf der künstlichen Schweißfährte« und zwar entweder Tagfährte oder Übernachtfährte, »Bringen von Fuchs über Hindernis«, »Fuchsschleppe«, »Bringen von Fuchs auf der Schleppe«, »Hasen- oder Kaninschleppe«, »Bringen von Hase oder Kaninchen«, »Stöbern« und »Buschieren«.

Die Schweißarbeit

Die Mindestlänge der Schweißfährte beträgt für die Riemenarbeit 400 m, für die freie Arbeit des Totverbellers und Totverweisers zusätzlich 200 m. Die Fährten werden im Wald oder im deckungsreichen Buschgelände gelegt. Bei der Herstellung der Fährten werden zwei stumpfwinklige Haken und ein Wundbett eingefügt. Am Ende der Fährte wird für Totverbeller und Totverweiser ein zweites Wundbett angelegt. Für die freie Arbeit des Totverbellers und Totverweisers wird von diesem zweiten Wundbett aus die Fährte mindestens 200 m weiter verlängert. Die Fährten werden gespritzt oder getupft. Für die 400 m lange Fährte darf nicht mehr als 1/4 Liter Schweiß, für die weiteren 200 m der freien Arbeit des Totverbellers bzw. Totverweisers nicht mehr als 1/8 Liter Schweiß verwandt werden. Die Stehzeit beträgt bei Prüfungen auf der Übernachtfährte mindestens 14 Stunden über Nacht, bei Prüfungen auf der Tagfährte mindestens 2 bis etwa 5 Stunden. An das Ende der künstlichen Schweißfährte wird ein Stück Schalenwild gelegt, das möglichst frisch geschossen sein soll. Bei der Riemenarbeit, bei der drei Richter dem Gespann folgen, kommt es darauf an, wie der Hund die Schweißfährte hält. Er soll sie ruhig, konzentriert und zügig, jedoch nicht in stürmischem Tempo arbeiten. Für ein »sehr gut« ist eine ruhige und sichere Arbeit des Hundes erforderlich. Bei der Riemenarbeit darf der Hund zweimal von den Richtern zurückgenommen und vom Führer neu angelegt werden. Als erneutes - das Prädikat minderndes - Anlegen gilt nur das Zurücknehmen des weit (etwa 60 m) abgekommenen Hundes durch die Richter. Verbessert sich der abgekommene Hund selbständig, so ist dies dem Hund als Pluspunkt anzurechnen. Korrigiert der Führer seinen Hund, gilt dies nicht als erneutes Anlegen. Eine wiederholt notwendig werdende Führerkorrektur mindert jedoch das Prädikat.

Verhalten am Stück

Um zu überprüfen, ob er das Stück anschneidet, wird der Riemenarbeiter nach erfolgreicher Arbeit unangeleint am Stück zurückgelassen. Der Führer und die Richter entfernen und verbergen sich. Der Führer darf nicht auf seinen Hund einwirken. Sobald die den Hund beobachtenden Richter das Verhalten beurteilen können (nach maximal 5 Minuten), kann der Führer seinen Hund abholen.

Totverbellen und Totverweisen

Totverbeller und -verweiser werden am zweiten Wundbett geschnallt. Sie müssen dann das am Ende der Zusatzfährte ausgelegte Stück Schalenwild (kein Rehkitz) in freier Suche finden. Der Totverbeller muß, nachdem er das gefunden hat, beim Stück bleiben und innerhalb von 10 Minuten laut werden. Dann soll er etwa 10 Minuten lang seinen Führer durch Bellen rufen.

Der Totverweiser muß das gefundene Stück gleich wieder verlassen, zum Führer zurückkehren und ihm durch sein Benehmen anzeigen, daß er gefunden hat. Dann muß der Hund ihn frei zum Stück führen.

Bringen von Fuchs über Hindernis

Das Bringen von Fuchs über Hindernis wird an Gräben, Hürden usw. geprüft. Der Hund darf das Hindernis nicht durchwaten oder umgehen können. Bei der Durchführung des Prüfungsfaches legt der Führer seinen Hund 5 Meter vor dem Hindernis ab. Dann legt er den naturbelassenen Fuchs jenseits des Hindernisses ab, geht zum Hund zurück und setzt ihn von dieser Stelle aus zum Bringen an, muß aber selbst dort bleiben. Der Hund soll nach einmaligem Befehl das Hindernis nehmen und den Fuchs seinem Führer zutragen.

Haarwildschleppen

Da die Haarwildschleppen zur Waldarbeit gehören, werden sie natürlich auch im Wald gelegt. Der Anfang (bis zum ersten Haken) kann aber auch durch übersichtliches Gelände führen. Besonders bei der Fuchsschleppe führt der im Wald fehlende Sichtkontakt zum Führer oft zum Versagen des Hundes. Die Arbeit auf der Fuchsschleppe wird mit einem mindestens sieben Pfund schweren Fuchs geprüft. Die Schleppe wird von einem Richter unmittelbar vor der Prüfung des einzelnen Hundes in diesem Fach hergestellt. Das Wild wird vom gekennzeichneten Anschuß möglichst mit Nackenwind an einer Leine mindestens 300 Meter weit mit Einlegung von zwei stumpfen Haken geschleppt. Dann wird das geschleppte oder ein frisches Stück der gleichen Wildart niedergelegt. Der Richter entfernt sich von dem ausgelegten Stück und versteckt sich. Ist die Schleppe gelegt, dann wird der Führer aufgefordert, seinen Hund anzusetzen. Er darf ihn die ersten zwanzig Meter am Riemen arbeiten, dann muß er ihn schnallen und stehen bleiben. Kommt der Hund mit dem Wild zurück, dann muß er zu seinem Führer kommen, sich auf ein leises Kommando oder ein Zeichen hinsetzen und ausgeben. Bei der Schleppenarbeit wird bewertet, ob und wie der Hund die Schleppe hält, ob er finden und bringen will und ob er das Wild seinem Führer zuträgt. Verleitungsfährten, die den Hund von der Schleppe abbringen, sind auf der VGP kein Grund für das Legen einer Ersatzschleppe. Insgesamt darf der Führer seinen Hund dreimal auf der Schleppe ansetzen, wobei die Leistungsziffer sich entsprechend verschlechtert. Die Hasen- oder Kaninschleppe wird analog der Fuchsschleppe im Wald hergestellt und auch entsprechend vom Hund gearbeitet. Wichtig ist jedoch, daß ein Hund, der ein gefundenes Stück Nutzwild nicht bringt, die Prüfung nicht bestehen kann.

Bringen

Unter »Bringen« versteht man die Art des Aufnehmens, Tragens und Abgebens von sämtlichem Wild bei der Prüfung auf den Schleppen, beim Verlorenbringen und Verlorensuchen und gelegentlich der Jagdausübung während der Prüfung. Der Hund soll seinen Griff nach der Art und Schwere des Wildes einrichten, das Wild dem Führer zutragen, sich ohne - oder auf ein leises - Kommando hin setzen und das Wild so lange im Fang halten, bis es ihm der Führer ohne hastiges Zugreifen abnimmt.

Stöbern

Die Stöberarbeit soll in Dickungen, Gehölzen oder Schonungen durchgeführt werden, die mit Niederwild gut besetzt sind, damit der Hund auch Gelegenheit hat, wirkliche Stöberarbeit an Wild zu zeigen. Der Hund soll den ihm zugewiesenen Revierteil etwa zehn Minuten lang gründlich durchstöbern. Bewertet wird hierbei, ob der Hund planmäßig stöbert und den ganzen ihm zugeteilten Revierteil absucht. Bei der Arbeit des Hundes muß der Führer an seinem Stand bleiben. Andauernd nötige Aufforderungen zum Stöbern mindern natürlich das Prädikat. Ein Hund der anhaltend selbständig überjagt und erst nach längerer Zeit zurückkehrt, wird wegen dauernden Ungehorsams von der Prüfung ausgeschlossen.

Buschieren

Dieses Fach wird im Stangenholz, auf niedrigen Kulturen oder kurz bewachsenen Schlägen geprüft. Der Hund soll unter der Flinte suchen, d.h. sich nicht weiter als 30 bis 40 Meter vom Führer entfernen. Er soll sich ohne viele und laute Kommandos von seinem Führer dirigieren lassen und dabei planmäßig und ruhig buschieren. Aufstehendes Wild soll der Hund nicht hetzen. Die Richter beurteilen in diesem Fach besonders die gute Zusammenarbeit zwischen Führer und Hund.

Fachgruppe Wasserarbeit

Für die Wasserarbeit gelten die Bestimmungen der Prüfungsordnung Wasser, die schon im Zusammenhang mit der HZP erläutert wurden. Folgende Fächer werden in dieser Reihenfolge geprüft: »Stöbern ohne Ente im deckungsreichen Gewässer«, »Schußfestigkeit«, »Verlorensuchen im deckungsreichen Gewässer«, »Stöbern mit Ente im deckungsreichen Gewässer« (falls dies auf einer HZP noch nicht geprüft wurde) und »Bringen von Ente«. Als neues, zusätzliches Fach muß der Hund also das »Stöbern ohne Ente« bewältigen. Hierbei soll er auf einfachen Befehl seines Führers und ohne jede weitere Anregung (Steinwurf o.ä.) ins Wasser gehen und dort im Schilf stöbern. Bei diesem Fach soll der Hund im Schilf seinen Finderwillen und seine Wasserfreudigkeit zeigen und sich beim Stöbern von seinem Führer durch Wink oder Zuruf gut lenken lassen. Die Arbeit erstreckt sich über etwa 10 Minuten. Abgesehen von diesem zusätzlichen Fach und der Tatsache, daß auf der VGP nicht nach dem 12-Punkte System gerichtet wird, gilt die gleiche Prüfungsordnung für HZP und VGP.

Die letzten Schritte! Foto: Gerd Bottler.

Fachgruppe Feldarbeit

Im Feld wird der Nasengebrauch, die »Suche«, das »Vorstehen«, die »Manieren am Wild einschließlich Nachziehen«, das »Verlorensuchen von Federwild« und das »Bringen von Federwild« geprüft. Wird auf der VGP Federwild erlegt, dann kann der Hund bei der »Arbeit an einem geflügelten Huhn (Fasan)« und beim »freien Verlorensuchen und Bringen eines frisch geschossenen Stückes Federwild« geprüft werden. Da aber heute in der Regel anläßlich einer VGP kein Wild mehr erlegt wird, prüft man die Hunde im Fach »Verlorenbringen von Federwild« a) auf der »Federwildschleppe« und b) beim »freien Verlorensuchen und Bringen eines ausgelegten Stückes Federwild«.

Nasengebrauch

Bei der Suche sind im besonderen gutes Ausnutzen des Windes, schnelles und häufiges Finden von Wild (je nach Besatz), gelegentliches Markieren von Vogelwitterung, weites Anziehen und das Festmachen von Federwild Anzeichen einer guten Nase. Problematisch wird die Nasenbeurteilung in Revieren, in denen es kaum Federwild gibt, eine Tatsache, mit der man heute auf Prüfungen immer öfter konfrontiert wird. Deshalb stellt sich die Frage, ob es sinnvoll ist, die Nasenbeurteilung nur auf die Feldarbeit zu reduzieren. Mir ist es passiert, daß eine Deutsch-Drahthaar-Hündin, die auf drei Zuchtprüfungen jeweils 10 oder 11 Punkte in der Nase erhalten hatte, auf der VGP nach mehreren Stunden Suche in der Nase nur ein »gut« erhielt, nachdem sie während des ganzen Tages kein Federwild gefunden hatte und schließlich wegen körperlicher Erschöpfung keine guten Nasenleistungen (an was?) mehr zeigte.

Suche

Bei der Suche wird in erster Linie die Finderwille und daneben auch die Planmäßigkeit beurteilt. Außerdem soll die Suche flott und ausdauernd sein und sich den Geländegegebenheiten, dem Wind und den vorkommenden Wildarten anpassen.

Vorstehen

Sehr gutes Vorstehen zeigt sich darin, daß der Hund, wenn er festliegendes Wild gefunden hat, dieses so lange vorsteht oder vorliegt, bis der Führer ohne Hast herangekommen ist und zum Schuß (heutzutage normalerweise in die Luft) kommen kann.

Nachziehen und Manieren am Wild

Neben dem Vorstehen sind das Nachziehen und die »schönen« Manieren am Wild ein wertvoller Bestandteil der Feldarbeit. Was die Richter sehen wollen, sind elegante Bewegungen und eine eindrucksvolle Kopfhaltung des Hundes, sobald er Wildwitterung in die Nase bekommt oder laufendem Federwild folgt.

Federwildschleppe

Federwildschleppen können mit Rebhuhn, Fasan, Ente oder Taube gezogen werden. Die Schleppe wird von einem Richter 200 Meter mit unter Einlegung von zwei stumpfen Haken gelegt. Im übrigen gelten dieselben Bestimmungen wie für die Kaninschleppe. Die Federwildschleppe entfällt, wenn der Hund erfolgreich ein geflügeltes Huhn (Fasan) nachgesucht hat.

Freies Verlorensuchen und Bringen eines ausgelegten Stückes Federwild

Bei dieser Arbeit wird von einem Richter ein Stück Federwild ausgelegt. Das Gelände muß eine so hohe Deckung aufweisen, daß der Hund das ausgelegte Stück mit der Nase finden muß. Die Vorbereitungen darf der Hund nicht beobachten. Dem Führer wird in einer Entfernung von 40 - 50 m und gegen den Wind die ungefähre Richtung angegeben, in der das Stück liegt. Der Hund wird sodann zur Freiverlorensuche geschnallt und muß das Stück selbständig suchen. Der Führer kann hinter seinem Hund hergehen und ihn unterstützen. Durch beherrschte Gangart und Gebrauch seiner Nase soll der Hund erkennen lassen, daß er finden will. Die Bewertung dieser Leistung richtet sich danach, wie sich der Hund auf die Arbeit einstellt. Diese Arbeit entfällt, wenn der Hund ein frisch geschossenes Stück Federwild, dessen Fallen er nicht beobachtet hat, verlorensucht und bringt.

Bringen von Federwild

Bei der Beurteilung des Bringens werden alle Bringleistungen des Hundes am Federwild bei der Feldarbeit berücksichtigt. Es gelten die Grundsätze des Bringens von Haarwild (siehe oben).

Fachgruppe Gehorsam

Der Gehorsam ist Ausdruck einer sauberen und gründlichen Abrichtung und ist Voraussetzung für jede jagdliche Brauchbarkeit des Hundes und tierschutzgerechtes Jagen mit dem Hund. Deshalb wird auf der VGP besonderer Wert auf die prüfungsmäßige Feststellung der von einem vielseitigen Jagdgebrauchshund geforderten Gehorsamsleistungen gelegt. Die Feststellung des Gehorsams erfolgt in allen Prüfungsfächern der vier Fachgruppen. Der Grundgehorsam eines Hundes zeigt sich darin, daß er sich von seinem Führer gut lenken läßt, daß er den Befehlen seines Führers sofort folgt und die einzelnen speziellen Gehorsamsfächer vorschriftsmäßig bewältigt. Zu diesen Gehorsamsfächern, die von der Fachrichtergruppe Wald geprüft werden, gehören 1. »allgemeines Verhalten - Gehorsam«, 2. »Verhalten auf dem Stand«, 3. »Leinenführigkeit«, 4. »Folgen frei bei Fuß«, 5. »Ablegen«, 6. »Benehmen vor eräugtem Federwild«, 7. »Benehmen vor eräugtem Haarnutzwild« und 8. »Schußruhe«.

Allgemeines Verhalten - Gehorsam

Dieses Fach wird im Verlaufe der Prüfung in allen Prüfungsfächern der vier Fachgebiete der VGP festgestellt. Dabei wird sowohl das Verhalten des arbeitenden als auch des nicht aufgerufenen Hundes bewertet. Entzieht sich ein Prüfling längere Zeit der Einwirkung seines Herrn, dann kann er von der Weiterprüfung ausgeschlossen werden.

Verhalten auf dem Stand

Während eines (nachgestellten) Treibens werden die Führer mit ihren Hunden - diese angeleint (kann höchstens das Prädikat »gut« erhalten) oder frei - als Schützen an einer Dickung aufgestellt, während andere Personen mit dem üblichen Treiberlärm durch die Dickung gehen. Hierbei wird in der Dickung mehrere Male geschossen und auch jeder Führer muß schießen. Die Richter beurteilen bei dieser Prüfung, ob der Hund winselt, bellt, am Riemen zerrt, sich ohne Befehl vom Führer entfernt oder ruhig neben ihm liegt. Bellt der Hund, dann bekommt er in diesem Fach ein »ungenügend«.

Leinenführigkeit

Der angeleinte Hund soll dem durch Stangenholz oder Kulturen gehenden Führer auf Kniehöhe so folgen, daß er sich mit der Leine nicht verfängt. Der Führer muß bei dieser Prüfung dicht an einzelnen dünnen Bäumen vorbeigehen.

Folgen frei bei Fuß

Es wird in der Weise geprüft, daß der unangeleinte Hund seinem Führer ohne lautes Kommando dicht hinter oder neben dem Fuß folgt. Der Führer soll dabei in wechselndem Tempo eine Strecke von mindestens 80 Metern gehen und dabei unterwegs einmal stehenbleiben, wobei der Hund ebenfalls sofort verharren soll. An dieses Fach schließt sich normalerweise gleich das Fach »Ablegen« an.

Leinenführigkeit. Foto: Gerd Bottler.

Ablegen
Hierbei geht der Führer mit seinem unangeleinten Hund bis an einen von den Richtern genau bezeichneten Punkt vor und legt seinen Hund frei oder bei einem Gegenstand (z.B. Rucksack) ab, und zwar mit einem leisen Befehl. Dann entfernt sich der Führer an einen von den Richtern bezeichneten Punkt, wo ihn sein Hund nicht mehr sehen kann (mindestens 30 m entfernt). Hier gibt er im Abstand von 10 Sekunden zwei Schrotschüsse ab. Dabei muß der Hund ruhig liegen bleiben und dies so lange, bis sein Führer ihn wieder abholt.

Benehmen vor eräugtem Federwild, Benehmen vor eräugtem Haarwild, Schußruhe
Im Feld wird geprüft, ob sich der Hund, ohne daß es einer Einwirkung des Führers bedarf, an abstreichendem Federwild ruhig verhält (bei Schußabgabe) und nicht nachjagt. Auch soll ein VGP-Hund flüchtendes Haarnutzwild nicht hetzen. Tut er dies jedoch wiederholt und entzieht er sich damit der ordnungsgemäßen Durchprüfung, dann wird er von der Weiterprüfung ausgeschlossen.

Damit wären die VGP-Fächer im wesentlichen abgehandelt. Beim Lesen, das wegen der Fülle der Informationen wahrscheinlich recht anstrengend war, ist Ihnen sicher klar geworden, daß es sich hierbei wirklich um die »Meisterprüfung« unserer Deutsch-Drahthaar handelt.

Die Verbandsschweißprüfung (VSwP)

Auf der Verbandsschweißprüfung sollen Führer und Hund zeigen, daß sie in der Lage sind, eine mit wenig Schweiß hergestellte Kunstfährte auszuarbeiten, deren Länge, Alter und Verlauf entsprechende Ansprüche an den Durchhaltewillen stellen. Dies soll dem Einsatz in der Praxis dienen.

Wenn Ihr Hund mindestens 24 Monate alt ist, darf er auf einer Verbandsschweißprüfung geführt werden. Dies ist allerdings die am leichtesten zu erfüllende Voraussetzung. Schwieriger ist die Einarbeitung, die den Hund befähigen muß, eine 20-Stunden oder später eine 40-Stunden Fährte von 1000 Meter Länge zu arbeiten und sich dabei nicht von Verleitfährten beeindrucken zu lassen. Ich halte die Teilnahme an Verbandsschweißprüfungen nur für solche Gespanne (Hund und Führer) für sinnvoll, die auch in der jagdlichen Praxis des öfteren Nachsuchen auf Schalenwild durchführen. Das rein sportliche Führen von Hunden, die jagdlich nicht eingesetzt werden, macht keinen Sinn und sagt auch nur wenig über den Zuchtwert aus.

Am Stück. Foto: Gerd Bottler.

Verbandsschweißprüfungen werden nur in großen Forsten mit gutem Schalenwildbesatz durchgeführt, damit für jeden Hund Schwierigkeiten durch Verleitungen gegeben sind. Der Fährtenverlauf muß durch wechselnden Bewuchs führen und die Fährtenlinie soll im ganzen leicht geschlängelt verlaufen. Drei rechtwinklige Haken müssen in die Fährte eingelegt werden. Um dem Hund das Verweisen von Pirschzeichen zu ermöglichen, werden außer zwei Wundbetten etwa sechs Verweiserpunkte auf der Fährte angelegt. Hierzu werden kleine Lungenstückchen oder geronnener Schweiß in die Fährte gelegt. Zur Herstellung der Fährten wird ausschließlich Schalenwildschweiß verwandt, und zwar maximal ein Viertelliter auf die 1000 m. Die Fährten werden im Tupf- oder Tropfverfahren gelegt. Die Fährten werden von Verbandsschweißrichtern gelegt und am Prüfungstag werden die Gespanne von denselben Richtern beurteilt.

Während der Prüfung arbeitet der Hund ausschließlich an einem mindestens sechs Meter langen Schweißriemen, der in ganzer Länge abgedeckt und an einer breiten Schweißhalsung befestigt ist. Zu Beginn der Arbeit zeigen die Richter dem Führer den Anschuß und die Fluchtrichtung. Von da an muß das Gespann selbständig arbeiten. Der Führer darf vor- oder zurückgreifen und seinen Hund wieder dort ansetzen, wo er seiner Meinung nach noch richtig war. Kommt ein Gespann weiter als 80 bis 100 Meter von der Fährte ab, so teilen die Richter ihm diese Tatsache mit. Der Führer muß sich dann selbständig die Fährte wieder suchen. Wird ein Hund dreimal zurückgerufen, dann kann er die Prüfung nicht mehr bestehen. Die Richter können die Prüfung auch abbrechen, wenn die Leistungen des Hundes den Anforderungen nicht genügen.

Bei der Verbandsschweißprüfung wird von den Richtern bewertet, wie das Gespann zusammenarbeitet. Ausschlaggebend für die Beurteilung ist die Arbeitsweise des Hundes: Fährtenwille, Ruhe, Sicherheit und Selbständigkeit, die Art und Weise, wie sich der Hund bei Verlust der Ansatzfährte durch Bogenschlagen, durch Vor- und Zurückgreifen selbst zu helfen weiß, ob er Pirschzeichen verweist und ob er sich beim Abkommen auf eine Verleitungsfährte selbst verbessert oder zurückgenommen werden muß. Übermäßiges, nicht gezügeltes Tempo ist prädikatsmindernd. Bei der endgültigen Beurteilung werden folgende Noten vergeben: »sehr gut bestanden« Sw I, »gut bestanden« Sw II, »genügend bestanden« Sw III und »nicht bestanden«.

Leistungszeichen des Jagdgebrauchshundeverbandes

Bringtreueprüfung (Btr)

Durch diese Prüfung soll die besondere Zuverlässigkeit des Gebrauchshundes im Bringen festgestellt werden. Diese beweist der Hund dadurch, daß er kaltes Wild, welches er zufällig und ohne jeden Einfluß seines Führers findet, aufnimmt und seinem Führer bringt. Für die Bringtreueprüfung werden Füchse verwendet, die mindestens sieben Pfund wiegen. Die Prüfung wird in möglichst wildreinen Dickungen oder in Altholzbeständen mit dichtem Unterholz abgehalten. Der Fuchs wird spätestens zwei Stunden vor Beginn der Arbeit mindestens 100 m von der Stelle am Dickungsrand entfernt ausgelegt, an welcher der Hund bei der Prüfung geschnallt werden soll. Bei der Auswahl dieses Platzes muß berücksichtigt werden, daß die Richter den Hund und sein Verhalten am ausgelegten Fuchs gut beobachten können, daß der Hund die Richter aber weder sehen noch wittern kann. Beim Auslegen des Fuchses muß darauf geachtet werden, daß der Hund nach Möglichkeit beim Stöbern nicht auf menschliche Fährten stößt.

Die eigentliche Prüfung läuft folgendermaßen ab: Der Führer steht mit seinem angeleinten Hund an einer ihm vom Richter zugewiesenen Stelle. Auf Anweisung des Richters schnallt er seinen Hund und schickt ihn mit einem einmaligen Suchbefehl und/oder einem Wink in die Dickung. Von diesem Zeitpunkt an werden dem Hund 20 Minuten Zeit gegeben, um den ausgelegten Fuchs zu finden und seinem Führer zu bringen. Zu diesem Zweck darf der Hund beliebig oft zum Stöbern aufgefordert werden. Ein Hund, der innerhalb von 20 Minuten nach dem ersten Schnallen seinem Führer den Fuchs zuträgt, hat die Bringtreueprüfung bestanden. Ein Hund, der beim Stöbern zum Fuchs kommt, ihn aber nicht aufnimmt und leer zu seinem Führer zurückkommt oder weiter stöbert, wird von der Weiterprüfung ausgeschlossen.

Härtenachweis HN (/)

Die Tötung von Raubwild (z.B. Füchse) und Raubzeug (z.B. wildernde Katzen) ist zunächst Aufgabe des Jagdausübungsberechtigten mit der Schußwaffe. Sofern jedoch der Jagdgebrauchshund das Raubzeug bereits gegriffen hat und ein Schuß nicht mehr möglich ist, verstößt die Tötung durch den Jagdhund nicht gegen das Tierschutzgesetz. Wenn eine solche Arbeit eines Jagdhundes von zwei zuverlässigen Zeugen (Verbandsrichter und/oder erfahrene Jäger) bescheinigt wird, dann kann für den Hund der Härtenachweis registriert werden. Jagdgebrauchshunde, die die nötige Härte an Raubwild und Raubzeug zeigen, sind für die Zucht besonders wertvoll, weil sie in der Regel nervenstark, robust und passioniert sind.

Verlorenbringernachweis (Vbr)

Das Ideal eines Verlorenbringers ist der Hund, der auf die Wundspur eines bei der Jagd krankgeschossenen Hasen oder Fuchses gesetzt, der kranken Spur folgt, bis er den verendeten Hasen (Fuchs) auf der Spur findet oder den sich drückenden Hasen (Fuchs) hochmacht, ihn energisch hetzt und greift und den gefundenen oder gegriffenen Hasen (Fuchs) schnell und sicher seinem Führer bringt.

Eine Arbeit ist nur dann ausreichend für das Bestehen dieser Prüfung, wenn der Hund dem kranken Hasen (Fuchs) auf der Spur mindestens 300 m gefolgt ist, bevor er ihn greift und bringt. In der Regel müssen zwei solche Arbeiten vom Hund geleistet werden, um die Prüfung zu bestehen. Beurteilt und bescheinigt werden können diese Leistungen nur von einem auf der Jagd anwesenden Verbandsrichter und einem Jäger als Zeugen. Der zuverlässige Verlorenbringer ist eines der wichtigsten Zucht- und Einarbeitungsziele des Deutsch-Drahthaar.

Lautjagernachweis (\ )

Der Lautjagernachweis kann erbracht werden durch spurlautes Jagen (nur an Hase oder Fuchs) auf der HZP und VGP, durch lautes Stöbern auf der VGP, durch Zeugnis von zwei Verbandsrichtern (auch anläßlich einer Jagd) und durch spurlautes Jagen bei einem Vbr-Nachweis.

Armbruster- Haltabzeichen (AH)

Das Armbruster-Haltabzeichen wird unter folgenden Bedingungen vergeben:

Der Hund muß auf einer Verbandsprüfung bei der freien Suche im Feld an jedem Hasen gehorsam sein, den er eräugt. Außerdem muß er bei der ersten dazu geeigneten Gelegenheit nach Außersichtkommen des Hasen auf dessen Spur eine Spurarbeit zeigen, die mindestens mit dem Prädikat »gut« bewertet wird.

Zeichen / Abkürzungen und ihre Bedeutung

/	Härtenachweis abgelegt (vor dem Namen des Hundes)
Vbr	Verlorenbringer auf natürlicher Wundspur
Btr	Bringtreueprüfung bestanden
Sw	Verbandsschweißprüfung bestanden (z.B. Sw II = 2. Preis auf 20-stündiger Fährte; Sw/III = 3. Preis auf 40-stündiger Fährte)
A.H.	Armbruster-Haltabzeichen
\	Lautjagernachweis (vor dem Namen des Hundes)
_	Totverbeller (vor dem Namen des Hundes)
I	Totverweiser (vor dem Namen des Hundes)
CACIB	Internationales Schönheitschampionat
CACIT	Internationales Arbeitschampionat

Brauchbarkeits- und Jagdeignungsprüfungen

Diese Prüfungen werden von den unteren Jagdbehörden durchgeführt und bestätigen die »jagdliche Brauchbarkeit« eines Jagdhundes. Diese ist in erster Linie von juristischer bzw. versicherungsrechtlicher Bedeutung für den Hundebesitzer, da ein jagdlich brauchbarer Hund z.B. im Rahmen der Jagdhaftpflicht des Besitzers versichert ist.

Die Prüfungsordnungen variieren von Bundesland zu Bundesland entsprechend der jeweiligen Landesjagdgesetze und -verordnungen. Auf diesen Prüfungen werden Minimalanforderungen an den Gehorsam des Hundes und seine Arbeit nach dem Schuß gestellt. Ohne hier auf die spezifischen Länderregelungen einzugehen, nenne ich Ihnen die Fächer, die normalerweise geprüft werden: Im Bereich Gehorsam muß der Hund frei bei Fuß gehen, leinenführig sein, sich ablegen lassen, auch bei Schußabgabe den Platz nicht verlassen und sich dabei ruhig verhalten.

Bei der Arbeit nach dem Schuß muß er eine Ente aus dem Wasser apportieren, eine Nutzwildschleppe (Hase, Kanin, Fasan) arbeiten und eine Schweißarbeit machen. Die Länge der Schleppen beträgt in der Regel 200 m, die der Schweißfährte 300 m. In manchen Bundesländern muß die Schweißfährte über Nacht stehen, in anderen nur mindestens zwei Stunden. Die Durchführung der Prüfungsfächer richtet sich nach der VGP-Ordnung. Die einzelnen Arbeiten werden allerdings nicht benotet oder bepunktet, es gibt nur »bestanden« oder »nicht bestanden«. Ein Deutsch-Drahthaar, der die VGP bestanden hat, braucht natürlich keine Jagdeignungsprüfung mehr zu machen, da die Anforderungen einer VGP sehr viel höher und die Bewertungen sehr viel aussagekräftiger sind.

Der Wert eines geprüften Deutsch-Drahthaar

Nachdem Sie diese ganzen Prüfungsbestimmungen gelesen haben und sich über die damit verbundenen Anforderungen klar geworden sind, fragen Sie sich vielleicht, was das alles soll. Man kann doch auch mit seinem Hund glücklich werden, ohne daß man ihn auf den verschiedenen Prüfungen geführt hat.

Es gibt vier Gründe, warum man seinen Deutsch-Drahthaar prüfen lassen sollte:

1. Der Gesetzgeber verlangt den Einsatz brauchbarer Hunde auf der Jagd, und ein Hund gilt nur als jagdlich brauchbar, wenn er zumindest die Jagdeignungs- oder Brauchbarkeitsprüfung bestanden hat.

2. Prüfungsergebnisse sind wertvolle Informationsquellen für die Züchter und den Verein Deutsch-Drahthaar. Je mehr Hunde einer Rasse auf Zucht- und Leistungsprüfungen geführt werden, desto aussagekräftiger.

3. Es macht normalerweise Führer und Hund ganz einfach Spaß, sich auf eine Prüfung vorzubereiten und sie erfolgreich zu bestehen. Das verbindet und gibt im Hinblick auf die Bewältigung anstehender jagdlicher Aufgaben Selbstvertrauen.

4. Erfolgreich abgelegte Prüfungen tragen zur Wertsteigerung des Hundes bei. Dies ist z.B. von Bedeutung, wenn ein Hund, was ich wirklich niemandem wünsche, auf der Jagd fahrlässig erschossen wird und man sich mit der Haftpflichtversicherung des Schützen auseinandersetzen muß. Auch wenn man den Hund aus irgendwelchen Gründen verkaufen will oder muß, sind erfolgreich abgelegte Prüfungen das Hauptkriterium für den zu erzielenden Preis. Unsere Welpenpreise sind zwar im Vergleich zu manchen Moderassen sehr niedrig, aber durch Prüfungserfolge kann man den Wert eines Deutsch-Drahthaar enorm steigern (mit nach oben offener Preisskala).

Der Jagdgebrauchshundeverband hat unter Leitung erfahrener Fachleute Seminare durchgeführt, damit bestellte Sachverständige jagdkynologische Gutachten nach festgelegten einheitlichen Prämissen erstellen können. Die Gutachter stehen allen, ob Versicherungen, Gerichten oder Einzelpersonen zur Verfügung. Für die Wertbestimmung bei einem Jagdhund geht der Gutachter von zwei Hauptfaktoren aus: 1. dem *Jagdwert* und 2. dem *Zuchtwert* des jeweiligen Hundes.

Dem *Jagdwert* wird der Welpenpreis der jeweiligen Rasse zu Grunde gelegt. Entsprechend den abgelegten Prüfungen wird für jede bestandene Prüfung ein bestimmter Wert eingesetzt. Es zählen alle Prüfungen, angefangen von der Jugendprüfung bis hin zu Leistungsprüfungen. Weitere Zuschläge werden gewährt für Leistungszeichen und Naturnachweise, die vom JGHV bestätigt sind. Nicht zuletzt wird die Arbeit des Hundes im praktischen Jagdbetrieb berücksichtigt. Hierfür sollte man allerdings Bestätigungen durch glaubhafte Zeugen vorlegen können.

Die Festlegung des Zuchtwertes setzt voraus, daß der betroffene Hund in der Zucht eingesetzt ist. Der Hund muß angekört sein und nach Möglichkeit seine Zuchtfähigkeit nachgewiesen haben. In der Regel wird dann der Zuchtausfall von zwei bis drei Jahren abzüglich der Zucht- und Vertriebskosten zu Grunde gelegt.

Die Jagdgebrauchswertermittlung

Am Beispiel eines HD-freien Deutsch-Drahthaar ohne Mängel aus auf Form und Leistung geprüften Eltern ergäbe sich im Jahr 1996 folgende Wertermittlung:

Welpenpreis		800,-- DM
Wertpreise:		
nach bestandener	VJP	2.000,-- bis 2.500,-- DM
	HZP	2.500,-- bis 3.500,-- DM
	JEP	2.500,-- bis 3.500,-- DM
	VGP	5.000,-- bis 8.000,-- DM (nach oben unbegrenzt)

Zuschläge für weitere Prüfungen bzw. Leistungszeichen:

VSwP	20-Std.	1.500,-- bis 2.000,-- DM
VSwP	40-Std.	500,-- DM
Vbr		700,-- DM
Btr		400,-- DM
HN		600,-- DM
AH		300,-- DM

Davon abgezogen wird eine altersbedingte Wertminderung bei linearer Abschreibung:
- Beginn ab dem 4. Lebensjahr
- mit 8 Jahren 50 %
- mit 12 Jahren 100 % (Der Hund hat keinen Marktwert mehr.)

Bei einer Zuchthündin wird zusätzlich eine *Zuchtwertfeststellung* durchgeführt.

Gehen wir einmal davon aus, daß die sehr gute Hündin X sich schon zweimal hervorragend vererbt hat und sie, wenn sie nicht im Alter von 5 Jahren erschossen worden wäre, noch mindestens einen Wurf hätte haben können. Es ergibt sich dann folgende Rechnung:

1 Wurf = 6 Welpen x 800,-DM = 4.800,-- DM
abzüglich Zucht- und Vertriebskosten von 500,-- DM pro Welpe
(Zusatzfutter, tierärztliche Betreuung, Impfung, Wurmkuren, Deckgeld, Vertriebskosten wie Inserate, Telefonate)

Nettoeinnahme je Wurf (Reingewinn)	1.800,-- DM
enspricht dem Zuchtwert der Hündin	1.800,-- DM

Hat man vorher z.B. einen Jagdgebrauchswert von 6.000,-- DM errechnet, dann ergibt sich ein Zeitwert von insgesamt 7.800,-- DM.

Ähnlich kann man den Zuchtwert von Deckrüden berechnen. Geht man von einem Deckgeld von 700,-- DM aus und hat der Hund in den letzten Jahren im Durchschnitt dreimal pro Jahr gedeckt, dann muß man die 2.100,-- DM jährlich zum Jagdwert hinzurechnen. (vgl. Ozimek 1996)

Kapitel 14
DIE ZUCHT DES DEUTSCH-DRAHTHAAR

Die Verantwortung des Deutsch-Drahthaar Züchters beginnt lange vor dem Belegen der Hündin und endet keineswegs mit der Abgabe der Welpen. Im Normalfall ist es wohl so, daß der Züchter die potentielle Zuchthündin vom Welpenalter an erzogen, abgerichtet, auf Leistungsprüfungen und Zuchtschauen vorgestellt hat und somit diesen Hund wie kein zweiter kennt. Erfüllt die Hündin alle Anforderungen des Zuchtvereins, so ist damit aber immer noch nicht gesagt, daß man mit ihr unbedingt auch züchten sollte, dies vor allem in Vereinen mit einer ausreichend breiten Zuchtbasis.

Leistungen, erbracht auf Prüfungen und auf der Jagd (!), aber auch Form und Haar sollten deutlich über dem Durchschnitt liegen. Man bestraft sich letztendlich selbst, wenn man z.B. leichte Wesensmängel, früh erkannt und geschickt durch Abrichtung »ausgebügelt«, später nicht mehr wahrhaben will, da der Hund doch so hervorragend auf Prüfungen abgeschnitten hat. Die starke Identifzierung des Führers mit seinem Hund - man hat es ja schließlich gemeinsam geschafft - führt leider oft zu einer recht unkritischen Einstellung in bezug auf die Vererbequalitäten eines Hundes. Dies gilt in gleichem Maß für Deckrüdenbesitzer wie für Besitzer von Zuchthündinnen. Hat man nun wirklich - auch nach objektiven Maßstäben - eine geeignete Zuchthündin, so steht man vor dem Problem der »Partnersuche«. Nicht jeder gute Deckrüde ist der rich-

Donna v. Rohrmaar mit Welpen. Foto: Gerd Bottler.

tige für eine bestimmte Hündin. Hier sollte man sich mit der Vererbungslehre beschäftigen, sich vor allem aber ausgiebig mit einem Fachmann unterhalten, um zu einer - nach menschlichem Ermessen - sehr gut geeigneten Paarung zu kommen. Ob das Resultat dann immer den Erwartungen entspricht, steht auf einem anderen Blatt. Bei Vollgebrauchshunden wie unserem Deutsch-Drahthaar darf man die Genetik als Hilfsmittel bei der Auswahl geeigneter Zuchtpartner nicht überschätzen. In seinem sehr lesenswerten Buch »Genetik der Hundezucht« schreibt Malcolm B. Willis: »Bisher wurde die Genetik von Jagdhunderassen wenig erforscht. Es scheint, daß wenn man wirklich Jagdhunderassen für den jagdlichen Gebrauch wünscht, man mit erfolgreichen jagenden Linien züchten muß und Leistungen bei Jagdgebrauchsprüfungen mehr Wert beimessen sollte als der anatomischen Perfektion im Ausstellungsring. Die Möglichkeit, daß solche Fähigkeiten auch in die nächste Generation übertragen werden, wird durch die geringe Erblichkeit begrenzt«. (S. 109)

Traditionell unterscheidet man im Jagdgebrauchshundelager verschiedene Zuchtmethoden wie die »Fremdzucht« und die »Inzucht«. Im Falle der »Fremdzucht« benutzt man einen Rüden, der einem von der Leistung und vom Phänotyp her besonders gut gefällt, der aber nicht mit der Hündin verwandt ist.

»Inzucht« ist laut Malcolm B. Willis »die Verpaarung von Tieren, die näher miteinander verwandt sind als der Durchschnitt des Bestandes (oder der Rasse)«. Man unterscheidet zwischen mäßiger Inzucht (gemeinsame Ahnen in den letzten sechs Generationen), enger Inzucht (gemeinsame Ahnen in den letzten vier Generationen) und Inzestzucht (gemeinsame Ahnen bereits in den letzten drei Generationen).

Als besondere Form der Inzucht sollte man die »Mutterlinienzucht« erwähnen. Der bekannte Deutsch-Drahthaar-Züchter Otto Heinrich Curschmann definierte die »Zucht auf Mutterlinie« folgendermaßen: »Mutterlinie ist eine Generationsfolge, ist Folge von Mutter zu Mutter durch alle feststellbaren Generationen hindurch... zurück... bis zum feststellbaren Ausgang der Linie. ...Man züchtet auf Mutterlinie, indem man im Verlaufe der Generationen immer wieder den Rüden zu einer Hündin aus dem Bereich von deren Mutterlinie wählt. Nur wenn dieses Verfahren systematisch und durch mehrere Generationen angewandt wird, kann man von einer Zucht auf Mutterlinie sprechen. Der Fachausdruck dafür ist »ML-Inzucht«, denn die Zucht auf Mutterlinie ist gleichbedeutend mit Inzucht, und diese ist um so intensiver, um so enger und wirksamer, je länger sie betrieben wird«. (zitiert aus DD-Blätter, 9/92)

Bevor man die Hündin schließlich unter Berücksichtigung des oben Gesagten belegen läßt, sollte man für die Mehrzahl der zu erwartenden Welpen feste Vorbestellungen haben - ansonsten kann der Verkauf (vor allem bei einem noch unbekannten Zwinger) zu einer recht schwierigen Angelegenheit werden (aber auch hier kann eventuell der Zuchtwart helfen).

Aber an den Anfang aller Dinge hat der Deutsche eine Ordnung gesetzt, die eindeutig sein soll und deshalb meist unverständlich ist. Sollten Sie sich also ernsthaft mit Zuchtgedanken tragen, dann lesen Sie bitte erst die im Anhang auszugsweise abgedruckte Zuchtordnung des Vereins Deutsch-Drahthaar.

Die Zuchthündin

Gehen wir davon aus, daß Sie eine überdurchschnittlich gute und schöne, gemäß der Zuchtordnung zuchttaugliche Hündin besitzen und mit ihr einen Wurf machen wollen, dann müssen Sie erst einmal den Zyklus ihrer Hündin kennen und diesen richtig terminieren können.

Hündinnen erreichen im Alter von sechs Monaten bis zwei Jahren ihre Geschlechtsreife. Die meisten Deutsch-Drahthaar Hündinnen haben im Alter von 9 bis 15 Monaten ihre erste Hitze. Dabei ist der ovarielle Zyklus, das heißt das Geschehen am Eierstock, der längste, der bei Haustieren beobachtet wird. Das Intervall zwischen zwei Läufigkeiten beträgt im Mittel sieben Monate (210 +/- 40 Tage). Der Zyklus der Hündin bezieht sich auf die Veränderungen am Eierstock (Ovar). Hier kommt es zur Follikelbildung, Ovulation und Bildung des Gelbkörpers und damit verbunden zu unterschiedlichen hormonellen Veränderungen. Man unterscheidet vier Phasen:

- Im *Anöstrus* zeigt die Hündin keine zyklusspezifischen Veränderungen.

- Im *Metöstrus* kann es zu Beginn zu einer milchig-wäßrigen vaginalen Sekretion kommen. Die Hündin zeigt kein Interesse für die Rüden, das heißt, sie duldet sie nicht.

- Im *Proöstrus* kommt es zunächst zu einem hellroten, später fleischfarbenen vaginalen Ausfluß. Die Hündin färbt. Die Schnalle ist geschwollen, und die Rüden beginnen sich für die Hündin zu interessieren, werden jedoch bei Paarungsversuchen (energisch) abgewiesen.

- Im *Östrus* besteht zu Anfang noch ein fleischfarbener Ausfluß, der jedoch zunehmend klarer wird. Die Schnalle ist deutlich geschwollen und viele Hündinnen stellen bei taktivem Reiz am Rutenansatz ihre Rute aufrecht zur Seite. Bei Animation durch den Rüden wird dieser jetzt geduldet. Besonders die Zeit zwischen dem 9. und 15. Tag nach Beginn des Färbens ist für eine erfolgreiche Bedeckung bzw. Besamung in den meisten Fällen die günstigste Phase. Die meisten Hündinnen werden zwischen dem 9. und dem 12. Tag nach Beginn des Färbens erfolgreich gedeckt. Werden Hündinnen einige Tage vor der Ovulation (Eisprung) gedeckt, kann es dennoch zu einer erfolgreichen Befruchtung kommen, da die Spermien eines zeugungsfähigen Rüden etwa vier bis sechs Tage in der Gebärmutter überleben können. Auch wiederholtes Decken im Abstand von 24 bis 48 Stunden erhöht die Wahrscheinlichkeit einer Konzeption.

Voraussetzung für eine *sichere Zyklusterminierung* ist eine praxisnahe, aussagekräftige Methode, mit deren Hilfe eine exakte Diagnosestellung möglich ist. Als Verfahren eignen sich die *Vaginalzytologie,* das heißt die Untersuchungen der zyklischen Veränderungen im Ab- und Aufbau der oberflächlichen Vaginalschleimhautschichten und die *Hormonbestimmung* (Progesteron-Schnelltest). Durch tierärztliche vaginoskopische Untersuchungen kann zum einen die Bildung und Fältelung der Schleimhaut beurteilt und gleichzeitig eine Tupferprobe für die zytologische und bakteriologische Untersuchung entnommen werden. Gute Bedingungen für eine optimale Bedeckung der läufigen Hündin sind eine starke Epithelbildung der Vaginalschleimhaut, Ovulationsnähe und keine bakteriologischen Befunde der Vaginalschleimhaut. Dies kann durch den Scheidenabstrich und die Beurteilung der Scheidenschleimhaut (vaginoskopische Untersuchung) abgeklärt werden. Die Abstriche für die Zelluntersuchung (zytologische Untersuchung) sollten mit dem Beginn des Färbens entnommen werden, um so eventuell vorhandene bakteriologische Infektionen rechtzeitig behandeln zu können.

Für die Bestimmung des günstigsten Ovulationszeitpunkts dient der *Progesteron-Schnelltest.* Er basiert darauf, daß die Progesteronkonzentration im Blut vor der Ovulation ansteigt. Er sollte für eine optimale Bedeckung einen Wert von über 8 mg/ml erreicht haben. Der Zeitraum der Befruchtungsfähigkeit und damit der optimale Bedeckungs- und Besamungstermin beginnen zwei bis drei Tage nach der Ovulation und sind durch einen hohen Progesteronwert charakterisiert. (vgl. Kovermann 1995)

Will man sich die Tierarztbesuche sparen, dann muß man genau darauf achten, wann die Hündin zu färben beginnt. Am neunten Tag nach Beginn des Färbens fährt man zu einem Rüden (egal welcher Rasse, aber ungefähr gleicher Größe) in der Nähe und probiert aus, ob die Hündin steht, das heißt, den Rüden aufspringen läßt. Beißt sie ihn nicht ab, dann muß man die Sache natürlich sofort abbrechen und kann zu dem Deckrüden der Wahl fahren, ohne Probleme bei der Bedeckung erwarten zu müssen. Steht die Hündin noch nicht, dann probiert man dasselbe am nächsten Tag wieder aus. Mit dieser Methode hatte ich bis jetzt einen hundertprozentigen Erfolg und mir »Leerfahrten« zu Deckrüden, die oft einige hundert Kilometer entfernt standen, erspart. Normalerweise lasse ich meine Hündin dann zwei Tage später nochmals belegen, um sicher zu gehen.

Auch wenn die Hündin steht, sollte man noch einige Regeln beherzigen, damit man keine unangenehmen Überraschungen erlebt: Oft haben die Götter vor den Liebesakt eine längere Autofahrt gesetzt, die Hund und Herrn ermüdet. Beim Deckrüden angekommen, sollte man die Hündin erst einmal eine Viertelstunde herumlaufen lassen, damit sie sich lösen kann und locker wird. Auch dem Autofahrer tut dann sicherlich ein wenig Bewegung gut. Den Deckakt sollte man nicht unbedingt im Zwinger, sondern im Garten oder auf einer nahen Wiese durchführen lassen, damit die Hunde sich in einer Art »Vorspiel« aneinander gewöhnen können. Ist der Rüde aufgesprungen, dann halte ich die Hündin am Kopf, um sie zu beruhigen. Vor allem beim ersten Deckakt jaulen junge Hündinnen manchmal auf und empfinden das Eindringen wohl als schmerzhaft. Durch eifriges Stoßen des Rüden kommt es zur Vorbereitungsejakulation, wobei eine kleine Menge klarer Flüssigkeit den Weg für die zweite, die Spermienejakulation, vorbereitet. Nach der ersten dieser Ejakulationen schwellen beim Rüden die Schwellkörper an der Peniswurzel an, und bei der Hündin schließt sich der Scheidenmuskel. Wenn es dann zum sogenannten Hängen kommt und der Rüde sich herumdreht, ist es sinnvoll zu helfen, damit die Hunde sich keine unnötigen Schmerzen zufügen. Stehen die Hunde dann Hinterteil zu Hinterteil, hält man die Hündin und wartet geduldig, bis die Schwellung des Penis zurückgeht, der Scheidenmuskel sich entspannt und die Hunde sich voneinander lösen. Dies dauert oft über eine halbe Stunde lang.

Der Deckrüde

Im Normalfall ist es so, daß der Besitzer der Hündin einen passenden Rüden aussucht. Er wird dies in der Regel unter besonderer Berücksichtigung der Prüfungsergebnisse und des Phänotyps (äußeres Erscheinungsbild) tun. Am besten ist es natürlich, wenn man den Rüden mehrmals auf der Jagd erlebt hat und seine Vorzüge und Schwächen kennt. Auch ist es sehr sinnvoll zu überprüfen, wie der Hund sich bei vorangegangenen Paarungen vererbt hat, ob körperliche Mängel bei den Nachkommen auftraten, ob sie Zeichen von Wesensschwäche zeigten usw. Obwohl der Rüde »nur« 50 % des genetischen Materials beiträgt, sollte man solche Warnsignale ernst nehmen.

Die Zucht eines guten Vollgebrauchshundes ist sehr viel schwieriger als die Zucht von Ausstellungshunden. Unsere Deutsch-Drahthaar müssen wesensfest sein, mit einer Beutegreifhemmung (beim Vorstehen), mit einer großen Beutegreifbereitschaft (beim Verfolgen und Fangen kranken Wildes), mit Wildschärfe und Schmerzunempfindlichkeit (an wehrhaftem Wild), mit Spurwillen, mit Schnelligkeit und Ausdauer, aber auch mit einer großen Ruhe ausgestattet sein. Und schließlich sollen »die Kerle« auch noch gut aussehen, ein 2 bis 4 cm langes Drahthaar besitzen und einen ausdrucksvollen Bart haben. Als »Hans Dampf in allen jagdlichen Gassen« sind die Anforderungen an den Typ Hund, den wir züchten wollen, enorm groß und weit gespannt und scheinen oft widersprüchlich zu sein. Züchtet man nur auf das äußere Erscheinungsbild hin, eine Entwicklung, die bei vielen anderen Rassen wohl leider nicht mehr aufzuhalten ist, dann kann man sich bei der Partnerwahl auf einige Merkmale konzentrieren und die Erkenntnisse der Genetik zu Hilfe nehmen. Die Anwendung derselben reduziert sich aber, ketzerisch ausgedrückt, beim Deutsch-Drahthaar auf Form und Farbe. Da wir in unserer Rasse z.B. keine schwarzen Hunde haben wollen, ist die Kreuzung Schwarzschimmel x Schwarzschimmel nicht erlaubt, da sich Schwarz dominant vererbt. Offensichtlich ist die Genetik der Hundezucht aber noch nicht so weit, zuverlässige Aussagen über die Vererbung bestimmter jagdlicher Anlagen und deren Koppelung mit anderen Merkmalen zu machen.

Bei der Deutsch-Drahthaar-Zucht darf man zwei Faktoren nicht übersehen: die Entstehung der Rasse aus unterschiedlichen anderen Rassen und die weitgespannten jagdlichen Anforderungen an unsere Hunde. All dies zu einer in Form und Leistung homogenen Rasse zu formen, ist fürwahr eine schwierige Aufgabe. Wer in seinem Leben schon einige Deutsch-Drahthaar gesehen hat, der weiß, daß die Rasse vom Phänotyp her noch ungleichmäßig ist. Es gibt immer wieder den einen oder anderen Welpen, der ohne Probleme als Deutsch-Kurzhaar oder als Deutsch-Stichelhaar durchginge. Auch in Bezug auf die jagdlichen Leistungen gibt es keinen Standardhund. Der eine hat eine stark ausgeprägte Vorstehanlage, während sie bei dem anderen kaum vorhanden zu sein scheint. Der eine macht kilometerlange Hasenspuren, während der andere nach 200 m aufgibt.

In der Zucht von Vollgebrauchshunden kommt man bis heute im Prinzip nur durch Ausprobieren, Auslese und Ausdauer weiter. Sie ist eine Gratwanderung zwischen den Extremen hin zu einer weiten Ebene der ausgeglichenen Veranlagung und des rassetypischen Erscheinungsbildes.

Für den Züchter bedeutet dies, daß er bei keiner Paarung sicher sein kann, daß die Welpen die Summe der erwünschten Anlagen gleichmäßig aufweisen, auch wenn beide Eltern dem Ideal des Deutsch-Drahthaar recht nahe kommen.

Bei der Wahl des Deckrüden sollte man vor allem darauf achten, daß seine Prüfungsergebnisse und jagdlichen Leistungen über dem Durchschnitt liegen, daß er vom Phänotyp her dem Rasseideal möglichst nahe kommt und vor allem, daß er absolut wesensfest ist. Dennoch ist kein Zuchtrüde, so viele Vorzüge er auch haben mag, für jede Hündin die richtige Wahl. Man sollte sich auf jeden Fall die Ahnentafeln ansehen in Bezug auf eine eventuelle Verwandtschaft zwischen Hündin und Deckrüde. Eine (weite oder auch engere) Verwandtschaft kann von Vorteil bei der Vererbung erwünschter Merkmale sein, kann aber auch unerwünschte Merkmale verstärkt zum Vorschein bringen. Es gibt auch Blutlinien, die diese oder jene Merkmale im Durchschnitt verstärkt vererben. Auch sollte man nach Möglichkeit bei den in Frage kommenden Deckrüden darauf achten, welche Vorzüge oder Nachteile sie im Verhältnis zu der Hündin haben. Damit züchtet man natürlich nicht das genaue Zwischenstück, kann aber hoffen, daß einige Welpen die Vorzüge des Vaters aufweisen. Wurde eine enge Verwandte der Hündin (Schwester, Halbschwester) schon einmal mit einem der in Frage kommenden Deckrüden gepaart und das Ergebnis war gut, dann sollte man auf diesen Rüden zurückgreifen. Schließlich hilft oft ein Gespräch mit dem Zuchtwart, um den nach menschlichem Ermessen geeignetsten Deckrüden auszusuchen.

Bei unserer Rasse gibt es im Prinzip noch keine Probleme in Bezug auf die Fruchtbarkeit und Deckfreudigkeit der Rüden. Ein im Decken erfahrener Rüde hat natürlich gewisse Vorteile, dies sollte man aber nicht überbewerten. Wenn die Hündin richtig steht und gesund ist, dann kommt es in der Regel zu einer erfolgreichen Bedeckung.

Schwangerschaft und Geburt

Die Deckbereitschaft der Hündin dauert auch nach dem erfolgreichen Decken meist noch einige Tage an. Um einen weiteren, ungewollten Deckakt zu vermeiden, sollte man die Hündin in dieser Zeit weiterhin gut überwachen.

Die Trächtigkeit einer Deutsch-Drahthaar Hündin dauert in der Regel 63 Tage, also neun Wochen. Ein großer Wurf fällt meist etwas früher, so etwa am 60. oder 61. Tag. In den ersten drei Wochen nach dem Decken merkt man der Hündin nicht an, ob sie nun schwanger ist oder nicht. Sie geht wie gewohnt mit zur Jagd und ist voll leistungsfähig. Zwischen der 4. und 5. Woche fällt einem dann meist auf, daß die Hündin in der Lendenpartie des Rückens hinter den letzten Rippen breiter wird und die Flanken beginnen, sich zu füllen. In der 6. Woche beginnt auch die Bauchgegend zu schwellen. Bei großen Würfen erkennt man die Anzeichen einer Schwangerschaft besser bzw. früher und im Endstadium kommt einem die Hündin beängstigend »voll« vor. Beginnt das letzte Drittel der Schwangerschaft, dann entwurme ich meine Hündin und lasse sie eventuell auch nochmals impfen.

Ernährung und Bewegung

Eine trächtige Hündin sollte weder zu dick noch zu dünn sein. Ein dicker Hund lebt nicht gesund und wird eventuell Schwierigkeiten bei der Geburt haben. In den ersten Wochen der Trächtigkeit verändert man die Futtermenge nicht, denn die Gewichtszunahme der Föten ist anfangs völlig ohne Bedeutung. Mit dem sichtbaren Wachsen des Bauchs wächst dann auch der Appetit und der Durst. Man muß hier einfach mit dem nötigen »Feeling« die Rationen allmählich erhöhen und über den Tag verteilen. Füttert man die Hündin dreistatt einmal, dann erspart man der dickbäuchigen Schwangeren Magendruck und Unbehagen. Die Zusammensetzung des Futters muß grundsätzlich nicht geändert werden, vorausgesetzt, man hat seinen Hund vorher gesund und ausgewogen ernährt. Achten sollte man allerdings darauf, daß die Hündin ihren erhöhten Calciumbedarf decken kann.

In Bezug auf die Bewegung sollte man die trächtige Hündin nicht stärker schonen, als sie dies selbst tut. Sie weiß nämlich ganz gut, was sie sich und ihren Embryos zumuten kann. Allerdings würde ich in der achten Trächtigkeitswoche nicht mehr unbedingt mit ihr an Sauen jagen. Bis zur sechsten Woche habe ich meine Hündinnen immer mit zur Jagd genommen (auch in der Wintersaison), danach ist es dann ratsam, nur noch Reviergänge ohne Jagdausübung zu machen. Dies sollte man so lange durchhalten, bis man merkt, daß ihr das Laufen beschwerlich wird, dann geht man eben nur noch mit ihr spazieren. Grundsätzlich gilt, daß ein fitter Hund sehr viel weniger Probleme bei der Geburt hat als ein abgeschlaffter fetter Hund.

Vorbereitung auf das Werfen

Bei mir bringt die Hündin grundsätzlich ihre Welpen in der Hütte im Zwinger zur Welt, auch wenn das Wurfdatum in den Januar fällt und obwohl wir in der Schneifel wohnen. Die Hütte muß ausreichend groß sein, das heißt, sie muß mindestens eine Länge von 130 cm, eine Breite von 100 cm und eine Höhe von

75 cm haben, und die Dachplatte muß abnehmbar sein. Fällt der Wurf in den Winter, dann lege ich eine heizbare Bodenplatte ein oder benutze in den ersten Lebenstagen der Welpen eine UV-Lampe, die auch den Vorteil hat, daß sich die Welpen konzentriert in ihrem Wärmekegel aufhalten und so nicht versehentlich von der Hündin verletzt oder sogar erdrückt werden. Ein weiteres Mittel, um dies zu verhindern, ist das Anbringen von Abstandhaltern an drei Seiten der Wurfhütte. Diese müssen so hoch (etwa 13 cm) über dem Boden der Hütte angebracht sein, daß die Welpen in den ersten zwei Wochen darunter vor der sich hinlegenden Hündin »in Sicherheit« sind, daß die Hündin sie also nicht gegen eine Wand drücken kann.

Obwohl der Wurf normalerweise nicht vor dem 60. Tag zu erwarten ist, sollten alle notwendigen Vorbereitungen bis zum 58. Tag beendet sein, damit man als Züchter nicht in Panik gerät, wenn es früher losgeht als erwartet. Da unsere Deutsch-Drahthaar sehr robuste und keinesfalls überzüchtete oder körperlich deformierte Hunde sind, brauchen sie uns Züchter beim Werfen eigentlich nur als moralische Unterstützung und den Tierarzt überhaupt nicht. *Grundsätzlich bin ich sowieso der Meinung, daß Hündinnen, die ihre Welpen nicht mehr ohne menschliche Hilfe zur Welt bringen können, nicht (weiter) zur Zucht verwendet werden sollten.*

Der Geburtsvorgang ist im Prinzip eine »private Hundesache«. Er läuft in der Regel natürlich und ohne menschliche Hilfe ab. Nach neueren Erkenntnissen setzen die Schmerzen ein für die Wehen und den Geburtsvorgang erforderliches »Notstandshormon« frei. Wird die Hündin von ihrem Führer bei den Wehen »beruhigt«, kann dieser Vorgang unterbrochen werden und die Wehen setzen aus. Selbstverständlich kann man ab und zu nachsehen, ohne die Hündin zu stören.

Das Werfen

Das Werfen findet in drei ineinander übergehenden Phasen statt: der *Vorbereitungsphase*, der *Eröffnungsphase* und der *Austreibungsphase*. Die Dauer der *Vorbereitungsphase* variiert von Hündin zu Hündin und auch bei derselben Hündin von Wurf zu Wurf. In dieser Phase beobachtet man oft, daß die Hündinnen

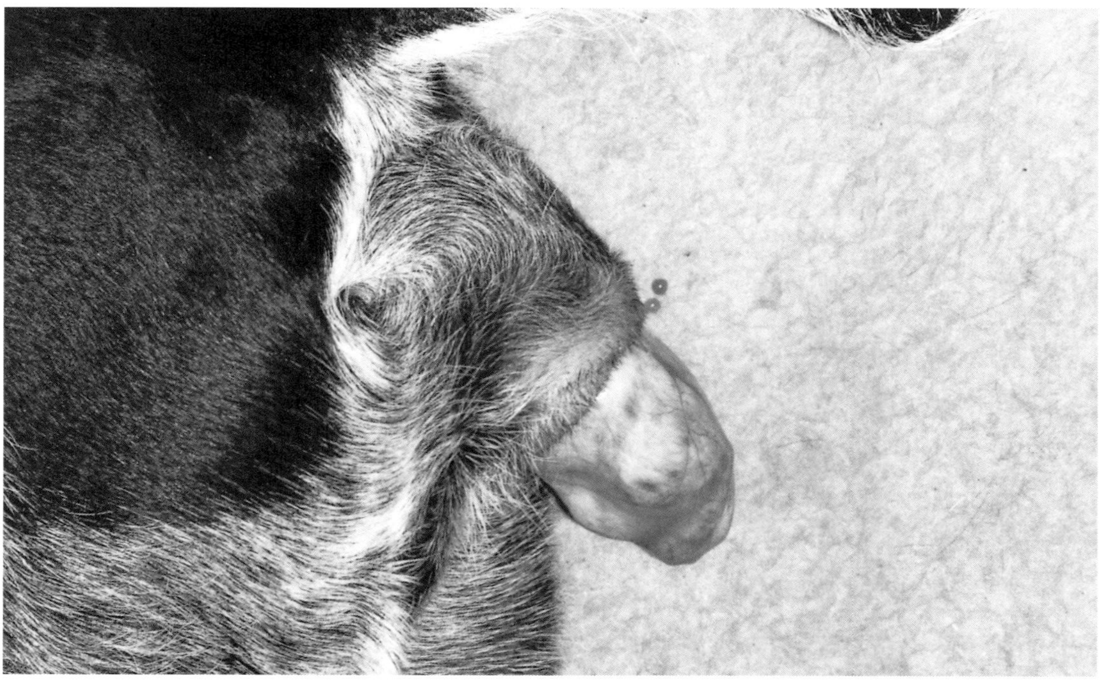

Geburt eines Deutsch-Drahthaar-Welpen. Foto: C. Dreger.

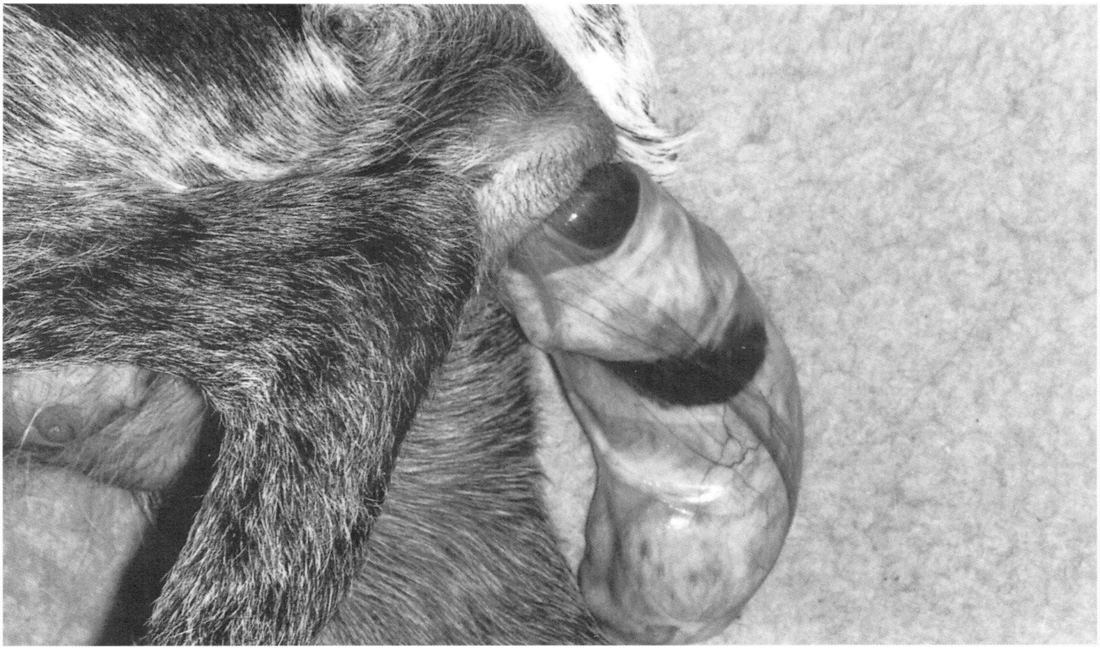

Geburt eines Deutsch-Drahthaar-Welpen. *Fotos: C. Dreger.*

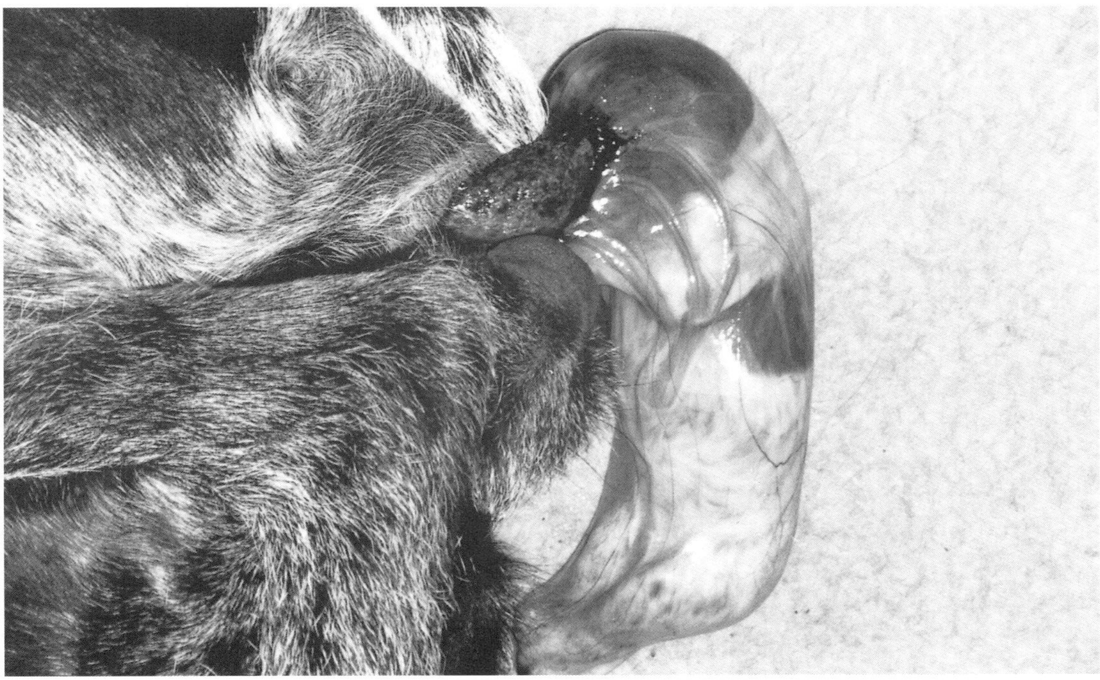

eine Wurfhöhle im Garten anlegen wollen oder heftig in der Hütte scharren, um ähnliches zu versuchen - der Wolf im Hund. In der *Eröffnungsphase*, die sich durch verstärktes Hecheln der Hündin ankündigt, zeigt diese vermehrte Unruhe, geht umher, legt sich hin, steht wieder auf und leckt sich wiederholt an der Vulva. Dies ist ein sicheres Zeichen, daß es bald losgeht.

Die Welpen kommen in der Fruchtblase aus dem Mutterleib. Die Hündin zerreißt die Fruchtblase und leckt die Jungen trocken. Auch die Nabelschnur wird von der Hündin abgebissen. Die Hündin frißt die Fruchtblase und später die Nachgeburt. Die Zeit zwischen dem Werfen von zwei Welpen variiert. In der Regel dauert es etwa eine halbe Stunde, bis der nächste Welpe kommt. Die Austreibung aller Welpen kann acht Stunden und länger dauern. Geht das Werfen nicht richtig voran, dann sollte man mit der Hündin ein wenig im Garten spazieren gehen. Oft wirft sie schon während dieses Gangs den nächsten Welpen, und man sollte darauf vorbereitet sein. Während des Werfens braucht die Hündin viel Flüssigkeit, die man mit Traubenzucker anreichern kann. Ansonsten zeigt man ihr einfach, daß man da ist. Sollte es ausnahmsweise unerwartete Schwierigkeiten geben, dann ist der Tierarzt umgehend zu benachrichtigen.

Wenn das Werfen abgeschlossen ist, tut man gut daran, die Hündin abzutasten, ob eventuell ein Welpe verblieben ist. Im Zweifelsfall muß man die Hündin röntgen lassen, da ein stecken gebliebener Welpe zum Tod der Mutter oder zumindest zu schweren Entzündungen führen kann. Es ist auch wichtig, daß man selbst oder der Tierarzt die Temperatur der Hündin in den ersten Tagen nach dem Werfen kontrolliert. Ich habe den Fall erlebt, daß eine Zuchthündin, die nach dem Werfen eingehend vom Tierarzt untersucht worden war, am nächsten Tag hechelnd bei ihren Welpen lag, diese vor Hunger schrieen und einige offensichtlich schon unterernährt waren. Bei einem sofortigen Tierarztbesuch stellte sich heraus, daß die Hündin eine Gebärmutterentzündung hatte und einige Welpen unterkühlt waren, da es der fiebernden Hündin in der beheizten Hütte immer wieder zu warm geworden war und sie sich nicht ausreichend um ihre Welpen gekümmert hatte. *Grundsätzlich kann man sagen, daß die Gesundheit der Mutter die wichtigste Voraussetzung für die gesunde und unproblematische Entwicklung der Welpen ist.* Man sollte also im Zweifelsfall sofort den Tierarzt konsultieren. Normal ist allerdings, daß die Hündin nach der Geburt bis drei Wochen später einen rötlich bis grünen Ausfluß hat.

Die Welpen

Als Welpe bezeichnet man den jungen Hund von seiner Geburt bis zum Ende der Säugezeit. Deutsch-Drahthaar werfen in der Regel zwischen 6 und 9 Junge. Welpen werden behaart, mit geschlossenen Augen und taub geboren. Die Augen öffnen sich frühestens ab dem 9., meist aber zwischen dem 12. und dem

Unter der Rotlampe.
Foto: Gerd Bottler.

15. Tag. Anzeichen, daß der Welpe hört, gibt es ab der dritten Woche. Normale, gesunde Welpen streben von sich aus nach der Geburt instinktmäßig zu einem Zitzen und beginnen dort zu saugen. Während des Saugens treten sie abwechselnd mit den beiden Vorderläufen immer wieder gegen das Gesäuge (Milchtritt), was die Milchproduktion der Mutter anregt. Wenn sie abseits der Hündin liegen und kalt werden, jammern sie, ebenso, wenn die Hündin sich auf sie legt. Die Hündin kann in der Regel, wenn der Wurf nicht zu groß ist (bis 8) in den ersten drei Wochen die Welpen vollständig mit Milch ernähren. Die Säugezeit insgesamt endet zwischen der 6. und der 10. Woche, meistens mit etwa acht Wochen. Nach der dritten Woche, wenn die Milchzähne durchbrechen, muß man die Welpen zusätzlich füttern. Ebenso kann bei erhöhter Welpenzahl (über 8) die Aufzucht einiger Welpen mit Amme oder Flasche notwendig sein. Während der Säugezeit muß man auf saubere Zitzen achten und verwundete, durch Kratzen oder Beißen der Welpen offene Zitzen versorgen, da es sonst zu einer Entzündung kommt, durch die die Milchleistung und noch schlimmer, die Welpen verloren gehen können (Milchdrüsenentzündung - Mammitis). Solange die Welpen ausschließlich von Milch ernährt werden, säubert die Hündin die Wurfhütte von Exkrementen. Sie hält auch die Jungen durch Belecken sauber. Sobald zugefüttert wird, muß man den Platz, an dem die Welpen liegen, selbst sauber machen.

Fütterung, Gesundheitsvorsorge und Haltung der Welpen beim Züchter

Normalerweise beginnt man nach der dritten Woche mit dem Beifüttern, aber im Grunde ist dieser Zeitpunkt abhängig von der Welpenzahl und der Milchproduktion der Hündin. Man muß ihn also individuell herausfinden. Ich habe es schon erlebt, daß ein Wurf vor der fünften Woche nichts anrührte, weil die Welpen offensichtlich von der Hündin bestens mit Milch versorgt wurden. In der Regel biete ich den Welpen nach der dritten Woche Welpenmilch in kleinen Schälchen an. Es gibt auf dem Markt eine ganze Reihe von Spezialprodukten für die Aufzucht. Wichtig hierbei ist, jeweils die Anweisungen der Hersteller dieser Trockenmilchpräparate genau zu befolgen. Eine unsachgemäße Verdünnung könnte bei den Welpen Durchfall erzeugen. Das »Schlürfen« der Milch müssen die meisten erst einmal lernen. Ich stupse ganz einfach die Welpennase in das gefüllte Milchschälchen bis der Welpe zu lecken beginnt. Nach zwei, drei Tagen hat dann auch der letzte kapiert, warum die Milchschälchen im Zwinger stehen. Allmählich reichere ich dann die Milch mit Hundeflocken an, die sich sehr gut lösen. Die Konsistenz des Futters wird also immer fester. Ab etwa der fünften Woche gebe ich den Kleinen dann spezielles Welpenfertigfutter und durch den Fleischwolf gedrehten rohen Pansen, den sie besonders gerne fressen. Ich füttere die Welpen dreimal täglich. Die

Am Futternapf.
Foto: Gerd Bottler.

Beginn eines Ausflugs. Foto: Gerd Bottler.

»Zwischenmahlzeiten« bestehen ja etwa bis zum Ende der achten Woche immer noch aus Muttermilch. Übrigens, von Beginn der Zufütterung an gewöhne ich meine Welpen an das Wort »Futter«. Nach einigen Tagen stürmen sie dann erwartungsvoll aus der Hütte, wenn sie dieses Kommando hören. Wichtiger wird dies, wenn acht oder mehr Welpen im Garten herumlaufen und »eingefangen« werden sollen. Dann rufe ich ganz einfach »Futter« und die ganze Bande kommt aus den verschiedensten Ecken und Büschen hervor, um mir in den Zwinger zu folgen, wo es dann natürlich auch Futter gibt.

So richtig interessant für den Züchter wird es, wenn die Welpen selbständig die Wurfhütte verlassen, im Zwinger herumtollen und diesen schließlich verlassen, um ihre Umwelt zu erkunden. Ich bin überzeugt, daß die Wesensfestigkeit ganz entscheidend in diesen ersten Tagen des Erkundens und Kennenlernens verschiedenster äußerer Einflüsse geprägt wird. Sie müssen mit allen möglichen Geräuschen, mit den unterschiedlichsten Gegenständen, fremden Menschen und auch dem Jagdzimmer des Züchters vertraut gemacht werden. Welpen, die die ersten acht Wochen ihres Lebens ausschließlich im Zwinger verbringen, zeigen später oft Zeichen von Handscheue und/oder eine allgemeine Ängstlichkeit allem Neuen und Unbekannten gegen-

Ist doch schön im Garten! Foto: Gerd Bottler.

Gewöhnung ans Wasser. *Fotos: Gerd Bottler.*

über. Man braucht also viel Zeit, um die Welpen im Garten, im Haus und auch auf benachbarten Grundstücken herumlaufen zu lassen. Je früher sie sich an die unterschiedlichsten Umweltreize gewöhnen, desto besser.

Da ich ja Jagdhunde züchte, mache ich die Welpen auch so früh wie möglich mit den verschiedensten »Objekten« ihrer späteren Arbeit vertraut, von der Taube bis zum frisch erlegten Überläufer. Ein weiteres wichtiges Hilfsmittel zur Förderung der Anlagen und der körperlichen Entwicklung ist die *Reizangel.* Ein Kaninchenbalg, am Ende der Schnur befestigt, bringt die Welpen zum ausgeprägten Hetzen der »Beute«, aber auch das Vorstehen wird schon eingeübt, wenn die jungen Hunde die vor ihnen liegende »Beute« vorsichtig anschleichen, um dann bei der nächsten kleinen Bewegung des Beutegegenstands zuzufassen.

Die erste *Gewöhnung ans Wasser* sollte, wenn die Witterung es zuläßt, auch schon beim Züchter erfolgen. Mit etwa sieben Wochen lade ich mir die ganze Bande ins Auto und fahre an ein geeignetes Gewässer. Hinter ihrer Mutter »tapsen« die Welpen meist recht unbekümmert ins Wasser (man sollte allerdings eine Stelle wählen, die ein ganz sanftes Gefälle hat) und schwimmen nach kurzer Zeit hinter ihr her. Auch diese frühe Prägung erspart später sehr viel Arbeit. Insgesamt kann man sagen, daß die letzten drei Wochen vor Abgabe der Welpen für den Züchter sicher die arbeitsaufwendigsten, aber auch die interessantesten sind.

Basis für das Heranwachsen gesunder Welpen ist eine ausgewogene und abwechslungsreiche Ernährung. Hinzu kommen Entwurmungen und Schutzimpfungen. Viele Züchter wiegen ihre Welpen regelmäßig, um zu überprüfen, ob sie sich normal entwickeln. Ich tue das nur in Ausnahmefällen, weil ich glaube zu sehen, ob ein Welpe sich normal entwickelt oder nicht. Allerdings wiege ich die Welpen nach der Geburt. Ein Deutsch-Drahthaar Welpe sollte zu diesem Zeitpunkt mindestens 350 Gramm auf die Waage bringen, hat er weniger, dann muß man ihn öfter gesondert anlegen oder beifüttern. Trotzdem kommt es manchmal vor, daß solche Welpen zum Überleben zu schwach sind. Es ist sehr traurig, den Tod eines Welpen mitzuerleben, aber irgendwo ist dies auch eine Form der natürlichen Auslese. Das Durchschnittsgewicht des Wurfes sollte bei der Geburt bei etwa 450 Gramm und nach einer Woche bei 900 Gramm liegen. Übereinstimmend mit anderen Hunderassen liegt bei den Deutsch-Drahthaar-Welpen eine gute Gewichtsentwicklung vor, wenn sich das Gewicht nach der ersten Woche verdoppelt und nach zwei Wochen verdreifacht hat. Sind die Welpen in den ersten drei Wochen zu dürr und rappelig, dann hat die Mutter entweder nicht genug Milch oder, wenn der Bauch dabei dick und fest ist, dann haben die Welpen Würmer. Im ersteren Fall muß man die Flasche zu Hilfe nehmen. Eine Entwurmung gegen Spulwürmer nimmt man in der Regel erst im Alter von zwei Wochen vor und wiederholt diese dann jeweils im wöchentlichen Intervall. Sinnvoll ist es, eine Emulsion mit einer Spritze, genau dosiert (dafür muß man die Welpen dann wiegen), in den Rachen zu geben. Ab der 6. Woche müssen die Welpen das erste Mal gegen Parvovirose, Hepatitis, Staupe und Leptospirose geimpft werden.

Die Abgabe der Welpen

Im Alter von etwa acht Wochen werden die Welpen an die neuen Besitzer abgegeben. Durch die intensive Beschäftigung mit seinem Wurf kann man als Züchter die einzelnen Individuen ganz gut einschätzen und sollte auch einen gewissen Einfluß auf die Auswahl durch die neuen Besitzer nehmen. Einen ausgeprägten Kopfhundtyp sollte man z.B. nicht unbedingt einem unerfahrenen oder zu »weichen« Führer verkaufen - man tut damit weder dem neuen Besitzer noch dem Hund einen Gefallen. *Im Idealfall sollte der Züchter aus seinem Wurf den passenden Welpen für den neuen Führer auswählen.* Dies mag ein wenig überheblich erscheinen, aber eine gute Menschenkenntnis des Züchters ist sicherlich auch eine entscheidende Voraussetzung für das spätere »Funktionieren« des neuen Gespanns Jäger - Hund. Mitgeben sollte man den neuen Besitzern einige Hinweise über Fütterung, Impfung, Entwurmung und vor allem den Umgang mit dem jungen Hund. Hier muß erwähnt werden, daß der Welpe ständigen Kontakt zu Menschen, aber insbesondere zu seinem neuen »Rudelführer« braucht, daß er ihn auf Reviergängen begleitet, daß der Hund auf Futter- und Wildschleppen gearbeitet wird und die Reizangel weiterhin als regelmäßige »Beschäftigungstherapie« eingesetzt wird. Man kann dies selbst schriftlich zusammenfassen oder die entsprechenden Seiten aus der jagdkynologischen Literatur fotokopieren, um dem neuen Besitzer einen kleinen Leitfaden an die Hand zu geben.

Nach der Abgabe der Welpen

Die Arbeit und Verantwortlichkeit des engagierten Jagdgebrauchshundezüchters endet keineswegs mit der Abgabe der Welpen. Ein wichtiger Faktor zur gesunden Verhaltensentwicklung des Junghundes ist der Kontakt mit Artgenossen, den man z.B. bei Welpenspieltagen herstellen kann. Im Normalfall ruft der oder mehrere Züchter die Welpenbesitzer zusammen und man läßt die Hunde erst einmal im Revier herumtollen und miteinander spielen. Dann geht man z.B. zu Einzelübungen an der Reizangel über, legt jedem Hund eine kurze Wild- und evtl. eine Lungenschleppe. Auch kann man mit den Junghunden an ein Gewässer gehen und die Gewöhnung an das nasse Element weiter fördern. Hierbei ist es sehr hilfreich, wenn auch die Führer nicht wasserscheu sind. Solche Welpenspieltage haben nicht nur für die Junghunde eine sozialintegrative Funktion - oder, einfacher ausgedrückt - Führer und Züchter lernen sich beim anschließenden Grillen und beim Bier näher kennen, und es kommt meist zu einer gegenseitigen Motivation unter den Führern, die der geschickte Züchter dann für die bevorstehenden Aufgaben (Zuchtprüfungen) ganz gut nutzen kann. Welpenspieltage sollten so oft wie möglich, aber mindestens alle zwei Wochen stattfinden und allmählich in die Vorbereitung auf die Jugendprüfungen übergehen. Die Welpenspieltage sind von so großer Bedeutung, damit ein Welpe ein richtiger Hund unter Hunden und ein verläßlicher Partner des Menschen werden kann. Er muß gewissermaßen »zweisprachig« aufgezogen werden. Aber auch der Führer muß die »Sprache« des Hundes lernen.

Zur Entwicklung einer engen Bindung und guten Verständnisfähigkeit zwischen Mensch und Hund muß von Anfang an aufmerksam und einfühlsam auf die Signale des Welpen reagiert werden. Das gemeinsame Spiel bildet dazu die besten Voraussetzungen, da der Hund hier lernt, woran er mit seinem Menschen ist und der Mensch lernt, seinen Hund zu verstehen. Dies ist die Grundvoraussetzung zur Steuerung des »hundlichen« Verhaltens. Echte Partnerschaft zwischen Mensch und Hund setzt beim Menschen vor allem Verstehenwollen und Verständigenkönnen voraus. Der junge Hund muß stets wissen, woran er ist. Nur durch Konsequenz und Konstanz des menschlichen Verhaltens und unter Vermeidung von verunsichernden Reaktionen kann sich Wesenssicherheit entwickeln. Wahre Autorität des Menschen gegenüber seinem Hund gründet sich auf gewachsenes Vertrauen, Berechenbarkeit und Akzeptanz. Anläßlich solcher Welpenspieltage muß man den Teilnehmern auch klar machen, daß »Lernen am Erfolg« den größten Wirkungsgrad hat, d.h. für den Hund, daß erwünschtes Verhalten belohnt wird. Die hohe Kunst positiver Verhaltens- und Wesensentwicklung besteht deshalb vorwiegend darin, Lernmöglichkeiten so zu durchschauen und Lernsituationen so zu gestalten, daß nach Möglichkeit nur erwünschte Verknüpfungen zustande kommen. Lernen durch Strafe ist immer nur die zweitbeste Form des Lernens, da es die Mühe des Umlernens voraussetzt. Daher sollte man darauf achten, daß der Welpe später nichts Unerwünschtes lernt oder sich angewöhnt (z.B. das Hochspringen am Führer). Man sollte sich auch darüber im Klaren sein, daß angstbedingtes Verhalten durch tröstenden Zuspruch des Führers noch verstärkt werden kann. Gleichermaßen gilt, daß man die oft völlig natürliche Ängstlichkeit eines jungen Hundes nicht durch ein hier absolut deplaziertes Bestrafen verstärken darf. In beiden Fällen ist es zweckmäßig, durch einen überspielenden und ablenkenden Situationswechsel eine Entspannung des Hundes herbeizuführen.

Ein Züchter, der Welpenspieltage durchführt, muß sich sowohl in die hundliche als auch in die menschliche Psyche hineindenken können. Solche Tage müssen durchgeplant und vorbereitet werden, aber der Erfolg entschädigt für den geleisteten Aufwand, denn das Anliegen eines jeden engagierten Züchters ist es, daß möglichst alle Hunde eines Wurfes auf Zuchtprüfungen vorgestellt und gute Jagdgebrauchshunde werden. Vorausgesetzt, daß auch alle Führer ein diesbezügliches Interesse bekunden, kommt es bei der Vorbereitung hierzu meist zu den ersten größeren Problemen: Nicht jeder hat die Möglichkeit, seinen Hund in einem geeigneten Niederwildrevier vorzubereiten, und normalerweise handelt es sich bei der Mehrzahl um Erstlingsführer, die mit ihrem Hund lernen müssen. Hier ist der Züchter wieder stark gefordert. Im Idealfall steht ihm ein Revier zur Verfügung, in dem er mit den Hunden üben kann. Er wird dann wahrscheinlich so manchen Nachmittag und Abend »opfern« müssen, bis er die einzelnen Gespanne »prüfungsreif« gemacht hat. (vgl. Berlowitz u. Weidt 1995/96)

Und dann gibt es da noch die Problemfälle: So ruft mich z.B. Führer XY zwei Wochen vor der Jugendprüfung an und beschwert sich, daß sein Hund plötzlich schußempfindlich sei. Dies erscheint mir recht unwahrscheinlich, da der Rüde als Welpe keinerlei Zeichen von Wesensschwäche zeigte und im

Winter schon an Jagden teilgenommen hatte. Wir trafen uns also im Revier, und ich mußte feststellen, daß der Hund, sobald sein Führer die Flinte umhängte, nicht mehr vom Fuß ging. Ein längeres Gespräch mit dem Führer brachte dann des Rätsels Lösung etwas näher. Der Hund war wohl vor nicht allzu langer Zeit mit Hilfe der Flinte (als Stockersatz) zum »bei Fuß gehen« angehalten worden und hatte diese Lektion nur allzu gründlich gelernt. Nachfolgende Versuche ergaben, daß nicht der Knall, sondern der Anblick der Flinte den Hund beeindruckte. Eine gemeinsam ausgearbeitete Kurzzeittherapie führte zum gewünschten Erfolg. Sie bestand anfangs darin, daß der Führer die Flinte nicht mehr selbst trug und damit schoß, sondern dies von einem Bekannten tun ließ, der sich einige Meter entfernt von Führer und Hund aufhielt. Nach einigen Wiederholungen dieser Übung hatte der Hund wieder Vertrauen zu seinem Führer gefaßt und die Angst vor der »Dressurhilfe Flinte« verloren. Der Hund bestätigte später auch bei der Wasserarbeit, daß er absolut schußfest war.

Dies ist nur ein Beispiel für die vielen Probleme, mit denen man als Züchter auch lange nach der Abgabe der Welpen konfrontiert werden kann und die einen als Jagdkynologen wie als »Psychologen« manchmal stark fordern.

Normalerweise ist die Zahl der Hundebesitzer, die auch noch auf der »Herbstzuchtprüfung« zu führen bereit sind, etwas geringer, so manchem wird der Aufwand einfach zu groß. Bei denjenigen, die »bei der Stange geblieben« sind, sollte man sich darum kümmern, daß sie ihren Hunden rechtzeitg und konsequent ein einwandfreies Apportieren beibringen. Man sollte hier empfehlen, möglichst kleinschrittig (z.B. nach diesem Buch) vorzugehen oder im Rahmen eines Hundeführerlehrgangs unter Anleitung eines erfahrenen Abrichters zu üben. Diese Lehrgänge sollte man jedem Erstlingsführer ans Herz legen, da sie in der Regel mit einer Brauchbarkeits-/Jagdeignungsprüfung abschließen, die zumindest die gesetzlichen Minimalanforderungen an Jagdhunde abdeckt, auch wenn sie für die Zucht nicht von Bedeutung ist.

Ein Hund, der auf Herbstzuchtprüfung geführt werden soll, muß natürlich auch im Wasser eingearbeitet werden. Ein geeignetes Übungsgewässer zu finden, ist in vielen Teilen Deutschlands inzwischen aber noch schwieriger (die Tierschützer machen es einem dabei auch nicht leichter) als ein ausreichend besetztes Niederwildrevier zur Verfügung zu haben. Meist ist auch hier der Züchter wieder gefragt. Er wird organisieren, koordinieren und gemeinsame Wasserübungstage abhalten, bei denen dann auch überprüft werden kann, ob die Hunde einwandfrei auf Schleppen arbeiten. Apropos Schleppen - für so manchen Waldjäger ist es schwieriger, an ein Schleppenkanin zu kommen als ein Stück Rotwild zu erlegen. Auch hier muß man als Züchter gelegentlich helfend unter die Arme greifen.

Werden von einem Wurf noch etwa 50 % erfolgreich auf Herbstzuchtprüfung geführt, so kann man als Züchter schon sehr zufrieden sein und recht gute Aussagen über die Vererberqualitäten der Eltern machen.

Das Führen auf Verbandsgebrauchsprüfung, auf Verbandsschweißprüfung, Bringtreueprüfung etc. stellt eine gewisse Krönung der Arbeit mit dem Vorstehhund dar, die man als Züchter fördern, letztendlich aber der Initiative des einzelnen Führers überlassen sollte, da irgendwann auch die Grenzen der Belastbarkeit eines Züchters erreicht sind.

Nach diesen Ausführungen fragen Sie sich sicher, wieso trotz der oben angesprochenen Punkte so viel und oft auch schlecht gezüchtet wird. Die Antwort läßt sich zweifellos aus dem oben Gesagten ableiten: Wer »nur mal so nebenbei« mit seiner mittelprächtigen Hündin einen Wurf machen will, weil er glaubt, daß ihr Erbgut der Nachwelt nicht vorenthalten werden dürfe, der gehört genausowenig zur Kategorie der engagierten Züchter wie der »Massenproduzent«, bei dem die wirtschaftlichen Interessen absolut im Vordergrund stehen.

Deutsch-Drahthaar zu züchten, ist eine verantwortungsvolle und arbeitsintensive Sache, die einem selbst sehr viel bringt, wenn man sie engagiert betreibt. Wer allerdings viel Geld verdienen will, der sollte sich nicht gerade auf diesem Feld versuchen.

Kapitel 15
ERSTE HILFE UND HUNDEERKRANKUNGEN

Über Hundekrankheiten kann man natürlich ein ganzes Buch schreiben, aber das ist nicht mein Spezialgebiet. Im Kontext dieser Rasse beschränke ich mich auf Krankheiten, die der normale Deutsch-Drahthaar-Besitzer kennen und erkennen sollte, um seinem Hund möglichst schnell zu helfen oder helfen zu lassen. Mein wichtigstes Anliegen ist aber, Ihnen, lieber Leser, die nötigen Informationen zu geben, damit Ihr Hund erst gar nicht krank wird. Dabei gehe ich davon aus, daß Sie Ihren Hund richtig ernähren und die Rasse sehr robust und kaum züchterisch deformiert ist.

Erste Hilfe

Beginnen möchte ich dieses Kapitel mit einigen Hinweisen zur Ersten Hilfe, weil unsere Jagdgebrauchshunde überdurchschnittlich oft von Unfällen betroffen sind. Es kann sich hierbei um Verletzungen durch wehrhaftes Wild, um Verkehrsunfälle oder auch Vergiftungen handeln. Bei lebensbedrohlichen Zuständen seines Jagdhundes neigt der Führer leider oft dazu, in Panik zu geraten. In solchen Fällen hilft aber nur ruhiges und überlegtes Handeln. Es gibt einige Untersuchungstechniken, die man kennen sollte, um den allgemeinen Gesundheitszustand des Hundes beurteilen zu können. Außerdem sollte der hundeführende Jäger immer eine Notfall-Apotheke für Hunde im Auto haben. Diese muß zumindest ein Dreiecktuch, Mullbinden, elastische Binden, verschiedene Pflaster, Watte, Schere, Pinzette, ein Fieberthermometer und Desinfektionsmittel enthalten. Man kann sich die Notfall-Apotheke aber auch vom Tierarzt zusammenstellen lassen oder im Fachhandel erwerben. (Ausführliche Hinweise zu diesem Thema findet der Leser in dem Buch von Tim Hawcroft - ERSTE HILFE FÜR HUNDE, Kynos Verlag).

Messen des Pulses
Man legt seine Finger auf die Innenseite des Oberschenkels und tastet so lange, bis man die Arterie gefunden hat (Normalfrequenz: 60-140 Schläge/Minute).

Messen der Atemfrequenz
Beobachten, wie oft sich der Brustkorb hebt und senkt, oder einen leicht wehenden Gegenstand (Verbandmull) vor die Nase halten.

Messen der Körperinnentemperatur
Falls ein Fieberthermometer mitgeführt wird, mißt man die Temperatur rektal (Normaltemperatur: 37,5°C bis 38,7°C).

Anlegen eines Schnauzenbandes
Man legt dem Hund ein Schnauzenband an, um das Beißen bei starken Schmerzen (Knochenbruch, Verletzungen etc.) zu verhindern. Niemals darf ein Schnauzenband angelegt werden, wenn der Hund erbricht, krampft oder einen Kieferbruch hat. Das Band sollte gerade so stramm sitzen, daß der Hund seinen Fang nur leicht öffnen kann.

Verletzungen am Brustkorb
Bei den Erste-Hilfe-Maßnahmen gehen Sie am besten folgendermaßen vor: Sorgen Sie dafür, daß die

Atemwege frei sind, indem Sie die Zunge nach vorne ziehen und Gewebeteile, Schmutzpartikel, Blut etc. aus der Mundhöhle entfernen. Kontrollieren Sie, ob der Hund normal atmet. Steht die Brusthöhle durch eine offene Verletzung mit der Außenluft in Verbindung, so dringt Luft in den Brustraum ein und verhindert eine normale Atmung. Man sucht die offene Verletzung und orientiert sich an einem eventuell vorhandenen Saug- oder Zischgeräusch, bedingt durch die ausströmende Luft. Die offene Verletzung sollte sofort mit einem Stück Tuch oder Plastik luftdicht verschlossen werden, so daß das Saug- oder Zischgeräusch aufhört. Der Verband sollte den Brustkorb nicht zu fest umspannen, da dadurch die Atmung erschwert wird. Steckt ein Fremdkörper im Brustraum, darf er nicht entfernt werden. Man versucht, ihn mit einem Verband in seiner Lage zu festigen.

Bei Quetschungen des Brustkorbes sollte die stärker verletzte Seite des Hundes nach unten gelagert werden. Kontrollieren Sie, ob stärkere Blutungen vorliegen. Bei flächenhaften Blutungen legen Sie ein Stück Stoff, welches mehrmals gefaltet ist, direkt auf die Wunde und üben dabei einen gleichmäßig festen Druck aus. Bei starken Blutungen aus den Läufen wird ein Druckverband angelegt, indem man mit einer breiten Mullbinde oberhalb der Blutung in zirkulären Bahnen den entsprechenden Lauf einbindet und bei jeder Tour mehr Druck ausübt. Nach ca. 30 Minuten sollte der Verband gelockert werden.

Glauben Sie nicht, daß Ihr Hund außer Gefahr ist, wenn Sie äußerlich keine schweren Verletzungen feststellen können. Innere Blutungen und Verletzungen werden häufig erst Stunden später erkannt. Oftmals fallen die verletzten Hunde in einen Schockzustand, der für das Tier höchste Lebensgefahr bedeutet. Je nach Art der Ursache kommt es durch Blutdruckabfall zum Kreislaufversagen und eventuell zum Ausfall sämtlicher Körperfunktionen. Das Tier bricht zusammen, und die Gliedmaßen fühlen sich kalt an. Alle Schleimhäute sind bläulich-blaß. Der Hund sollte in Wolldecken eingewickelt werden, um den Verlust der lebensnotwendigen Körperwärme zu vermeiden.

Knochenbrüche

Man unterscheidet zwischen offenen und geschlossenen Brüchen. Von einem offenen Bruch spricht man, wenn der gebrochene Knochen die Haut durchbohrt hat. Bleibt die Haut intakt, so spricht man von einem geschlossenen Bruch. Bei Verdacht auf einen Bruch beim Umgang mit dem verletzten Tier ist äußerste Vorsicht geboten. Ein Hund, der Schmerzen hat, verhält sich gegenüber jeglicher Art von Behandlungen oftmals sehr ablehnend und aggressiv. Aus diesem Grund sollte man zunächst ein Schnauzenband anlegen. Der verletzte Lauf wird so wenig wie möglich bewegt. Falls der Knochen freiliegt, decken Sie ihn mit einem sauberen Tuch oder Gaze ab. Halten Sie den Hund warm und legen Sie ihn auf eine Decke. Versuchen Sie nicht, das gebrochene Bein auszurichten bzw. zu schließen.

Blutungen

Zerschnittene Pfoten, kleine Biß- oder Stichverletzungen an den Beinen und herausgerissene Krallen verursachen zum Teil starke Blutungen. In derartigen Fällen bindet man den Fuß bzw. das Bein von unten nach oben mit Verbandmaterial schichtweise ein, bis kein Blut mehr durchsickert. Dreht man die Bandage zusätzlich mehrere Male in sich, dann erhält man einen festen Verband, der aber wieder gelockert werden muß.

Bei einer sehr starken Blutung an den Beinen bindet man die Gliedmaße oberhalb der Wunde ab, ehe man einen Verband anlegt. Hierzu sollte man eine breite Binde benutzen, die oberhalb der Verletzung straff um das Bein gewickelt wird. Die Abschnürung des Blutes darf aber nie länger als 20 Minuten dauern. Eine stark blutende Wunde muß fast immer genäht werden, also muß man nach dem Anlegen eines Notverbandes sofort zum Tierarzt. Stark blutende Wunden, die man nicht abbinden kann, sollte man mit einem Druckverband versehen. Das funktioniert bei Hunden im Prinzip genauso wie bei Menschen.

Verletzungen der Bauchhöhle

Wird ein Hund von einer Sau geschlagen, dann kommt es manchmal vor, daß die Bauchhöhle geöffnet ist. In einem solchen Fall darf man nicht die Nerven verlieren, auch wenn Bauchorgane heraushängen. Solange keine lebenswichtigen Organe zerstört sind und der Blutverlust sich in Grenzen hält, ist der Schaden durchaus reparabel. Eventuell vorgefallenes Baucheingeweide sollte man durch steriles Verbandmaterial schützen und in die Bauchhöhle zurückdrängen. Wichtig dabei ist die Vermeidung von Verschmutzung und der sofortige Transport des Hundes in eine Tierarztpraxis.

Unterkühlung und Erfrierungen
Ein Hund, dessen Körpertemperatur deutlich unter die Normaltemperatur absinkt, leidet an Untertemperatur. Vor allem gefährdet sind ältere Hunde und Welpen, da bei letzteren die Körperoberfläche im Verhältnis zum Körpergewicht groß ist, was die Wärmeabgabe erheblich begünstigt.

Die am stärksten betroffenen Körperpartien sind Rute, Ohrenspitzen und Fußballen. Bei Unterkühlung oder Erfrierungen sollten Sie Ihren Hund sehr sanft behandeln. Wichtig ist es, daß das Tier sehr behutsam aufgewärmt wird, da es sonst zu »Verbrennungen« im Gewebe kommen kann. Durch die Kälte sind die Gefäße enggestellt und können die einwirkende Wärmeenergie nicht schnell genug abtransportieren. Erwärmt man den Hund zu schnell, dann kann sich aufgrund der gestörten Thermoregulation die erwünschte Durchblutungsförderung erheblich verschlechtern und zu irreversiblen Gewebeschädigungen führen. Am besten wäre es, den Hund auf eine Decke zu legen und sich in einem leicht beheizten Raum oder Auto wieder langsam aufwärmen zu lassen.

Krampfanfälle
Durch Funktionsstörungen des Gehirns können beim Hund Krampfanfälle ausgelöst werden, so daß der Hund die Kontrolle über seine Körperfunktionen verliert. Bei einem Krampfanfall werden die Impulse, die bestimmte Körperfunktionen unterdrücken oder ausschalten sollen, durch andere Impulse überflutet. Dies führt zu unkontrollierten Zuckungen und unkoordinierten Bewegungen. Die Ursache derartiger epileptiformer Anfälle ist mannigfaltig. Tumore, Gehirnhautentzündungen, innere Erkrankungen oder Vergiftungen können zu solchen Krämpfen führen.

Hunde, die wiederholt unter Krampfanfällen leiden, sollten sehr genau untersucht und medikamentös behandelt werden. Wenn Ihr Hund einen Krampfanfall erleidet, merken Sie sich genau, wie die Krämpfe aussahen, und wie lange sie anhielten. Es ist ein wichtiger Hinweis für Ihren Tierarzt. Sorgen Sie bei einem Krampfanfall dafür, daß sich Ihr Tier nicht verletzen kann. Legen Sie Decken und Kissen um ihn herum. Versuchen Sie nicht, durch Berühren oder Beklopfen des Tieres die Krämpfe zu beeinflussen. Durch Berührungen oder lautes Ansprechen verlängern Sie unter Umständen den Krampfanfall. Versuchen Sie, sich ruhig zu verhalten.

Vergiftungen
Vergiftungserscheinungen sind beim Hund oft dramatisch und schreiten schnell fort. Wird eine Vergiftung vermutet, muß alles unternommen werden, das Gift zu identifizieren. Um eine gezielte Behandlung einleiten zu können, benötigt der schnellstens aufzusuchende Tierarzt so viele Beobachtungen wie nur möglich. Warten Sie nicht so lange ab, bis die ersten Vergiftungserscheinngen auftreten. Versuchen Sie nicht, ohne tierärztlichen Hinweis den Hund zum Erbrechen zu bringen, da viele Gifte eine ätzende Wirkung auf die Schleimhäute ausüben. Geben Sie dem Hund weder zu essen noch zu trinken, wenn er Krämpfe hat oder bewußtlos ist. Geben Sie dem Tier auch keine eigenen Medikamente. Suchen Sie auf dem schnellsten Wege Ihren Tierarzt auf und bringen Sie ihm evtl. Erbrochenes oder z.B. den vermutlichen Giftbehälter mit, damit er die Art der Vergiftung feststellen kann. (Quelle: Dr. Kovermann 1993)

Hundeerkrankungen

Wurmbefall
Beim Hund kommen in erster Linie *Spul-, Haken-, Peitschen- und Bandwürmer* vor, wobei Spul- und Hakenwürmer die bedeutendsten und häufigsten Parasiten beim Hund sind. Welpen werden entweder über Larven im Mutterleib oder nach der Geburt über die Muttermilch infiziert. Eine weitere Form der Infektion entsteht durch das Auflecken von Spulwurmeiern oder Hakenwurmlarven aus der Umwelt bzw. aktives Einbohren von Hakenwurmlarven durch die gesunde Haut.

Der häufigste *Hundebandwurm* ist der Dipylidium canium. Angesteckt werden die Hunde hauptsächlich über Flöhe, in denen sich die Finne entwickelt. Dieser Bandwurm ist nicht auf den Menschen übertragbar. Der Befall fällt durch weißlich rosa gefärbte Glieder im Hundekot auf, die eingetrocknet etwa reiskorngroß sind und in großen Mengen auf dem Hundelager gefunden werden können.

Gefährlich für den Menschen ist der Hundebandwurm (Echinococcus granulosus) und der Fuchsbandwurm (Echinococcus multilocularis). Die Finnen des dreigliedrigen Hundebandwurms wachsen in den inneren Organen vieler Haus- und Wildtiere, besonders in Leber und Lunge. Der Hund als Endwirt infiziert sich durch die Aufnahme von rohen Innereien von Haus- und Wildtieren. Nimmt der Mensch vom Hund Bandwurmeier auf, dann wird er zum Fehlwirt (da Menschen normalerweise nicht von Hunden verspeist werden), in dem sich die Finnen ausbilden. Sehr gefährlich ist auch die Infektion mit Fuchsbandwurmeiern. Dies geschieht z.B. durch die Aufnahme von Eiern, die sich im Kot infizierter Tiere befinden. Diese mikroskopisch kleinen Partikel können durch den Verzehr von Waldbeeren oder beim Abbalgen von Füchsen in den menschlichen Körper gelangen und vor allem in der Leber ein tumorartiges Wachstum von Zysten verursachen, das unter Umständen zum Tod führt. Vor allem über die Aufnahme von Mäusen, die als Zwischenwirt fungieren, können sich Füchse, aber auch Hunde mit dem Fuchsbandwurm infizieren. Ein Hund kann über einen Fuchs nicht angesteckt werden, da beide Endwirte sind. Der Mensch als potentieller Zwischen- aber tatsächlicher Fehlwirt kann sich sehr wohl über einen Fuchs und seltener über einen Hund infizieren, da regelmäßig entwurmte Hunde keine Gefahr darstellen. Aber auch unser parasitenfreier Jagdhund kann zur Gefahr werden, wenn er z.B. einen Fuchs apportiert und Bandwurmeier in seinem Fell hängen bleiben, die dann eventuell vom Menschen aufgenommen werden. Schützen kann man sich nur, indem man sich und seinen Hund von Füchsen fernhält oder durch gründliches Waschen des Hundes und der Hände einer Infektion vorbeugt. Ein Restrisiko verbleibt aber immer.

Um Wurmbefall bei Hunden zu vermeiden, sollte man eine gründliche und kontinuierliche Flohbekämpfung durchführen, und es sollten eigentlich keine rohen Schlachtabfälle verfüttert werden. Da ich dies aber tue, bleibt nur die regelmäßige Entwurmung des Hundes. Die Entwurmungsintervalle richten sich unter anderem nach der Gefährdungssituation. Bei einem ausschließlich mit Fertigfutter gefütterten erwachsenen Hund dürften zwei Entwurmungen im Jahr reichen. Frißt Ihr Hund auch schon mal eine Maus oder geben Sie ihm auch rohe Innereien, dann sollten Sie ihn mindestens alle drei Monate entwurmen. Zur Entwurmung empfehle ich Kombinationspräparate, die gleichzeitig gegen Band- und Rundwürmer (also auch gegen Fuchs- und Hundebandwurm) wirken und in einer Gabe verabreicht werden. Im Zweifelsfall sollte man aber mit dem Tierarzt sprechen bzw. eine Kotprobe untersuchen lassen. Entwurmungen belasten den Organismus des Hundes und sollten deshalb nicht öfter als notwendig durchgeführt werden.

Hautparasiten

Der wichtigste Hautparasit beim Hund ist der *Floh*. Durch den Floh kann es, wie schon gesagt, zu Bandwurmbefall kommen, denn Flöhe sind Zwischenwirte und können Bandwürmer auf den Hund und sogar auf den Menschen übertragen. Weiterhin entstehen beim Hund Hautschädigungen mit nachfolgenden bakteriellen Infektionen durch das ständige Kratzen. Schließlich können durch den Flohbiß auch andere Krankheitserreger ins Blut gelangen. Der beste Schutz gegen Flohbefall ist wohl das Tragen von Flohhalsbändern, die auch gegen Zeckenbefall schützen sollten. Lehnt man das Tragen eines solchen Halsbandes wegen der permanenten Insektizidbelastung ab, dann sollte man den Hund regelmäßig mit Flohpulver behandeln bzw. ihn wöchentlich mit antiparasitären Shampoos behandeln. Besonders wichtig bei festgestelltem Flohbefall ist eine gründliche Sanierung der Hundehütte und des Liegeplatzes mit Insektiziden. Auch Läuse werden durch die oben genannten Mittel angegriffen und verlassen sehr bald das Wirtstier.

Die *Zecke* wird zu einer immer größeren Gefahr für Mensch und Hund. Wir wissen, daß Hirnhautentzündung durch einen Zeckenbiß auf den Menschen übertragen werden kann, aber auch Borelliose wird zunehmend durch Zecken auf den Menschen und den Hund übertragen. Beim Hund fehlen hierbei typische Krankheitsbilder. Bei den erkrankten Hunden stehen Gelenkentzündungen im Vordergrund. Die betroffenen Hunde gehen lahm und äußern heftige Schmerzen. Bei etwa 50 % der Tiere tritt Fieber auf. Bei einem Teil der Erkrankten schwellen die Lymphknoten an. Erhebliche Komplikationen im Krankheitsverlauf können durch ein Herz-Nieren-Syndrom auftreten. Es stellt sich durch Herzmuskelentzündung einerseits und andererseits durch schwere Funktionsstörungen der Nieren dar. Diese Symptome und eine Blutuntersuchung, die Antikörper gegen Borrelien nachweist, machen eine gezielte Behandlung angezeigt. Die Borrelioseerkrankung läßt sich mit hohen Antibiotikagaben über einen längeren Zeitraum beeinflussen. Gleichzeitig müssen auftretende Minderungen der Herzbelastung sowie Nierenfunktionsausfälle therapiert werden. Bei Gelenkentzündungen macht es die Verabreichung geeigneter Medikamente dem Hund leichter. Es muß aber auch mit Therapieversagen gerechnet werden. In diesem Fall ist die Prognose für den Hund sehr ungünstig.

Da es noch keine Impfung gegen Borreliose gibt und unsere Jagdhunde wohl am stärksten von allen Hunderassen einem Befall durch Zecken ausgesetzt sind, die sich z.B. besonders gerne im Ginster aufhalten, sollte man zum eigenen und zum Schutz seines Hundes unbedingt entsprechende präventive Maßnahmen ergreifen. Es sind Halsbänder und Ampullen auf dem Markt, die eine schnelle Abtötung der Zecken versprechen, noch bevor sie zum Beißen kommen. Aber auch eine ständige Fellpflege mit täglichem Absuchen nach eventuell angesaugten Zecken und ihre Entfernung gehört zu den Möglichkeiten der Vorbeugung. Zur Entfernung der Parasiten gibt es im Handel hilfreiche Instrumente (Zecken-Entfernungs-Set).

Die verschiedenen *Formen der Räude* werden auch von Hautparasiten ausgelöst und zwar von Milben. Die *Sarcoptesräude* entsteht dadurch, daß *Milben* sich in die Haut einbohren und ihre Eier dort ablegen. Bei den Hunden kommt es zu Juckreiz und mit der Zeit entstehen kahle Stellen an Knien, Ellenbogen und um Nase und Ohren. Erkennt man diese Anzeichen, dann sollte man den Hund sofort behandeln lassen, da er ansonsten durch das ständige Jucken und die damit verbundene Unruhe schnell an Kondition verliert. Außerdem ist die Räude sehr ansteckend, und man muß den erkrankten Hund von anderen isolieren.

Die *Demodex-Räude* verursacht keinen Juckreiz. Die zigarrenförmigen Milben leben in den Haarfollikeln. Die Erkrankung kann lokal begrenzt sein, sie kann aber auch den ganzen Körper betreffen. Charakteristisch dafür ist Haarlosigkeit mit einer starken Faltenbildung der Haut und dem Ausscheiden eines unangenehm riechenden Sekrets. Die Krankheit ist in den meisten Fällen nicht voll ausheilbar, weil der Erreger geschützt in den tiefen Haarschichten sitzt und schwer zu erreichen ist.

Ohrmilben leben im Gehörgang des Hundes und bohren ihre Eier in die Schleimhaut ein. Die Ansteckung erfolgt von Hund zu Hund, aber auch über die häufig befallenen Katzen. Die Krankheitserscheinungen wie Kratzen, Schlackern mit den Ohren und Schütteln des Kopfes sind dieselben wie beim »Ohrenzwang« bzw. Ohrenentzündungen.

Infektionskrankheiten des Hundes

Die wichtigsten Infektionskrankheiten beim Hund sind: Tollwut, Parvovirose, Staupe, Leptospirose, Hepatitis contagiosa canis und die Aujetzkysche Krankheit.

Tollwut

Die *Tollwut* geht in Deutschland vorwiegend vom Fuchs aus. Angesteckt werden können Hund und Mensch durch virushaltigen Speichel, der durch den Biß z.B. eines erkrankten Fuchses übertragen wird. Beim Hund verläuft die Tollwut in der Regel in drei Phasen: Die ersten Anzeichen sind oft nur ungewohnte Verhaltensweisen, dann kommt es zu Erregungszuständen und schließlich zu Lähmungen, die zum Tod führen. Hatte man selbst Kontakt mit einem tollwütigen Tier, dann muß man sich umgehend impfen lassen, da eine Infektion des Menschen ansonsten zum Tod führt. Der beste Schutz für Ihren Hund (und damit für Sie) ist eine jährliche Schutzimpfung.

Parvovirose

Die *Parvovirose* befällt vor allem Junghunde. Sie beginnt mit Fieber und blutigem Durchfall. Da die Hunde hierbei sehr stark austrocknen, kann die Erkrankung vor allem bei jungen Hunden zum Herztod führen. Gerettet werden können infizierte Tiere nur durch eine tierärztliche Intensivbehandlung.

Staupe

Die *Staupe* ist eine Infektionskrankheit, die von Hund zu Hund oder auch vom Marder auf den Hund übertragen wird. Die Virusinfektion überschwemmt den ganzen Körper des Hundes und verursacht hohes Fieber bis 41°C. Während dieses ersten Stadiums werden vor allem die Schleimhäute angegriffen. Wenn die Infektion hauptsächlich die Schleimhäute am Kopf befällt, hat der kranke Hund Nasen- und Augenausfluß. Weiterhin kann es zu Durchfall mit Erbrechen und/oder Husten mit Atembeschwerden kommen. Das Virus kann auch das Gehirn des Hundes befallen, was sich durch Gleichgewichtsstörungen, Krämpfe und Lähmungen äußert. *Die Behandlung der Staupe gehört sofort in Hand des Tierarztes.*

Leptospirose

Bei Infektion mit *Leptospirose* zeigen Hunde zuerst eine Magen-Darmstörung, sie fressen nicht und neigen zum Erbrechen. Das Tier macht dabei einen sehr kranken Eindruck. Die Schleimhäute der Augen und des Mauls entwickeln eine gelbliche Färbung. Der Stuhl ist dunkel und übelriechend. Erst hat der Hund Fieber und dann oft Untertemperaturen. Eine tierärztliche Behandlung ist nur bei früh erkanntem Fall erfolgsversprechend. Hervorgerufen wird die Erkrankung durch Bakterien, die durch Ratten und Mäuse übertragen werden.

Hepatitis

Die *Hepatitis* des Hundes kann alle Altersklassen des Hundes befallen, im allgemeinen erkranken aber Hunde zwischen drei und neun Monaten. Hierbei handelt es sich um eine Virusinfektion, die die Leber befällt und ganz plötzlich ausbrechen kann. In akuten Fällen kann die Temperatur über 41°C steigen. Weiterhin treten Magen-Darm-Störungen und Erbrechen auf. Nach einigen Tagen macht sich dann eine Gelbsucht bemerkbar, die meist zum Tod führt. Die meisten Fälle verlaufen aber weniger dramatisch und ziehen sich über Wochen hin. Hat ein Hund einmal die erste Woche überlebt, dann sind die Chancen für eine Gesundung gut.

Gegen die oben genannten Infektionskrankheiten müssen Sie Ihren Hund durch regelmäßige Impfungen schützen.

Aujetzkysche Krankheit

Die *Aujetzkysche Krankheit* ist eine akut tödlich verlaufende Virusinfektion der Gehirnnerven. Der Hund kann sich anstecken, wenn er virushaltiges Schweinefleisch frißt. Diese Erkrankung kann nicht behandelt werden. Die einzige Form der Prävention besteht darin, den Hund auf keinen Fall mit rohem Schweinefleisch zu füttern.

Gehörgangentzündungen

Vor allem Rassen mit »Schlappohren« neigen zu Ohrenentzündungen. Zeigt Ihr Hund Unruhe und versucht dauernd, mit den Hinterläufen die Ohren zu kratzen oder reibt er den Kopf am Boden oder an Gegenständen, dann muß man mit einer Ohrentzündung rechnen. Es gibt verschiedene Ursachen, die zu solch einer Entzündung führen können, von Ohrmilben über Schleimhautpolypen bis zu Tumoren. In Bezug auf unsere Rasse habe ich festgestellt, daß Ohrentzündungen meist durch in den Gehörgang eingedrungene Fremdkörper wie Grannen oder Kornspelzen entstehen. Besonders Hunde mit längerer Behaarung oder einem engen äußeren Gehörgang neigen zu Entzündungen. Es kann aber auch dazu kommen, wenn beim Schwimmen Wasser in den Gehörgang eintritt. Bemerkt man erste Anzeichen einer solchen Erkrankung, dann sollte man sie gleich behandeln lassen, um chronische Zustände zu vermeiden. Um der Ohrentzündung vorzubeugen, sollte man einmal wöchentlich den äußeren Gehörgang reinigen. Dies tut man am schonensten, indem man die Ohren mit einer milden, handwarmen Lösung auswäscht. Liegt schon eine Entzündung vor, dann behandelt man die Ohren mit Salben oder Tropfen nach Anweisung des Tierarztes.

Magendrehung

In den letzten Jahren habe ich immer wieder erfahren müssen, daß gerade Jagdhunde und auch Deutsch-Drahthaar eine Magendrehung hatten und einige daran eingingen. Grund dafür scheint mir hauptsächlich die Fütterung zu sein. Gibt man seinem Hund eine große Portion Trockenfutter, ohne daß es vorher durch Wasserzugabe zum Quellen gebracht wurde, dann quillt das Futter im Magen, weil der Hund die fehlende Flüssigkeit durch Trinken »draufsetzt«. Dies ist im Prinzip noch kein Problem, wenn der Hund danach Ruhe zum Verdauen hat. Nimmt man ihn aber in einem solchen Fütterungszustand (Magenüberladung) mit auf die Jagd, dann kann sich durch die heftigen Bewegungen des Hundes der Magen um seine Achse drehen, so daß sein Ein- und Ausgang verschlossen werden. Bei nicht sofortiger tierärztlicher Behandlung (Operation) kommt es zum Kreislaufschock und Tod. Verhindern kann man eine Magendrehung, indem man das Futter auf zwei bis drei Mahlzeiten am Tag verteilt, oder, wenn man das nicht will oder kann, einen »vollgefressenen« Hund weder jagdlich einsetzt noch ihn allzusehr herumtollen und etwa über ein Hindernis springen läßt. Weiterhin sollten Sie Trockenfutter immer quellen lassen, bevor Sie es dem Hund geben. Dadurch bekommt man auch eine bessere Vorstellung davon, welches Volumen das Futter schließlich im Magen hat. Und schließlich sollte man die Hauptmahlzeit am Abend geben, nach Einbruch der Dunkelheit, weil es dann normalerweise nicht mehr zu einem jagdlichen Einsatz (Nachsuche o.ä.) kommt.

Krankheiten der (Zucht)hündin

Eklampsie

Eklampsie ist eine Krankheit, die auf einer schweren Störung des Calciumstoffwechsels und des Vitamin- und Hormonhaushalts der säugenden Hündin beruht. Die Hündin benimmt sich sonderbar, sie wirkt benommen, ist unruhig und nicht sicher auf den Beinen. Schließlich fällt sie auf die Seite und streckt die Beine krampfartig von sich. Dann macht sie heftige Paddelbewegungen und schlägt mit den Hinterbeinen. Bei einem solchen Anfall muß die Hündin sofort zum Tierarzt, der Calcium und eventuell ein Beruhigungsmittel injizieren wird. Die Hündin muß vorübergehend von den Welpen getrennt werden, damit sie über einen weiteren Milchabzug nicht noch stärker geschwächt wird. Die Dauer der Trennung muß der Tierarzt bestimmen. Um einer Eklampsie vorzubeugen, sollte man eine Woche vor dem Wurftermin mit zusätzlichen Calciumgaben (Dosierung nach Maßgabe des Tierarztes) beginnen und während der Säugephase beibehalten.

Mastitis

Mastitis ist eine Entzündung des Gesäuges, die durch Bakterien hervorgerufen wird, die durch Verletzungen aktiviert worden sind. Bleibt die Hündin nicht bei ihren säugenden Welpen, verweigert sie das Futter und hat sie ein gerötetes heißes Gesäuge, dann ist eine tierärztliche Behandlung dringend angesagt, da andernfalls die Milchproduktion eingestellt wird. Um einer echten Erkrankung vorzubeugen, empfiehlt es sich, bereits bei den ersten Verhärtungen das Gesäuge zu behandeln. Hierzu eignen sich Salben auf Kampferbasis, mit denen man die betroffenen Stellen einreibt. Bevor man die Welpen wieder anlegt muß das Gesäuge abgewaschen werden. Ist die Entzündung weit fortgeschritten, dann muß der Tierarzt sie mit Antibiotika behandeln.

Metritis

Eine *Metritis oder Gebärmutterentzündung* kann entstehen, wenn ein Fötus in der Gebärmutter abgestorben ist, wenn die Hündin sich bei der Geburt verletzt hat oder wenn die Nachgeburt nicht ausgeschieden wurde. Selbst erkennen kann man eine solche Entzündung an einem übel riechenden, rot-bräunlichen Ausfluß und am Verhalten der Hündin, die nicht fressen will. Dabei hat die Hündin hohes Fieber von 40 - 45°C (Normaltemperatur 37,5 - 38,7°C). Wenn man bei solchen Symptomen die Hündin nicht umgehend behandeln läßt, dann ist der ganze Wurf verloren und die Hündin stirbt eventuell.

Tumore des Gesäuges

Tumore des Gesäuges sind häufig bei Hündinnen über 5 Jahren anzutreffen. Vor allem Hunde, die noch nie einen Wurf hatten, scheinen stärker zur Ausbildung von Gesäugetumoren zu neigen. Als Besitzer sollte man das Gesäuge mehrmals im Jahr sorfältig durchtasten, um Tumore schon im Frühstadium zu erkennen. Stellt man eine Verhärtung (erst nur erbsengroß) fest, dann sollte der Tierarzt entscheiden, ob ein chirurgischer Eingriff notwendig ist.

Scheinschwangerschaft

Eine *Scheinschwangerschaft* entwickelt sich etwa 4 - 6 Wochen nach jeder Läufigkeit, die Symptome sind nur bei den einzelnen Hündinnen unterschiedlich stark ausgeprägt. Die Scheinschwangerschaft entsteht durch die Ausschüttung des Proklatin Hormons, das die Hündin auf die bevorstehende Säugeperiode vorbereitet. Bei nicht belegten Hündinnen kann dies zu Symptomen führen, die tierärztlich behandelt werden müssen. Die klinischen Erscheinungen der Scheinschwangerschaft treten normalerweise sechs bis zwölf Wochen nach Östrusbeginn auf. Es kommt zu starker Milchbildung mit oft erheblichen psychischen Veränderungen. Oft werden Hündinnen unruhig, jaulen, entwickeln einen ausgeprägten Nestbautrieb und tragen Gegenstände als Welpenersatz durch die Gegend. Glaubt man ohne den Tierarzt auskommen zu können, dann muß man das Gesäuge ständig kühlen (essigsaure Tonerde) und die Hündin »auf andere Gedanken« bringen, indem man sie viel (jagdlich) beschäftigt.

Spezielle Erkrankungen des Rüden

Hodenentzündung

Durch einen Stoß oder Schlag, aber auch durch eine Verletzung beim Überspringen von Hindernissen kann es beim Rüden zu einer *Hodenentzündung* kommen. Die Hoden sind heiß und schmerzempfindlich, der Rüde läßt sich nur ungern anfassen und hat meist um 40°C Fieber. Als erste Maßnahme kann man ihm Umschläge mit essigsaurer Tonerde machen. Im Prinzip ist es aber am sinnvollsten, zum Tierarzt zu gehen und den Hund mit einem schmerzstillenden Mittel sowie Antibiotika behandeln zu lassen.

Hodengeschwulst

Ist ein Hoden des Rüden vergrößert und hart, aber nicht schmerzempfindlich, dann handelt es sich besonders bei älteren Rüden meist um ein *Hodengeschwulst,* das sobald wie möglich operativ entfernt werden muß.

Balantitis

Als *Balantitis* bezeichnet man die Entzündung der Penisspitze, die meist mit einem Vorhautkatarrh gekoppelt ist. Ursache dafür sind meist bakterielle Infektionen der Vorhaut, sie kann aber auch durch Verletzungen ausgelöst werden. Im letzteren Fall besteht beim Rüden eine starke Schmerzempfindlichkeit und es tritt eine Schwellung auf. Bei einer Infektion besteht ein gelb-grünlicher Ausfluß. Mit Hilfe eines Abstrichs des Ausflusses durch den Tierarzt kann der Erregertyp bestimmt und eine geeignete Behandlung eingeleitet werden.

Entzündung / Vergrößerung der Prostata

Bei älteren Rüden tritt auch oft eine *Entzündung oder Vergrößerung der Prostata* auf. Dies wird ausgelöst durch die im Alter veränderten männlichen Hormone. Anzeichen für eine Prostataerkrankung sind Schwierigkeiten beim Kotlassen, schlechter Allgemeinzustand, mangelnder Appetit, Neigung zum Erbrechen und eine abstehend getragene Rute. Behandelt werden kann die Prostataentzündung und -vergrößerung durch die Gabe von weiblichen Hormonen, wodurch die Vergrößerung des Drüsengewebes zur Rückbildung gebracht werden kann.

Angeborene und vererbte Fehler

Hüftgelenksdysplasie

In diesem Zusammenhang ist an erster Stelle die *Hüftgelenksdysplasie* (HD) zu nennen. Hierbei handelt es sich wahrscheinlich um ein sehr altes Hundeproblem, dem aber erst seit Beginn der fünfziger Jahre sehr viel wissenschaftliche Aufmerksamkeit geschenkt worden ist. Auch beim Deutsch-Drahthaar kommt die HD vor, aber glücklicherweise nicht sehr häufig. Das hängt wohl auch damit zusammen, daß man bei uns in Deutschland nie primär auf Form und damit verbundene menschliche Schönheitsvorstellungen (abfallende Rückenlinie) gezüchtet hat. HD ist eine erbliche Veranlagung, die zu einer postnatalen Fehlentwicklung des Oberschenkelkopfes und/oder der Beckenpfanne führt. Bei einem normal entwickelten Hüftgelenk paßt der Oberschenkelkopf genau in die Pfanne des Beckens - Kopf und Pfanne passen optimal zueinander, und der Kopf bewegt sich in der Pfanne wie in einem Kugellager.

Ist nun aber die Beckenpfanne zu flach oder der Oberschenkelkopf unvollständig ausgebildet oder sind auch nur die Bänder des Hüftgelenkes zu locker, dann liegt HD vor. Diese Fehler können einzeln, aber auch in Kombination auftreten. Es können beide Hüftgelenke betroffen sein oder, häufiger, nur eins. In allen Fällen hat der Oberschenkelknochen zu wenig Halt und es kommt früher oder später zur Arthrose des Hüftgelenks. Neben der genetischen Disposition kann auch eine falsche Fütterung, die beim Welpen und Junghund zu einem schnelleren Wachstum führt, den Effekt haben, daß die Muskulatur und der Bandapparat nicht entsprechend mitwachsen und stark genug werden. Mir scheint allerdings, daß eine solche Gefahr nur dann besteht, wenn die Hunde nicht genug Bewegung und damit Bänder- und Muskeltraining haben.

Jungen Hunden sieht man nur in Extremfällen an, daß vielleicht HD vorliegt bzw. in absehbarer Zukunft zum Problem wird. Erste Anzeichen sind ein Schwanken der Hinterhand beim Laufen oder Schwierigkeiten beim Aufstehen. Eine röntgenologische Untersuchung muß auf jeden Fall durchgeführt werden, wenn man das Gefühl hat, daß sich die Hinterhand nicht (mehr) so recht im Gleichklang mit dem Rest des Hundes bewegt. Ist der Befund positiv, dann steht man als Besitzer eines Arbeitshundes vor dem Problem, wie es weitergehen soll. Hunde anderer Rassen, die körperlich nicht gefordert werden, können mit einer mittleren HD beschwerdefrei alt werden. Aber ein Jagdhund, den man dauernd schonen muß, ist kein richtiger Jagdhund. Ich würde in einem solchen Fall, vorausgesetzt der Tierarzt gibt eine diesbezügliche Empfehlung, meinen Hund operieren lassen. Mir sind zwei Fälle von Jagdhunden bekannt, die nach einer Operation wieder für Jahre voll einsatzfähig waren. Aber, wie schon oben erwähnt, sind die Fälle von HD in unserer Rasse recht selten, auch deshalb, weil nur mit HD-freien Elterntieren gezüchtet werden darf.

Ektropium / Entropium

Andere, erblich bedingte Fehler, die manchmal bei unserer Rasse auftreten, sind das *Ektropium* und das *Entropium*, beides Augenfehler, die man allerdings schon beim Welpen erkennen kann. Sie sind, da vererblich, zuchtausschließende Mängel, können aber operativ korrigiert werden.

Beim *Entropium* handelt es sich um ein Eindrehen der Lidränder an einem oder an beiden Augen. Die Wimpern, und manchmal auch Haare, die gegen die Hornhaut reiben, führen zu Reizungen und oft auch zu Entzündungen. Die Augen tränen, und der Hund hat, wie man sich vorstellen kann, Schmerzen. Stellt man einen solchen Augenfehler bei einem Welpen fest, dann sollte man sich baldmöglichst für einen chirurgischen Eingriff entscheiden, weil es andernfalls zu chronischem Augenleiden kommen wird.

Das *Ektropium* bezeichnet man auch als *offenes Auge*. Bei vielen Rassen wird dieser »Hush Puppy Effekt« sehr gerne gesehen, weil die Hunde so traurig-lustig dreinschauen. In meinen Augen ist dies eine verbrecherische, tierquälerische Züchterei, denn ein Ektropium ist so wenig normal wie die Kieferdeformation eines Boxers. Bei einem Deutsch-Drahthaar, der das ganze Jahr im jagdlichen Einsatz steht, ist es ein besonderes Problem, da sich Fremdkörper unter den zu weit offenen Augenlidern festsetzen und ständig zu Reizungen führen, deren Auswirkungen mit denen eines Entropiums vergleichbar sind. Der Tierarzt kann die Augenlider operativ straffen und man sieht dem Hund später nichts mehr an. Quelle: (vgl. Kovermann in Blase 1996, Straiton 1976, Teichmann 1968)

Damit unser Deutsch-Drahthaar gesund und fit bleibt

Dafür müssen Sie als Besitzer Ihren Teil beitragen. Grundsätzliche Dinge in Bezug auf Fütterung und Haltung habe ich bereits angesprochen, aber es gibt bei unseren Jagdhunden doch noch einige andere, einsatzbedingte Punkte, die ich hier ansprechen möchte. Hält man seine Hunde, wie ich, ganzjährig im Zwinger, dann muß die Hütte auch den besonderen Anforderungen des Winters entsprechen. Sie muß auf jeden Fall doppelwandig sein und sollte mit einem Vor- und einem Hauptraum ausgestattet sein. Um den Hund gegen Bodenkälte zu schützen, muß immer genügend saubere, trockene Lagerstreu vorhanden sein, damit er sich darin verkriechen kann. Was ich nicht schlecht finde, sind elektrisch geheizte Bodenplatten, die mittlerweile verbreitet angeboten werden. Es handelt sich hierbei quasi um eine Fußbodenheizung, die man zwischen 15°C und 30°C einregulieren kann. Mir ist klar, daß einige Unverbesserliche jetzt sofort von Verweichlichung der Hunde und ähnlichem sprechen. Sei es drum - wir wollen ja auch nicht mehr mit 35 Jahren an Rheumatismus sterben und haben die naßkalte Höhle gegen das zentralgeheizte Haus eingetauscht. Viele Nierenleiden und rheumatische Beschwerden unserer Jagdhunde sind sicherlich durch solch eine Bodenheizung zu verhindern. Ist es im Winter so richtig kalt und stürmisch, dann sollte man den Hütteneingang mit einem Sack zuhängen oder eine Pendeltür einbauen. Man muß daran denken, daß das Trinkwasser bei Minustemperaturen sehr schnell gefriert. Ist man während des Tages aus beruflichen Gründen nicht in der Lage, alle paar Stunden frisches lauwarmes Wasser nachzufüllen, dann sollte man über die Anschaffung einer elektrischen Wasserwarmhaltevorrichtung nachdenken, die ebenfalls im Fachhandel angeboten wird. Im Herbst und Winter sind unsere Deutsch-Drahthaar oft triefend naß, auch wenn sie nicht im Wasser gearbeitet haben. Die Hunde müssen nach der Jagd unbedingt vollständig getrocknet werden, bevor man sie wieder in den Zwinger bringt. Im Auto habe ich immer alte Badetücher, mit denen ich den Hund erst einmal gut abreibe. Dann versuche ich so schnell wie möglich nach Hause in einen geheizten Raum zu kommen, wo das Fell vollkommen abtrocknen kann. Aber manche Jäger sollen ja die Angewohnheit haben, nach der Jagd erst einmal eine Kneipe aufzusuchen, um das Erlebte »aufzuarbeiten«. Ein nasser Hund muß hier unbedingt mit in die Gaststube genommen werden, da ein Auto sehr schnell auskühlt. Hat der Wirt etwas dagegen, dann sollte man eben die Kneipe wechseln oder nach Hause fahren.

Wasserjagd im Winter ist grundsätzlich gesundheitsschädlich für den Hund, da bei Wassertemperaturen knapp über dem Gefrierpunkt eine extreme Abkühlung des Hundes stattfindet, die nicht kurzfristig durch das Anziehen molligwarmer Kleidungsstücke kompensiert werden kann. Man sieht sie leider Gottes immer wieder, die noch gar nicht so alten Deutsch-Drahthaar, die verklemmt laufen, jede Bewegung zu scheuen scheinen und sich manchmal kaum noch lösen mögen. Diese Hunde haben meist jede Menge winterliche »Naßeinsätze« hinter sich und wurden hinterher nicht entsprechend behandelt.

Übrigens kann der Hund bei solchen Gelegenheiten auch Erkältungskrankheiten, Lungenentzündung oder Blasen- und Nierenentzündungen bekommen. Ihr Hund ist Ihr Jagdfreund und sie sollten ihn auch wie einen solchen behandeln. Anläßlich winterlicher Jagden mit Schneelage und Frost sieht man oft Jagdhunde, die nur noch ganz »komisch« laufen und andauernd versuchen, ihre Pfoten von irgendetwas zu befreien. Dies kommt auch bei Deutsch-Drahthaar vor, die etwas länger im Haar sind und somit auch zwischen den Ballen stark behaart. An den Haaren zwischen den Ballen bilden sich nämlich Eisklumpen, die den Hund beim Laufen stark behindern. Schneiden Sie ihm diese Haare immer ganz kurz, Sie ersparen ihm damit Schmerzen und steigern seine Leistungsfähigkeit. Legt man seinen Hund im Winter auf dem Stand ab oder läßt ihn im Auto während des Ansitzes, dann muß immer eine trockene, wärmende Unterlage vorhanden sein. Eine gesundheitserhaltende Behandlung und Haltung des Hundes hat nichts mit Verweichlichung zu tun, denn gesunde Hunde sind bis ins hohe Alter einsatzfähig und danken einem so die Gesundheitsfürsorge.

Der alte Deutsch-Drahthaar

Hat unser Hund uns jahrelang auf der Jagd begleitet, unseren Jagderfolg erhöht und unsere Fehler (schlechte Schüsse) so manches Mal ausgebügelt, dann sind wir ihm auch einen würdevollen und angenehmen Ruhestand schuldig. Man sollte natürlich ungefähr wissen, wie alt ein Hund im Vergleich zu uns Menschen ist. Früher glaubte man, durch eine Multiplikation mit Sieben eine ungefähre Relation herzustellen. Fachleute machen aber heute eine andere Rechnung auf. Nach deren Auffassung altert ein Hund in seinen ersten Jahren rascher als um den Faktor Sieben, wohingegen sich der Trend später umkehrt. So entspricht ein Hund im Alter von 12 bis 16 Monaten einem 17jährigen jungen Menschen, kann aber im Alter von 10 bis 11 Jahren noch durchaus auf der Höhe seiner Leistungsfähigkeit sein, was man sich bei einem Menschen in den Siebzigern kaum vorstellen kann. Ein Hund entwickelt sich in der Jugend schneller als wir Menschen, sein mittlerer Lebensabschnitt dauert relativ lange, während das wirkliche Greisenstadium in der Regel nur recht kurz ist. Als Anhaltspunkt für die Umrechnung nach neueren Erkenntnissen hier einige Zahlen:

Hundealter entspricht Menschenalter:

1 Jahr	14 Jahre	8 Jahre	56 Jahre
2 Jahre	24 Jahre	9 Jahre	63 Jahre
3 Jahre	30 Jahre	10 Jahre	65 Jahre
4 Jahre	36 Jahre	11 Jahre	71 Jahre
5 Jahre	40 Jahre	12 Jahre	75 Jahre
6 Jahre	42 Jahre	13 Jahre	79 Jahre
7 Jahre	49Jahre	14 Jahre	83 Jahre
		15 Jahre	87 Jahre

Quelle: (nach Hofmann 1995)

Basko im Alter von zwölf Jahren. Foto: Gerd Bottler.

Wie lange man mit seinem Deutsch-Drahthaar jagen kann, hängt mit den Erbanlagen, der Haltung und dem jagdlichen Einsatz zusammen. Auf die ersten beiden Faktoren bin ich bereits ausführlich eingegangen, beim Faktor »jagdlicher Einsatz« muß man sich auf allgemeine Aussagen beschränken, da dieser von Jäger zu Jäger enorm variiert. Es ist sicher nicht zu leugnen, daß ein permanenter und den Hund stark fordernder jagdlicher Einsatz zu Verschleißerscheinungen und zu schnellerem Altern führt. Solchermaßen geforderte Hunde sind aber eher die Ausnahme.

Ich gehe vielmehr davon aus, daß die meisten Deutsch-Drahthaar jagdlich unterfordert sind und nicht ausreichend bewegt werden. Es bekommt den Hunden zum Beispiel gar nicht gut, die ganze Woche mehr oder weniger im Zwinger zu liegen und dann am Wochenende bis zur Erschöpfung zu jagen. Aber den Zwängen unserer hochmobilen Wochenendhobbygesellschaft müssen sich auch die Hunde unterordnen. Den meisten Jägern ist es nicht möglich, jeden Abend nach der Arbeit mit dem Hund ins Revier zu fahren. So muß man eben alternative Bewegungs- und Beschäftigungsmethoden finden. Nahezu ideale Bedingungen findet wohl der Deutsch-Drahthaar vor, der bei einem Berufsjäger oder Förster »Dienst tut« und jeden Tag ins Revier mitgenommen wird.

Aber auch wenn die Lebens- und Einsatzbedingungen nahezu optimal sind, wird unser Hund irgendwann mal alt. Bei unserer Rasse kann man in der Regel davon ausgehen, daß 12 Jahre eine »magische

»Na Alte«.
Foto: Claudia Dreger.

Grenze« darstellen, ab welcher der Hund sehr schnell altert und vergreist. Er ergraut sehr stark, das Fell verliert seinen Glanz, das Gebiß wird stumpf, und es können bereits Zähne ausfallen. Die Bewegungen des Hundes wirken sehr steif, und er hat ein großes Ruhe- und Schlafbedürfnis. Sein Blick ist häufig getrübt und die Sehkraft oft so stark reduziert, daß er sein eigenes Herrchen/Frauchen nicht mehr gleich erkennt. Meist hört der Vierbeiner nun auch schlechter, die Riechfähigkeit hat nachgelassen, und aus einem zuverlässigen Jagdhelfer ist ein Hilfebedürftiger geworden. Diese Symptome treten natürlich nicht plötzlich im 12. Lebensjahr ein, aber ich habe bei mehreren Deutsch-Drahthaar festgestellt, daß um dieses Alter herum die Geschwindigkeit der Vergreisung sehr schnell fortschreitet und die jagdliche Brauchbarkeit schlagartig nachläßt. Für manchen Besitzer stellt sich dann die Frage, was er mit diesem Vierbeiner noch anfangen soll.

Ich bin nicht der Meinung, daß man einen Hund bis zum »bitteren Ende« und unter permanenter tierärztlicher Betreung am Leben erhalten sollte. Zum Glück kann man ein Hundeleben beenden lassen, solange der letzte Rest an Würde und selbstständiger Lebensfähigkeit noch nicht verloschen ist. In dieser Beziehung haben Hunde es sicherlich besser als wir Menschen. Ich habe das Leben meiner alten Hunde immer beendet, wenn mir klar wurde, daß es nicht mehr lebenswert war und ich glaubte, ihnen diesen letzten Dienst erweisen zu müssen. Woran ich den Zeitpunkt als gekommen erkannte, werden Sie vielleicht fragen. Nun, wenn man 12 oder mehr Jahre mit einem Hund zusammengelebt hat, dann hat sich ein gegenseitiges Verstehen entwickelt, das einen auch bei dieser schwierigen Entscheidung nicht verläßt. Die Mehrzahl der Hundebesitzer wird diese unangenehme Aufgabe natürlich dem Tierarzt überlassen (was aus rechtlichen Gründen auch anzuraten ist), dies entbindet uns Menschen aber nicht von der zu treffenden Entscheidung.

Aber bevor es so weit ist, verbringt der Hund noch einige Zeit im wohlverdienten Ruhestand, denn kein verantwortungsvoller Tierarzt wird einen Hund einschläfern, nur weil er alt und jagdlich nicht mehr brauchbar ist. Und die große Mehrheit der Jagdhundebesitzer ist auch nicht so utilitaristisch eingestellt, daß sie ihren Hunden die wohlverdiente Rente nicht gönnen.

Wie behandelt man nun den alten, schon etwas gebrechlichen Hund? Wichtig ist vor allem, daß der Vierbeiner erkennt, weiterhin geliebt und akzeptiert zu werden. Hunde haben ein ganz feines Gespür, sie merken genau, wenn sie nicht mehr richtig beachtet oder vernachlässigt werden. Behandelt man den »Alten« wie einen Hund zweiter Klasse, dann kann es sogar geschehen, daß er agressiv und knurrig wird. Also kümmern Sie sich um den alten Hund. Er braucht viel Bewegung (auch wenn er nur noch dahintrottet), da seine Verdauung nicht mehr so gut funktioniert, und er braucht aus diesem Grund auch eine besondere Ernährung. Die Futtermenge sollte um etwa 10 % gegenüber dem »Normalhund« reduziert und auf mehrere Rationen verteilt werden. Ein alter Hund braucht weniger Fett und Kohlenhydrate (Richtwerte für erwachsene Tiere: 50 % Eiweiß, 40 % Kohlenhydrate, 10 % Fett), aber immer noch genügend Ballaststoffe. Wichtig ist, daß es bei immer noch vorhandenem guten Appetit nicht zur Fettleibigkeit kommt. Hier muß man sich auch auf sein gesundes Augenmaß verlassen können.

Zur Erhaltung des Gebisses muß auch der alte Hund etwas zum Beißen haben. Knabberknochen und Hundebiskuits, aber auch roher Pansen erfordern eine größere Kauaktivität des Hundes und pflegen somit das Gebiß. Fallen eines Tages die Zähne aus, dann ist es natürlich mit dem Kauen zu Ende, und man kann nur noch Weich- bzw. Feuchtfutter geben.

Der alte Hund muß auch regelmäßig (zweimal im Jahr) zum Tierarzt, der beginnende Krankheiten weitaus schneller und sicherer erkennt als der Besitzer. Bei alten Hunden nimmt häufig die Nierenfunktion ab, Rüden leiden oft unter Verstopfungen der Analdrüsenausgänge, und Hündinnen neigen im Alter zu Milchdrüsentumoren. Auch Gebärmutterentzündungen sind recht häufig, die unbehandelt zum Tod führen. Aber, wie schon gesagt, muß man irgendwann entscheiden, ob man einen sehr alten und kranken Hund immer wieder vom Tierarzt künstlich »aufmöbeln« oder der Natur ihren Lauf läßt oder aber den Hund von seinen Schmerzen und seinem unwürdigen Dahinvegetieren erlöst. (vgl. Hofmann 1995)

Kapitel 16
AUSBLICK - DIE ZUKUNFT DES DEUTSCH-DRAHTHAAR

In der Einleitung habe ich geschrieben, daß der Deutsch-Drahthaar auch in Zukunft ein Arbeitshund bleiben und von Schönheitszüchtern ferngehalten werden soll. Ob uns das gelingt, wird die Zukunft zeigen. Im Folgenden werde ich versuchen, die zukünftigen Einsatzmöglichkeiten der Rasse zu diskutieren, auch wenn ich nicht in allen Punkten auf die uneingeschränkte Zustimmung der »Vereinsoberen« hoffen kann.

Der Deutsch-Drahthaar als vielseitiger Jagdgebrauchshund

In diesem Buch habe ich bisher nichts anderes getan, als Ihnen den Deutsch-Drahthaar als Vollgebrauchshund näher zu bringen. Sie wissen jetzt, was man mit diesen Hunden jagdlich machen kann, wie man sie abrichtet und einarbeitet. Wenn alles jagdlich zumindest so bliebe, wie es heute in Deutschland ist, dann brauchte man sich keine allzu großen Gedanken um die Zukunft der Rasse zu machen. Die Niederwildbestände sind zwar dramatisch zurückgegangen, aber es ergeben sich andere Arbeitsschwerpunkte für den Deutsch-Drahthaar: Er wird stärker zum Stöbern auf Schalenwild eingesetzt, man arbeitet ihn intensiver auf die Aufgaben nach dem Schuß ein und hier vor allem auf Schweiß. Dies alles setzt aber voraus, daß wir auch in Zukunft so jagen können, wie wir das heute gewohnt sind. Den Jägern unter den Lesern brauche ich nicht zu erklären, daß es in unserer Gesellschaft viele Kräfte gibt, die das »Hobbyjägertum« ganz abgeschafft sehen wollen. Das würde natürlich den Deutsch-Drahthaar des Großteils seines Käuferkreises berauben und die Rasse wahrscheinlich in eine große Krise bringen. Einen gewissen Schrumpfungsprozeß wird sie ohne Probleme überstehen, weil sie eine sehr breite Zuchtbasis hat. Es stellt sich aber natürlich die Frage, wie es aussehen würde, wenn wir in Deutschland statt über 3000 nur noch 300 Welpen im Jahr züchten würden. Andere Jagdhunderassen be-

Den beiden rechts gehört die Zukunft! Foto: Gerd Bottler.

wältigen schon heute dieses Problem mit nur recht zweifelhaftem Erfolg. Ändert sich also nur wenig an den jagdlichen Rahmenbedingungen, dann ist mir um die Zukunft der Rasse als vielseitiger Jagdgebrauchshund nicht bange. Dem vielseitigen Jagdhund gehört meiner Meinung nach die Zukunft und nicht unbedingt den Spezialisten. Es ist doch so, daß die meisten Jäger sich diesem »Hobby« hauptsächlich am Wochenende oder im Urlaub widmen, daß sie oft längere Strecken zurücklegen müssen, um ins Revier zu kommen und in vielen Fällen auf die »Gunst« eines Revierinhabers angewiesen sind. Bei einem solchen Durchschnittsjäger verkümmert z.B. der beste Schweißhund, wenn sein Führer aus beruflichen Gründen oder weil eben in seinem Umfeld nicht genug krankgeschossen wird, im Jahr nur drei Nachsuchen macht. Und bei dem, der im Jahr nur fünfmal auf eine Drückjagd eingeladen wird, verkümmert auch ein reiner Stöberhund.

Wir sind heute alle sehr mobil, und bei den meisten Jägern ist es wohl so, daß sich im Laufe des Jahres viele Jagdeinladungen (teils auch auf Gegeneinladungen basierend) in unterschiedlichste Reviere ergeben. Der Waldjäger fährt gerne einige Kilometer, um an einer Fasanen- und Hasenjagd teilzunehmen, und der Niederwildjäger jagt gerne mal auf Sauen oder sogar Rotwild. Halte ich mir heute als »Otto-Normal-Wochenendjäger« einen Spezialisten, so kann ich diesen niemals sinnvoll auslasten. Jage ich aber mit einem Allroundkönner wie dem Deutsch-Drahthaar, dann hat mein Hund zumindest so viele Jagdmöglichkeiten wie ich. Man kann einen deutschen Vorstehhund bei nahezu jeder Form der Jagdausübung sinnvoll einsetzen, ohne daß man irgendeinem Spezialisten seine Arbeit streitig macht. Wenn wir also auch in Zukunft noch jagen können, dann werden wir auch weiterhin mit Deutsch-Drahthaar jagen, kann sich diese Rasse doch bei entsprechender Förderung auch an veränderte Jagdverhältnisse anpassen - und dies sicherlich sehr viel leichter als manche Jäger.

Der Deutsch-Drahthaar als Jagdbegleithund

Bei vielen Hobbyjägerfamilien ist er es schon - ein Jagdbegleithund - obwohl man sich das nicht so gerne eingesteht. Die Motive, aus denen heraus Leute den Jagdschein machen, sind vielfältig und oft nur schwer nachvollziehbar. Hat man die Jägerprüfung bestanden, dann gehört zur Ausrüstung neben den entsprechenden Waffen natürlich auch ein Jagdhund. Nicht nur auf der Jagd ist mittlerweile das »Outfit« wichtiger geworden als das eigentliche Tun. Viele dieser sich dann so nennen dürfenden Jäger brauchen einen Jagdhund so notwendig wie einen Waffenschrank voller Gewehre - aber sie glauben, beides besitzen zu müssen.

Handelt es sich bei solchen Jägern um Hundefreunde, die ihren alten Pudel gegen einen Jagdhund eingetauscht haben, dann haben wir es mit der Spezies des »Jagdbegleithundehalters« zu tun. Der Hund begleitet die Familie im täglichen Leben und seinen Herrn und Jäger einige Male im Jahr zur Jagd. Wenn Sie meine Ironie so deuten, daß ich das nicht gut finde, dann haben Sie Recht und Unrecht zugleich. Ich will es zu erklären versuchen: Den bärtigen, pfeiferauchenden Förster, der unter Vernachlässigung seiner waldbaulichen Aufgaben den ganzen Tag mit Hund und Büchse durch den Wald streift, gibt es heute kaum noch. Und fast genauso selten gibt es den Jäger, der, wenn ihm der Sinn danach steht, ganz einfach auf der Feldflur seines Wohnortes zur Jagd geht. Zeitliche, entfernungsbedingte und finanzielle Beschränkungen machen es für viele sogar im »Freizeitpark Deutschland« immer schwieriger, nach Lust und Laune ihrer jagdlichen Passion nachzugehen. Unter dieser unbefriedigenden Situation leidet natürlich auch der Hund.

Meint man es gut mit seinem vierläufigen Jagdbegleiter, dann bietet man ihm Ersatzbefriedigungen. Dies möchte ich als »jagdnahes Agility Training« bezeichnen. Es kann so weit gehen, daß ein Hund, ohne je ein lebendes Stück Wild gesehen zu haben, auf einer Brauchbarkeits- oder Jagdeignungsprüfung geführt wird und diese besteht. Eine solche Art und Weise, seinen Jagdbegleithund fit zu machen und zu halten, ist bestimmt sinnvoller als den armen Kerl einfach im Zwinger verkümmern zu lassen. Es ist auch sinnvoller als ihn untrainiert auf Wild, Mitjäger und andere Jagdhunde loszulassen, wenn man denn mal mit ihm zur Jagd geht. Ich sage an dieser Stelle voraus, daß dem Jagdbegleithund die Zukunft gehört, nicht weil ich das gut finde, sondern weil ich jetzt schon immer mehr Jagdhunde sehe, die in der Tat nichts anderes sind. Auch die aktuellen Entwicklungen im Bereich des Tierschutzes drängen mehr und mehr Jagdhundebesitzer in diese Richtung. Wenn die Einarbeitung am lebenden Wild zunehmend eingeschränkt wird, dann bleiben nur »Trockenübungen«: Man arbeitet lange Schleppen und künstliche Schweißfährten und läßt tote Enten über weite Wasserflächen bringen. Man legt seinen Deutsch-Drahthaar am (seiner eigentlichen Funktion entfremdeten) Rucksack ab und läßt ihn (den Hund natürlich) auf Trillerpfiff »zusammenklappen«. Ein so trainierter Hund ist zwar noch kein richtiger Jagdhund, aber er wird auf der Jagd auch nicht stören und bei zunehmender Erfahrung ganz brauchbar werden. Was bei uns aber hier noch fehlt, das sind diesbezügliche Prüfungen für Jagdbegleithunde. Der JGHV und die einzelnen Zuchtvereine müssen sich entsprechende Gedanken machen. Man kann neuen Entwicklungen nicht dadurch begegnen, daß man sie einfach ignoriert.

Diese »Jagdbegleithundeprüfungen« könnten in Anlehnung an die Brauchbarkeitsprüfungen und die VGP gestaltet werden, müßten vom Schwierigkeitsgrad her gestaffelt, aber im Endeffekt sehr viel anspruchsvoller sein als etwa die Brauchbarkeitsprüfungen und die Arbeit an lebendem Wild ausschließen. Die diesbezügliche - für die Jagdgebrauchshundezucht unerläßliche - Arbeit sollte auf die Zuchtprüfungen beschränkt werden. Diese neuen »Jagdbegleithundeprüfungen« hätten dann natürlich etwas mehr mit Hundesport und etwas weniger mit dem Hund als unverzichtbarem »Hilfsmittel« für waidgerechtes Jagen zu tun.

Apropos deutsche Waidgerechtigkeit, ist sie nicht eigentlich eine Art »Verhaltenskodex für den Umgang mit priviligierten Tierarten«, ein Denken, das noch bis vor kurzem in dem von der Jägerschaft verbreiteten Euphemismus gipfelte, daß nur krankes und altersschwaches Wild erlegt wird - sozusagen als eine Form waidmännischer Sterbehilfe? Die Jagd muß entmystifiziert und als das dargestellt werden, was sie ist, nämlich eine extensive Form der Landnutzung, die Verhinderung von Wildschäden in Wald und Flur und schließlich eine sehr schöne Freizeitbeschäftigung. Und genauso muß die Jagdgebrauchshundearbeit entmystifiziert werden. Wir müssen akzeptieren, daß nur noch ein Teil unserer Deutsch-Drahthaar zu waidgerechtem, oder sagen wir tierschutzgerechtem Jagen eingesetzt wird, weil vielen Hunden die jagdlichen Einsatzmöglichkeiten und Erfahrungen fehlen. Man muß in diesem Zusammenhang auch sehen, daß die dem einzelnen Jäger und seinem Hund in Deutschland zur Verfügung stehenden bejagbaren Flächen - und somit die Jagdmöglichkeiten insgesamt - ständig abnehmen. Wenn wir ehrlich sind, dann müssen wir auch zugeben, daß es heute schon zu viele unterbeschäftigte Deutsch-Drahthaar gibt und in Zukunft noch viel mehr geben wird. Für diese Hunde und ihre Führer müssen neue, jagdnahe Betätigungsfelder geschaffen werden, oder wir dürfen nicht mehr so viel züchten.

Der Deutsch-Drahthaar als Jagdsporthund

Wer die heutige Prüfungsszene aufmerksam beobachtet, muß mir Recht in der Hinsicht geben, daß der Sportgedanke immer mehr in den Vordergrund tritt, obwohl der JGHV dies zu verhindern versucht. So werden Hunde z.B. auf Verbandsschweißprüfungen geführt, die kaum je an einem Stück Wild gejagt haben und es wahrscheinlich auch nie tun werden - das ist Hundesport. Es werden Hunde auf VJP, HZP und VGP geführt, die später kaum die Chance haben, das Erlernte in der Praxis anzuwenden - auch das ist Hundesport. Deshalb sage ich mir, wenn schon Sport, dann auch richtig, aber nicht auf Kosten anderer Tierarten. Sie kennen meine Einstellung zur Arbeit an der lebenden Ente, aber ich sehe nicht ein, daß Enten sterben müssen, damit irgendein Sportführer (auch wenn er einen Jagdschein hat) seinen persönlichen Ehrgeiz,

Foto: Gerd Bottler.

etwa auf einer HZP möglichst gut abzuschneiden, befriedigen kann. Diesen Führern muß man die Möglichkeit geben, mit ihren Hunden andere, jagdnahe Prüfungen zu machen, die einen ausgeprägt wettkampfmäßigen Charakter haben, bei denen aber nicht an lebendem oder mit für diesen Zweck getötetem Wild gearbeitet wird. Für die Schleppen kann man Dummies verwenden, ebenso bei der Wasserarbeit und auf dem Hindernisparcours. Das Stück Schalenwild am Ende der Schweißfährte kann man problemlos gegen einen gefüllten Futternapf austauschen.

Solche Prüfungen hätten mehrere Vorteile: Die traditionellen Jagdhundeprüfungen würden von den Hunden und Führern entlastet, denen es nur um sportlichen Wettkampf und Selbstbestätigung geht. Es bestünde für alle Deutsch-Drahthaar-Besitzer (auch die ohne Jagdschein) die Möglichkeit und der Anreiz, mit ihren Hunden zu trainieren und auf ein Prüfungsziel hinzuarbeiten, ohne daß sie dabei Wild beunruhigen oder töten müßten. Die Hunde würden sinnvoll beschäftigt und gingen der jagdlichen Zucht nicht ganz verloren, da grundsätzliche jagdliche Veranlagungen weiterhin benötigt und gefördert würden. Wenn Hunde, die auf solchen Prüfungen sehr erfolgreich sind und auch vom Phänotyp her dem Rassestandard in besonderer Weise entsprechen, wieder in die jagdliche Leistungszucht eingegliedert werden sollen, dann könnte für die Zuchtzulassung eigentlich schon ein zusätzlich erbrachter Härtenachweis genügen.

Mir ist klar, daß viele gestandene Deutsch-Drahthaar-Leute diese Ausführungen für geradezu ketzerisch halten, aber wer hätte sich im 19. Jahrhundert vorstellen können, daß der Deutsche Schäferhund, anstatt weiterhin Schafe zu hüten, sich zum Polizei- und Schutzhund der Welt mausern würde. Wir müssen uns Gedanken um die Zukunft unserer Rasse machen. Dies ist aber nur dann sinnvoll und erfolgsversprechend, wenn wir die Scheuklappen der deutschen Jagdtradition abnehmen und über den Tellerrand althergebrachter Jagdgebrauchshundearbeit schauen. Ich sehe nämlich die Gefahr, daß irgendwelche Hundesportvereine die Nachfrage nach sinnvollen Betätigungsfeldern für arbeitslose Jagdhunde befriedigen könnten und uns das Heft und somit einen Teil der Rasse aus der Hand nehmen.

Ich kann an dieser Stelle natürlich kein fertiges Konzept für »Jagdbegleithundeprüfungen« oder »Jagdsporthundeprüfungen« vorlegen, hoffe aber, daß das oben Gesagte zumindest Denkanstöße geben wird.

Der Deutsch-Drahthaar als »Mädchen für alles«

Neben der jagdlichen und jagdnahen Betätigung kann ich mir den Deutsch-Drahthaar auch zum Beispiel als Schutzhund gut vorstellen. Die Härte, das ausgeglichene Wesen sowie die hohe Leistungsfähigkeit und -bereitschaft machen ihn, wie viele Beispiele zeigen, für diese Aufgabe besonders geeignet. Da die Hunde hervorragende Nasenleistungen zeigen, sind sie sicherlich auch als Drogenhunde einsetzbar. Diese Arbeitsfelder sind zwar im Prinzip schon von anderen Rassen besetzt, aber unsere Drahthaarzucht hat den Vorteil, daß wir quasi keine HD-Hunde haben, daß Zucht und Haltung absolut unproblematisch sind, und die Rasse insgesamt weniger unter angezüchteten Defekten leidet als so manche andere.

Man kann den Deutsch-Drahthaar ohne Zweifel in vielen Bereichen als Gebrauchshund einsetzen, aber er braucht Arbeit. Was auf jeden Fall verhindert werden muß, ist, daß er als Ausstellungshund mißbraucht wird - dann wird es wahrscheinlich mit der Rasse, wie mit vielen anderen vor ihr, nur noch bergab gehen.

Kapitel 17

DREI MEINER BESTEN DEUTSCH-DRAHTHAAR

In diesem Kapitel möchte ich Ihnen zum Abschluß und zur Unterhaltung ein wenig über meine bisher besten Deutsch-Drahthaar erzählen. Es handelt sich dabei um recht unterschiedliche Hunde, die aber offenbar immer optimal in meine jeweilige jagdliche Situation paßten. Ich bin mir bis heute noch nicht sicher, ob sich die jeweiligen Hunde immer hervorragend an die jagdlichen Anforderungen angepaßt haben oder ob ich ganz einfach Glück hatte. Erwarten Sie nicht, jetzt etwas über irgendwelche Wunderhunde zu lesen - es gab und gibt sicherlich bessere Deutsch-Drahthaar - aber diese drei haben es mir besonders angetan, und sie haben mich jagdkynologisch irgendwie auch geprägt.

Cadett vom Geweberwald

Der Rüde entstammte einem ungewollten Inzestwurf und wurde mir als damals vierzehnjährigem »Jagdhundefan« geschenkt. Da der Wurf sehr spät gefallen war (14.9.66) bekam ich Cadett erst Mitte November - eine recht ungünstige Zeit zur Aufzucht eines Welpen - und bei der Jugendprüfung würde er erst sieben Monate alt sein. Aber daran dachte ich noch nicht, als ich meinen ersten eigenen Deutsch-Drahthaar nach Hause bekam. Da ich mit den Jagdhunden meines Vaters aufgewachsen war und bei der Aufzucht einiger Welpen mitgeholfen hatte, war es im Prinzip kein Problem für mich, den Hund richtig zu ernähren und ihn so oft wie möglich zu beschäftigen. Allerdings hatte ich damals noch kaum eine Ahnung von der Jagdhundeabrichtung und den verschiedenen Prüfungen, die der Hund machen sollte. Also las ich fleißig verschiedene Abrichtebücher, von Oberländer bis Hegendorf und arbeitete mich theoretisch in die Materie ein. Von

Cadett vom Geweberwald. Foto: K. E. Bartmann.

jagdlicher Frühst- und Früherziehung hatte ich damals noch nirgendwo etwas gelesen, aber was ich mit dem Welpen »anstellte« würde man wohl heute so bezeichnen. Da seine ersten Wochen bei mir in die Hochzeit der Jagdsaison fielen, wurde der Kleine mit fast allen Wildarten (natürlich erst einmal im toten Zustand) vertraut gemacht, und ich legte ihm kurze Hasen- und Entenschleppen. Zu dieser Zeit hielt ich es in der sechsten Stunde kaum noch in der Schule aus, da ich voller Vorfreude auf die Beschäftigung mit meinem Welpen am Nachmittag war.

In diesem Alter war ich ein gefragter und preiswerter Treiber auf den herbst- und winterlichen Hasenjagden. Dabei durchstöberte ich mit den Hunden meines Vaters die Wälder, Dickungen und Feldgehölze der Südeifel. Mein kleiner Cadett mußte hier natürlich schon im jungen Alter von drei bis vier Monaten mit - und er lief bis zur Erschöpfung neben und hinter mir her. Als dann die Schonzeit begann, hatte Cadett als Junghund schon einige jagdliche Erfahrung gesammelt.

Der Februar ist für Jäger und Jagdhund eine relativ tote Zeit, und so blieben mir und Cadett nur ausgedehnte Spaziergänge und die Konzentration auf das Wachsen. Hier schien er nämlich Nachholbedarf zu haben. Mein Vater hatte sich den Jungrüden wiederholt kritisch angesehen, immer mit der sorgenvollen Bemerkung: »Der Hund wird nicht groß genug«. Aber die Kerle wachsen auch nicht schneller, wenn man glaubt, ihnen dabei zusehen zu müssen, und auch die beste Fütterung kann eine genetische Prädisposition nicht ändern. Aber er war ja noch kein halbes Jahr alt, es wurde allmählich Frühling und ich fing an, auf die Jugendprüfung hinzufiebern.

Damals hatten wir, wie ich an anderem Ort bereits beschrieben habe, noch gute bis sehr gute Niederwildbesätze in der Südeifel, und so war es kein Problem, einen Vorstehhund einzuarbeiten. Weiterhin hatte ich als führerscheinloser Jugendlicher noch den großen Vorteil, daß sich direkt hinter unserem Forsthaus ein gutes Niederwildrevier erstreckte. So war ich im März/April jeden Tag mindestens zwei Stunden mit Cadett im Feld. Er hetzte nach Herzenslust Hasen und warf die Rebhühner heraus, daß es eine Freude war. Nach wiederholten Schilderungen von Cadett's »Glanztaten« machte mein Vater mir eindrücklich klar, daß der Hund Hasenspuren machen und die Rebhühner vorstehen und nicht durch die Gegend jagen soll. Also Schluß mit den »Flegeljahren«. Ich war inzwischen 15 Jahre und Cadett 6 1/2 Monate alt geworden.

So wurde also abends im Bett nochmals das Kapitel »Vorbereitung auf die Jugendprüfung« gelesen, und am nächsten Tag fingen wir mit der Arbeit an. Ich ging ganz gezielt und mit gutem Wind auf die Stellen zu, wo die Paarhühner lagen (damals kannte ich das Revier sehr viel besser als der Jagdpächter) und siehe da, Cadett zog schon einmal an, wenn er die abstreichenden Hühner dann auch weit verfolgte. Nach einigen Tagen stand er bombenfest vor, und das Nachhetzen machte ihm keinen Spaß mehr.

»Papi, der Hund steht jetzt fest vor«, verkündete ich stolz zu Hause. »Gut, dann jetzt mal gezielt und intensiv an die Hasenspuren«, war seine einzige Reaktion - als ob ich das nicht selbst gewußt hätte. Da er keine Hasen mehr sichtig hetzen sollte, ging ich abends mit dem angeleinten Hund los und suchte mir Hasen, um die Spurarbeit zu üben. Anfangs guckte er noch immer, wo der Hase denn wohl liefe, aber bald erkannte er, daß es auch Spaß macht, der Spur des Hasen zu folgen, und so wurden seine Hasenspuren immer länger und sicherer. Da mir damals noch nicht so ganz klar war, wie weit ein Hund eine Hasenspur verfolgen muß, um mit »sehr gut« beurteilt zu werden, bat ich meinen Vater, der einen anderen Deutsch-Drahthaar auf die VJP vorbereitete, mich einmal zu begleiten. Seine Reaktion, nachdem er zwei Hasenspuren gesehen hatte, war nur: »Der geht besser als meine Hündin« (und die war ein halbes Jahr älter). Nach solch »überschwenglichem« Lob war ich mir ziemlich sicher, daß ich meinen Cadett gut auf die Jugendsuche vorbereitet hatte und war mit mir und meinem Hund zufrieden. Während der letzten Tage vor der Prüfung wurde ich aber trotzdem immer nervöser und konnte den Tag kaum abwarten. Der 7 Monate alte Hund war mittlerweile zu einem richtigen »Kracher« geworden. Er brachte es fertig, wenn er mit Nackenwind an Rebhühner kam, sich blitzschnell um 180° zu drehen und fest vorzustehen. Ähnliches sieht man bei Deutschen Vorstehhunden nur recht selten. Ja, und dann jagte er auch auf immer mehr Spuren laut, eine Eigenschaft, die besonders bei unseren Waldjagden sehr geschätzt wird.

An den Tag der Jugendprüfung kann ich mich kaum noch erinnern. Wahrscheinlich war ich zu aufgeregt. Ich weiß nur noch, daß Cadett einige sehr gute Hasenspuren (spurlaut!) machte, beim Vorstehen bestach und am Ende in allen Fächern eine 4, sprich »sehr gut« hatte. Zudem bekam er sein »spurlaut« und war bei weitem jüngster Hund der Prüfung. Und so fand ich Cadett und mich abends in einem Biergarten in Trier vor der ganzen Teilnehmergruppe als Sieger von 23 Gespannen zum Gruppenfoto für die Zeitung wieder. Am 4.5.1965 stand dann im Trierischen Volksfreund: »*Cadett vom Geweberwald erhielt Staatsehrenpreis*... Den Ia-Preis erhielt der erst sieben Monate alte ›Cadett vom Geweberwald‹, der hervorragende Leistungen gezeigt hatte. Abrichter und Führer ist der erst 15 Jahre alte Gerd Bottler aus Dudeldorf, der den Staatsehrenpreis des Ministers für Landwirtschaft, Weinbau und Forsten aus der Hand des Bezirksobmannes Bley entgegennahm...«

Das war schon toll damals, und es war der Anfang eines Lebens, das durch Jagdhunde geprägt wurde. Abgesehen von einem einjährigen Aufenthalt in Großbritannien habe ich bis heute immer Jagdhunde besessen, abgerichtet, gezüchtet und auf der Jagd geführt. Ich habe es immer geschafft, mindestens einen Hund zu halten, ob während der Schulzeit, der Studienzeit, des Referendariats oder des späteren Berufslebens. Die Möglichkeit der Hundehaltung war immer das ausschlaggebende Kriterium für die Auswahl einer Wohnung oder eines Hauses - was trotz anfänglicher Bedenken meiner Frau nie zu einem echten Problem wurde.

Hochmotiviert durch diesen unerwarteten Erfolg ging es nun natürlich mit noch größerem Elan in Richtung Herbstzuchtprüfung. Aber erst einmal mußte ich Cadett Sitz, Platz und das Apportieren beibringen - beim ersten Hund eine anstrengende Sache für beide Seiten. Mit Hilfe der Abrichtebücher und meines Vaters war das Schlimmste in vier Wochen geschafft, und Hund und Führer konnten sich wieder angenehmeren Dingen widmen - so z.B. der Katzenjagd. Auf diesem Gebiet wurden wir mit der Zeit unschlagbar. Da ich noch keinen Jagdschein, aber sehr viel Passion hatte, blieb mir nur die Jagd mit meinem Hund. Im Alter von neun Monaten hatte Cadett seine erste Begegnung mit einer Katze im Feld und beendete diese kompromißlos zu seinen Gunsten. Die Katzen wurden zu seiner Leidenschaft und schließlich auch zu seinem Verhängnis - aber davon später. Wir spezialisierten uns also auf diese Jagdart und erzielten enorme Strecken, da es damals im Dorfbereich jede Menge streunende Katzen gab, die die Jäger als einen der Hauptfeinde des Niederwildes ansahen. Unser Tun stand also auf einem gesicherten ethisch-moralischen Fundament. Aber die Sache war nicht immer so einfach, denn zu der Zeit (vor der Flurbereinigung) gab es noch Bäume und Heckenstreifen (man mag es heute kaum glauben) in der Feldflur, und das wußten die Katzen natürlich auch. Für Cadett war es immer eine besondere Herausforderung, eine Katze in einer Hecke zu bekämpfen und schließlich tot herauszuziehen und für mich, eine Katze auf einem Baum zu bekämpfen und schließlich herunterzuschütteln. Wir beide haben uns bei dieser Jagdart so manche Schramme zugezogen, aber der Hund ist nie vom Baum gefallen.

An dieser Stelle sollten wir einmal mit einem Vorurteil aufräumen, das sowohl durch die Medien als auch durch die Köpfe vieler sogenannter Tierschützer geistert, daß nämlich Jagdhundeleute ihre Hunde auf Katzen scharf machen. Das tun nicht die Hundeführer, sondern das tun die Katzen selbst. Ein Jagdhund versucht wie sein Urahn, der Wolf, flüchtende Beute zu greifen und sich oder seinem Rudelführer verfügbar zu machen. Verfolgt er zum ersten Mal in seinem Leben eine Katze und holt diese ein, dann muß er feststellen, daß die Katze sich vehement mit Zähnen und Krallen dagegen wehrt, zur Beute des Hundes zu werden. Ist der Hund hart und scharf genug, dann würgt er die Katze blitzschnell zu Tode, auch wenn sie ihm noch so große Schmerzen zufügt. Ist der Hund zu weich, dann wird die Katze ihn in die Flucht schlagen oder sich ihn zumindest vom Leibe halten. Ähnliches passiert, wenn Hund und Fuchs aufeinandertreffen. Man kann aber nie einen weichen und unpassionierten Hund zum »Katzenkiller« machen. Die notwendige, angewölfte Härte (Schmerzunempfindlichkeit) und Schärfe muß vorhanden sein. Sie können sich sicher vorstellen, daß auch ich im Laufe der Jahre vernünftiger und ruhiger geworden bin. Ich habe nichts gegen Katzen, wenn sie keine Streuner sind, aber wenn ein Deutsch-Drahthaar-Jährling sich nicht gegen eine Katze durchsetzt, dann ist er auch heute noch für mich jagdlich und züchterisch ungeeignet.

Zurück zur HZP-Vorbereitung, die natürlich auch die Wasserarbeit beinhaltet, und hier sah ich mich mit den ersten größeren Schwierigkeiten konfrontiert. Da sich in meinem »Hausrevier« nur ein Bombentrichter mit recht kleiner Wasserfläche befand, der nach kurzer Zeit keine Herausforderung mehr für Cadett darstellte, mußte ich unbedingt an größere Gewässer, die aber nur mit dem Auto erreichbar waren. Mein Vater war damals nicht so gut auf Hundearbeit zu sprechen, hatte er doch seine Hündin verkauft, »weil sie nichts taugte«. So erlebte ich zum erstenmal eine jagdkynologische Abhängigkeit vom Auto, die sich bis zum heutigen Tag geradezu potenziert hat. Ein Erstlingsführer aus Luxemburg hat mir vor kurzem sein »Deutsch-Drahthaar-Fahrtenbuch« gezeigt. Bis er seine Hündin erfolgreich auf VGP geführt hatte, hatte er insgesamt 37.000 km zurückgelegt, um den Hund im Feld und am Wasser einzuarbeiten. In meiner Situation damals mußte ich permanent meinen Vater »nerven«, um an ein Übungsgewässer gefahren zu werden. Wir hatten damals ein phantastisches Wasser, an dem Cadett nach drei Übungseinheiten schon absolut fit in der Wasserarbeit war. Aus heutiger Sicht hätte ich es damit gut sein gelassen, aber da ich sechs Enten hatte, mußte mich mein Vater innerhalb von 14 Tagen sechsmal ans Wasser chauffieren und dort mindestens eine Stunde lang Coach spielen, was mir allerdings sehr half. Er bedauerte in dieser Zeit wohl manchmal, daß er mir dieses Hobby tradiert hatte und sah sorgenvoll den Jahren bis zu meiner Führerscheinprüfung entgegen. Und seine Sorge sollte sich bestätigen.

Die Einarbeitung auf den Schleppen stellte für Cadett und mich keine Schwierigkeit dar, und so wurde das hoffnungsvolle Paar schließlich zur HZP chauffiert. Ja, und hier mußte ich erfahren, daß die Bäume nicht in den Himmel wachsen. Es gab Punktabzug im »Gehorsam« und bei der »Art des Bringens« - also keine Chance, wieder ganz vorne zu liegen. Mein Vater machte mir ganz schnell klar, daß es sich hier um Abrichtedefizite handelte, die voll und ganz auf mein Konto gingen, aber insgesamt waren wir mit dem doch noch erreichten I. Preis sehr zufrieden. Cadett war nämlich erst genau 12 Monate und ich immer noch 15 Jahre alt.

Nach dieser Prüfung durfte ich dann oft mit meinem Hund an »richtigen« Jagden auf Rebhühner, Enten und Hasen teilnehmen. Es sprach sich allmählich herum, daß ich einen besonders guten Deutsch-Drahthaar hatte, und so wurde ich von vielen Jagdpächtern zur Jagd abgeholt und anschließend wieder nach Hause gebracht - die Abhängigkeit von meinem Vater reduzierte sich zumindest diesbezüglich ein wenig.

Die erste Jagdsaison mit Cadett war ein voller Erfolg, auch wenn ich immer nur den Edeltreiber mit Tophund spielte. Aber das sollte sich ändern. Mit 16 kann man nämlich die Jägerprüfung machen und erhält einen Jugendjagdschein. Da ich den Lehrherrn im Haus hatte - raten Sie mal, wer das war? - schien die Sache recht unkompliziert. Aber das Gegenteil war der Fall. Ende September 1968 sollte ich die Jägerprüfung und Mitte Oktober die Verbandsgebrauchsprüfung mit Cadett machen. Ich darf vielleicht darauf hinweisen, daß ich zu jener Zeit nebenbei auch noch ein Gymnasium besuchte und mich in meiner spärlichen Freizeit bemühte, so lästige Dinge wie Hausaufgaben zu bewältigen - nicht immer mit Erfolg. Vor die Alternative gestellt, für die Jägerprüfung zu büffeln oder mit meinem Hund zu arbeiten, kam ersteres immer zu kurz. Das ging so weit, daß mein Vater mir Anfang September massiv damit drohte, mich von der Prüfung zurückzuziehen, um sich nicht zu blamieren. Seine anderen Lehrlinge waren bereits topfit, und ich hatte von dem ganzen theoretischen Kram noch keine Ahnung. Um es kurz zu machen, ich »krallte mich rein« und bestand die Prüfung. Das war der September. Die ersten zwei Oktoberwochen gehörten dann wieder ganz Cadett, denn mein Ehrgeiz, auf der VGP gut abzuschneiden, war enorm.

Sie erinnern sich, daß mein Vater schon früh gewisse Bedenken wegen der Größe meines Rüden gehabt hatte und wie so oft, sollte er Recht behalten. Auf der Zuchtschau lag Cadett in Bezug auf das Stockmaß am unteren Limit, aber er war sehr stämmig und trocken im Gebäude. Um also seine geringe Größe zu kompensieren, habe ich den Hund damals, wie keinen anderen später, trainiert. Er sprang wie ein Zirkushund über jedwedes Hindernis, er apportierte bis zu 8 kg schwere Böcke und entwickelte sich durch dieses Training zu einem kraftstrotzenden Muskelpaket.

Zu jener Zeit bewirtschaftete mein Vater zwei Forellenteiche, und im Herbst räucherte er alle vierzehn Tage 20 bis 30 Forellen für Abnehmer aus der Umgebung. Zum Trocknen hängte er die Forellen an eine etwa 1,80 m hohe Leine. Als wir dann eines Tages beim Kaffee saßen und Cadett im Hof herumlief, fiel mir auf, daß die Hälfte der Forellen verschwunden war. Wir dachten erst, jemand habe sie von der Leine gestohlen, aber als wir den Bauch meines Rüden sahen, war uns klar, daß der Dieb zur Familie gehörte. Ich weiß nicht mehr genau, wie oft ich danach das Auto meines Vaters waschen mußte, bis die Sache abgegolten war. Um genau zu wissen, wie er es gemacht hatte, habe ich später nochmal heimlich eine Forelle geopfert. Cadett sprang ganz einfach aus dem Stand etwa 1,70 m hoch und schnappte sich den Leckerbissen. Übrigens, rohe Forellen hat er nie gefressen.

Am 12. und 13.10.68 war die Verbandsgebrauchsprüfung. Da ich wieder einen Fahrer brauchte (mein Vater richtete in einer anderen Gruppe), bequatschte ich einen Jagdgast aus Köln, mit mir zur VGP zu gehen, anstatt sich auf Rehwild anzusetzen. Ich köderte ihn damit, daß er für mich schießen könne, da niemand wisse, daß ich schon Jagdscheininhaber sei und ich mich so besser auf den Hund konzentrieren könne. Ich muß dazu bemerken, daß wir damals auf der VGP nicht in die Luft, sondern auf Rebhühner geschossen haben, die dann auch von den Hunden nachgesucht werden mußten. Am ersten VGP-Tag waren wir dann auch im Feld, und mein Jagdfreund schoß insgesamt fünf Rebhühner vor meinem Hund. Leider war doch herausgekommen, daß ich inzwischen Jagdscheininhaber war, und so bestanden die anderen Führer auch darauf, daß der »Superschütze« aus Köln für sie schoß. Dem sollte das nur Recht sein, und als die Feldarbeit vorüber war, hatte er über 20 Rebhühner erlegt. Da unser Jagdfreund immer ein guter Sportschütze gewesen war, aber meist große Schwierigkeiten hatte, dies jagdlich umzusetzen, war ich recht erstaunt über seine Schießleistungen an diesem Tag. »Tja, Girdi«, sagte er schmunzelnd, »ich habe einfach mal meine neue Skeetflinte auf der Jagd ausprobiert, wenn du damit nicht zu weit schießt, dann fällt alles herunter«. So war er zufrieden wegen seines jagdlichen Erfolgs und ich, weil Cadett am ersten Prüfungstag noch keinen Punkt verloren hatte.

Der zweite Tag fing dann mit einer »herben Enttäuschung« an. Beim Fach »Bringen von Fuchs über Hindernis« bekam Cadett nur ein »gut«. Es war eine Enttäuschung, weil ich überall mit einem Punktabzug gerechnet hatte, nur nicht bei diesem Fach, für das ich so viel geübt hatte. Aber die Sache ist ganz einfach erklärt. Anstatt den Fuchs auf Kommando aufzunehmen, pinkelte Cadett erst einmal ausgiebig an das Hindernis, auf das unverschämterweise wohl schon andere Rüden vor ihm Besitzansprüche angemeldet hatten. Ich mußte also ein zweites Kommando geben und weg war die 4 (sehr gut).

Abgesehen davon, daß ich mir vor der Schweißarbeit vor lauter Nervosität beinahe in die Hose machte, verlief auch der zweite Tag wie geschmiert. Wir erreichten 317 von 320 möglichen Punkten und lagen an dritter Stelle von 18 Hunden.

So hatte ich nun innerhalb von vierzehn Tagen die Jägerprüfung gemacht und meinen ersten Hund erfolgreich auf VGP geführt. Eine tolle Sache, werden einige vielleicht sagen, aber wie so vieles im Leben hatte auch das eine Schattenseite. Denn schon Montags wurde ich schmerzlich daran erinnert, daß ich auch noch Schüler war - und zwar mittlerweile ein verdammt schlechter. Ich will Sie nicht weiter mit Schulgeschichten langweilen, muß aber eingestehen, daß ich mein Abitur ohne Cadett und Jagd wahrscheinlich ein Jahr früher gemacht hätte. Aber man muß im Leben halt Prioritäten setzen.

Meine jagdliche Initiation fand an einem wunderbaren Altweibersommertag Ende Oktober statt. Ein befreundeter Jagdpächter, mein Vater, Cadett und ich gingen auf Rebhühner und Hasen. Wir jagten keine zwei Stunden lang und erlegten sieben Hasen und ein Dutzend Rebhühner. Ich werde diesen Tag nie vergessen, schoß ich doch fünf Rebhühner und drei Hasen. Aber was mir noch viel stärker in Erinnerung geblieben ist, das ist die Arbeit von Cadett. Er war in Hochform, durchtrainiert und absolut gehorsam. Er stand hervorragend vor, zog nach, machte auf Trillerpfiff Platz, wenn eine Hase abging - es war eine Augenweide. Der Erfolg unserer kleinen Jagd war mindestens zur Hälfte Cadett zuzuschreiben. Er fand alle beschossenen Hühner in den Kartoffel- oder Rübenschlägen und suchte einen Hasen mehrere hundert Meter nach, bevor er ihn mir stolz brachte. Damals erkannte ich, welche Jagdart mir am meisten bringt, und heute vermisse ich diese immer mehr. Was kann es Schöneres geben, als an einem Herbsttag mit ein, zwei Freunden und einem guten Vorstehhund auf Niederwild zu jagen? Mir fällt nichts ein.

Im folgenden Winter jagten Cadett und ich recht erfolgreich und entwickelten uns zu einem guten Team. Aber wir sollten auch unser Waterloo erleben, das für mich sehr lehrreiche jagdliche Konsequenzen hatte. Auf einer Drückjagd im Frühjahr (!!!) waren einige Sauen beschossen worden, damals in der Südeifel eine nicht alltägliche Sache. Da ich weit und breit den einzigen VGP-Hund hatte, wurde ich zur Nachsuche einer Bache abgeholt. Ich wollte erst nicht, da Cadett noch keine Erfahrung auf Naturfährten hatte und ich diesbezüglich ein absolutes Greenhorn war. Schließlich ließ ich mich überreden und setzte Cadett am Anschuß an. Die Sau hatte einen Weichschuß, und ich hatte keine Ahnung, wie weit sie damit noch gelaufen sein konnte, bzw. ob sie überhaupt lag oder uns eventuell an die Hose gehen würde. Erst ging es etwa 200 m durch eine Fichtendickung, dann kamen wir in ein Buchenaltholz, wo ein uns begleitender Jäger ein wenig abgestreiften Panseninhalt fand. Wir waren also zumindest noch richtig. Nach etwa 150 m ging es in ein Fichtenstangenholz und dann wieder ins Buchenaltholz. Wir fanden keine Pirschzeichen mehr und ich wurde immer unsicherer, was man allerdings nicht von Cadett sagen konnte. Er lag fest im Riemen und ging in Richtung Waldrand. Hier fing er an zu faseln und kam einfach nicht mehr weiter. Nach einigen Minuten gab ich auf und schlug vor, daß man einen Schweißhund hinzuziehen sollte. Ich nahm an, daß die Sau übers Feld, das schon zur Nachbarjagd gehörte, in den nächsten Waldkomplex geflüchtet war. Man brachte mich wieder nach Hause, aber man benachrichtigte keinen Spezialisten, da man erstens in dieser Zeit nicht auf Bachen schießen darf, man zweitens glaubte, seine waidmännische Pflicht getan zu haben und drittens lieber die anderen Sauen tottrank als weiterhin nachzusuchen.

Man hätte die Sache wohl, wie viele andere Sauen, die unzureichend nachgesucht werden, ganz einfach vergessen, wenn nicht ein Waldarbeiter meines Vaters einige Tage später etwa 30 m von der Stelle entfernt, wo ich entnervt abgebrochen hatte, die längst verendete Bache gefunden hätte. Diese hatte wohl mit letzter Kraft noch einen kleinen Widergang gemacht, bevor sie dann verendete. Das konnte man einem unerfahrenen 17-jährigen Jungendlichen mit einem genauso unerfahrenen 2-jährigen Deutsch-Drahthaar nicht verzeihen. Konsequenterweise wurden wir nie mehr auf diese Jagd eingeladen. Das war zu verschmerzen, da Cadett und ich mehr Jagdeinladungen als Freizeit hatten, aber aus der Sache habe ich meine Lehren gezogen. Erst schießt jemand auf eine Bache, die gar nicht frei ist, dann schießt er sie auch noch krank, und schließlich macht man das Nachsuchengespann für den unbefriedigenden Ausgang der ganzen Sache verantwortlich. Aber warum sollte es unter Jägern anders sein als im richtigen Leben? Es gibt nun mal jede Menge »Arschlöcher« und je früher man sie erkennt, desto besser kann man sie meiden.

Auch in späteren Jahren habe ich immer wieder feststellen müssen, daß das Schuldbewußtsein vieler Schützen nur sehr mangelhaft ausgeprägt ist. Wird das Stück auf der Nachsuche nicht gefunden, dann taugt der Hund nichts. Daß ein Jäger, der in stockdunkler Nacht auf eine Sau schießt, die er nur schemenhaft erkennt, und dabei mieseste Schüsse auf Gebräch oder Läufe billigend in Kauf nimmt, kreaturverachtend handelt, kommt nur den wenigsten in den Sinn. Gerade diejenigen, die die Waidgerechtigkeit am Stammtisch am vehementesten für sich in Anspruch nehmen, bauen oft den größten Mist, wenn es darum geht, hehren Theorien entsprechende Taten folgen zu lassen. Es sind die Nachsuchengespanne, die manchmal unter Einsatz ihrer Gesundheit oder auch ihres Lebens (Hund) das gutzumachen versuchen, was die »Hochsitzwaidmänner« versaubeutelt haben. Es sind die Nachsuchengespanne, die das Wort Waidgerechtigkeit mit Sinn erfüllen und nicht die, die eine Stunde lang beim erlegten Hirsch Totenwache halten. Und es sind die Nachsuchengespanne, die im Sinne des Tierschutzes handeln und nicht diejenigen, die jagdliches Brauchtum mit Hörnerklang und Äserbruch bis zur Groteske inszenieren.

In diesem Frühjahr wurde Cadett zweimal als Deckrüde eingesetzt und vererbte sich dabei hervorragend. Leider konnte er seine diesbezüglichen Qualitäten nicht noch öfter unter Beweis stellen, denn im Sommer 1969 wurde er vor unserer Haustür überfahren. Er hatte wohl eine Katze auf der anderen Straßenseite gesehen, war über den Zaun gesprungen und in dem Moment kam eines der damals auf dieser Straße noch recht seltenen Autos vorbei. Ich hörte das Quietschen, rannte nach draußen und sah, wie Cadett wieder über den Zaun zurücksprang. Dann brach er zusammen und starb nach einigen Sekunden in meinen Armen. Er hatte wohl einen Schlag gegen den Kopf bekommen. Als der Fahrer des Wagens mich fragte, wer den Schaden an seinem Auto bezahlen würde, habe ich ihm beinahe in die »Fresse gehauen« - und dann mußte ich weinen.

Nach Cadett habe ich viele Deutsch-Drahthaar und andere Vorstehhunde abgerichtet und geführt, aber ich muß sagen, daß er der beste Allrounder war. Er stand phantastisch vor, war aber auch ein hervorragender Spurhund. Er war scharf und hart wie kaum ein anderer, aber auf der anderen Seite sehr liebebedürftig und zweieinhalb Jahre lang mein bester Freund.

Basko vom Hetzborn

Während der nächsten vier Jahre nach Cadett hatte ich zwar laufend Vorstehhunde, aber keinen, der gut genug war, um in seine Fußstapfen zu treten. Ich kaufte Welpen und verkaufte die Hunde meist nach der HZP oder Brauchbarkeitsprüfung. Während des Studiums richtete ich auch viele Hunde für andere Jäger ab, um mich finanziell ein wenig unabhängiger von meinen Eltern zu machen. Nach einem einjährigen Aufenthalt in Großbritannien machte ich mir im Sommer 1975 sehr viel Mühe bei der Auswahl meines nächsten Deutsch-Drahthaar-Welpen. Ich hatte das Glück, daß der Züchter, ein Förster, nur einen Steinwurf von der Universität entfernt wohnte und ich mir folglich die Welpen jeden Tag ansehen konnte.

Basko, geworfen am 10.07.75, fiel alleine schon durch sein Erscheinungsbild ins Auge. Er war der stärkste Rüde im Wurf und am Körper auffallend hell gezeichnet. Aber das sind natürlich keine Kriterien für die Auswahl eines Welpen. Ich beschäftigte mich damals sehr viel mit Ethologie und hatte mehr oder weniger alles über Verhaltensforschung bei Hunden gelesen, was zu haben war. Dazu gehörte auch Lektüre über Welpentests, denen ich aber bis heute eher kritisch gegenüberstehe. Ich habe die Welpen seit Basko immer nach

Basko vom Hetzborn.
Foto: G. Bottler.

meinem eigenen Katalog ausgesucht, der sich auf vier Fragen beschränken läßt: 1. Sagt mir der Hund vom Phänotyp her zu? 2. Ist er nervenstark und wesensfest? 3. Welche Position nimmt er in der Rangordnung des Wurfes ein? 4. Zeigt er bereits in früher Jugend vorstehhundspezifisches Verhalten?

Diese vier Fragen lassen sich am besten beantworten, wenn man die Welpen so oft wie möglich beobachtet und dies nicht nur in der Zwingeranlage, sondern auch im Garten oder draußen im Revier. Die verwissenschaftlichten »Spielchen« der Welpentests mögen zwar zu demselben Resultat führen wie geschulte Beobachtung, aber ich bevorzuge diese traditionelle Methode, mit der ich bis heute recht erfolgreich meine Hunde ausgewählt habe.

So entschied ich mich für Basko, der im Wurf offensichtlich der Kopfhund war und dabei einen sehr ausgeglichenen und nervenfesten Eindruck machte. Er war schon als Welpe ein bildschöner Kerl mit leichtem Bartansatz, aber recht kurzem und festem Körperhaar. (Deutsch-Drahthaar, die bereits als Welpen einen ausgeprägten Bart haben, werden meistens zu lang im Haar.) Zudem zeigte er an der Reizangel schon hervorragende Vorstehanlagen und arbeitete die Futterschleppen mit großem Elan.

Ich nahm Basko also mit nach Hause in den Zwinger meines Vaters und hatte während der letzten zwei Monate der Semesterferien viel Zeit, mich um ihn zu kümmern. Damals besaß ich noch einen hervorragenden Rauhhaarteckel, »Ulli vom Kasholz«, der Basko Spielkamerad und jagdlicher Ausbilder zugleich war. Ulli ging unheimlich gerne ins Wasser, und so schwamm der kleine Basko einfach hinterher. Ulli jagte leidenschaftlich gerne Katzen auf Bäume und Basko teilte bald seine Leidenschaft. Ulli machte ewig lange Hasenspuren und Basko lief mit. Nur in Punkto Vorstehen konnte er nichts von dem Teckel lernen, aber Baskos diesbezügliche Veranlagung war so stark ausgeprägt, daß er keiner Anleitung bedurfte. Schon im Alter von fünf Monaten stand er Rebhühner vor, die allerdings mittlerweile in der Südeifel schon ziemlich rar geworden waren. Basko entwickelte sich zu einem starken, bildschönen Deutsch-Drahthaar-Rüden, der ein äußerst angenehmes Wesen hatte. Es gab nur ein kleines Problem mit ihm - er wurde vergleichsweise schnell müde, besonders wenn die Temperaturen etwas höher lagen. Und das sollte mir später, vor allem auf Prüfungen, noch einige Probleme bereiten, auch wenn es ansonsten eher ein Vorteil war.

Die Einarbeitung für die Jugendprüfung lief zwar problemlos, aber es fiel mir doch auf, daß die Spurveranlagung bei Basko nicht so stark ausgeprägt war wie die Vorstehanlage. Man kann hier durch gezielte Übungen zwar einiges verbessern, aber letztendlich geben die Gene den Ausschlag. Mit unserem Abschneiden auf der VJP war ich aber insgesamt zufrieden, und vor allem hatte ich schon entschieden, daß Basko mein nächster Hund werden sollte, daß ich ihn also keinesfalls verkaufen würde. Er hatte schon mit neun

Monaten einen kranken Fuchs abgewürgt, und er jagte im Wald spur- bzw. fährtenlaut. Ausschlaggebend für meine Entscheidung war aber, daß Basko mir von seiner Art her sehr gut gefiel.

Ja, und dann hatte ich noch dieses denkwürdige Erlebnis mit ihm, das uns beide endgültig aneinander band. Anfang Juni ging ich in einem etwa 100 ha großen Jagdgatter zwei Fuchsbauten kontrollieren. Wir bejagten damals die Füchse sehr scharf (Tollwut) und versuchten immer, bereits die Jungfüchse am Bau zu erlegen. Ich wußte, daß in dem Gatter drei Bachen mit Frischlingen waren, machte mir aber weiter keine Gedanken darüber, sondern ging mit Basko durch ein Buchenaltholz in Richtung des ersten Fuchsbaus. Ich sah gleich, daß er befahren war und ging weiter, als plötzlich auf etwa achtzig Meter die drei Bachen vor mir standen, und um sie herum »wubelten« jede Menge Frischlinge. An dieser Stelle muß ich darauf hinweisen, daß diese Bachen gefüttert wurden und nicht absolut menschenscheu waren. Dies schien mir erst der Grund zu sein, warum sie sich langsam auf mich zubewegten. Da ich aber keinerlei Interesse an einer engeren Kontaktnahme hatte, trat ich vorsichtig den Rückzug an. Dies veranlaßte die Bachen jedoch dazu, ihre Gangart zu ändern und galoppierend auf Basko und mich zuzukommen. Ich ging immer noch von der naiven Vorstellung aus, daß die drei dicken Damen nur von mir gefüttert werden wollten und meine Besorgnis wurde erst größer, als ich die Laute, die die drei von sich gaben, als wütendes Blasen identifizierte. Aber da war es schon zu spät. Ich konnte nur noch schnell Basko schnallen und mit dem nächsbesten Knüppel der ersten Bache auf den Rüssel schlagen. Basko biß Bache Nummer zwei kräftig in die Keule und die dritte Bache mir kräftig ins Schienbein.

Haben Sie schon einmal im Wald gestanden und keinen Baum gefunden, auf den Sie klettern konnten? Mir ging es in der Situation so. Die Bäume waren entweder zu dick oder aber zu dünn. Wir mußten also gegen die Bachen »kämpfen«. Da sie uns aber zahlenmäßig überlegen waren, erhielten Basko und ich jeweils noch einen Schmiß, und ich geriet in Panik, da mir inzwischen klar geworden war, daß die Sauen es mehr auf mich als auf den Hund abgesehen hatten. Wäre ich hingefallen, dann hätten sie mich wahrscheinlich schwer verletzt. In dem ganzen Durcheinander fand ich dann schließlich doch eine passende Buche, sprang daran hoch und klammerte mich fest. Ich war zwar nur etwa zwei Meter über dem Boden, aber die Sauen kamen nicht mehr an mich heran und konzentrierten jetzt ihre Angriffe auf Basko. Der arme Kerl war dieser Situation nun auch nicht mehr gewachsen und lief weg, mit den drei Bachen im Schlepptau. Ich nutzte die Gunst der Stunde und rannte in Richtung Gatterzaun, kletterte hoch und war »gerettet«. Nachdem ich meine Wunden untersucht und als durchaus heilbar befunden hatte, machte ich mir große Sorgen um meinen Hund. Er war nirgendwo zu sehen oder zu hören. Hatten die Bachen ihn vielleicht schwerer verletzt, er war ja auch ein noch sauunerfahrener Jährling, oder war es ihm gelungen, die Dreierbande abzuschütteln bzw. in die Flucht zu schlagen?

Es vergingen vielleicht fünf Minuten, da kam mein mutiger Kämpfer mit hochgestelltem Rückenhaar bei mir an. Bis auf eine Fleischwunde an der Brust war er unversehrt und um eine jagdliche Erfahrung reicher. Erleichtert ging ich mit ihm bis zum nächsten Gattertor, lud ihn dann in meinen Wagen und fuhr zum Tierarzt, der Basko nähte und auch meine weniger tiefen Wunden behandelte. (Auf einem Eifeldorf sah man die Dinge damals noch nicht so eng.)

Zu Hause angekommen erzählte ich meinem Vater die Geschichte, und der wußte natürlich gleich, warum die Sauen uns angenommen hatten: »Der Hund hat bei den Bachen einen Verteidigungstrieb ausgelöst, die wollten nur ihre Frischlinge beschützen«. Bei dieser Interpretation blieb es erst einmal, da Väter meistens recht haben und meiner ein wirklich erfahrener Jäger und Hundemann war, von dem ich bis zu seinem zu frühen Tod nur lernen konnte. Ja, es blieb bei dieser Interpretation, bis mein Vater im Herbst zwei Waldarbeitern in eben diesem Gatter irgendeine Arbeit anwies. Plötzlich kamen, Sie werden es schon ahnen, drei Bachen auf die Männer zu, stellten die Pürzel hoch und gingen zum Angriff über. Mein Vater hatte seine Flinte dabei, wohl weil er schon mal (während des Dienstes) eine Taube schoß, und erlegte in Notwehr zwei Bachen auf kürzeste Entfernung mit Schrot. Die dritte trat, wegen zahlenmäßiger Unterlegenheit, den Rückzug an. Einmal sollte ich also doch Recht behalten. Die Sauen hatten es auf Menschen und nicht auf Hunde abgesehen, wir fanden dafür auch eine Erklärung, aber das gehört in ein anderes Buch.

Später haben wir uns oft darüber unterhalten, was hätte passieren können, wenn Basko mir damals die Bachen nicht vom Leib gehalten hätte. Seit jener Zeit habe ich großen Respekt vor Sauen, aber vor allem vor führenden Bachen. Noch größeren Respekt habe ich allerdings vor Hunden, die den Schneid haben, sich mit diesen äußerst wehrhaften Tieren anzulegen.

Wie gesagt, dieses Erlebnis stärkte meine emotionale Bindung zu Basko sehr und führte zu Auswüchsen, die nur Hundenarren nachvollziehen können. Während es bei Forst- oder Veterinärmedizinstudenten schon mal vorkommt, daß sie ihre Hunde mit in die Vorlesungen nehmen, kannte man das bis dahin bei Anglistik- und Geographiestudenten noch nicht. Da die Hausordnung der Uni das Mitbringen von Hunden aber auch nicht unbedingt verbot und Basko sich immer sehr gut zu benehmen wußte, war er nach einigen Semestern wahrscheinlich der gebildetste Deutsch-Drahthaar weit und breit - aber er sprach nie darüber. Auch meine Studentenbude hatte ich eigentlich ohne Hund gemietet, aber irgendwie schaffte es mein Rüde, die Vermieterin mit seinem Charme herumzubekommen. Das ging so weit, daß sie ihn zum Einkaufen mitnahm oder mit ihm spazieren ging, wenn ich keine Zeit hatte. Donnerstags abends ging es dann gemeinsam in die Eifel zur Jagd. Ich hatte vorsorglich meine Vorlesungen und Seminare immer so gelegt, daß ich mit einer Viertagewoche klarkam.

Im Nachhinein muß ich sagen, daß die Studienzeit auch jagdlich meine schönste Zeit war. Ich hatte jede Menge Jagdmöglichkeiten, und das nicht zuletzt, weil Basko ein hervorragender Vollgebrauchshund war, der aber auch seine Schwächen hatte. Sein größtes Problem war, wie schon gesagt, ein gewisser Mangel an Ausdauer. Dadurch verlor ich auf der HZP einige Punkte, was auch durch die überragende Wasserarbeit nicht ganz auszugleichen war. Auch auf der VGP machten wir, diesmal auf der Schweißfährte, einen Schnitzer, der allerdings zu 99 % auf mein Konto ging und landeten im II. Preis, jedoch mit sehr hoher Punktzahl. Ich hatte meinem Hund nicht glauben wollen, daß die Schweißfährte in U-Form gelegt war und ihn quasi am Riemen von der Fährte gezogen.

Auf einer Zuchtschau wurde Basko mit sg/sg bewertet, und ich fand, daß man ihn als Deckrüden einsetzen sollte, da ich seine überragenden jagdlichen Qualitäten und sein wunderbares Wesen am besten kannte. Aber da kommen wir zu einer Problematik, die leider immer wieder zu erkennen ist. Deckrüden werden nach Prüfungsergebnissen ausgesucht, und wenn ein Hund da nicht immer punktemäßig ganz oben liegt, dann will kaum jemand mit ihm züchten, es sei denn, er kennt ihn von der Jagd. Und so ergab es sich, daß ich mir irgendwann überlegte, die Hündin für den Rüden auszusuchen.

Ein Freund richtete damals eine sehr gute und schöne Schwarzschimmelhündin für einen Landwirt ab und führte sie bis zur VGP. Gemeinsam »bequatschten« wir den Besitzer, mit ihr und Basko einen Wurf zu machen, und daraus entstand eine Blutlinie, in der ich heute noch züchte. Als die ersten Hunde aus dieser Verbindung sehr erfolgreich auf Prüfungen gelaufen waren und auch in Form und insbesondere Haar bestachen, wurden auch einige andere Hündinnenbesitzer auf Basko aufmerksam.

Meine erste Anstellung als Studienrat bekam ich in einem typischen Niederwildgebiet im Süden von Rheinland-Pfalz. Meine Frau und ich mußten unsere Stellen sehr kurzfristig antreten, innerhalb von vierzehn Tagen eine Wohnung finden und umziehen. Das läßt sich im Prinzip alles schaffen, wenn man keinen Hund hat. So wurde die Wohnungssuche zu einem Martyrium und alleine darüber könnte man schon ein kleines Buch schreiben. Aber - Ende gut, alles gut - wir fanden eine kleines, älteres Haus in einem Dorf, und Basko durfte mit einziehen.

Anfangs waren wir beide jagdlich ziemlich frustriert. Wir konnten nur jedes zweite Wochenende in die Eifel zur Jagd fahren, und an unserem neuen Wohnort blieben anfangs nur Spaziergänge ohne nennenswerte jagdliche Einsätze. Die bestanden dann darin, daß Basko beim letzten, spätabendlichen Gang hin und wieder eine streunende Katze am Dorfrand erwischte und mir stolz brachte. Ob er dabei die rechtlichen Bestimmungen (Katzen dürfen nur bejagt werden, wenn sie sich mindestens 300 m vom nächsten Wohngebäude entfernt aufhalten) befolgt hat, konnte ich nicht beurteilen, da es immer zu dunkel war.

Aber wie das Leben so spielt. Eines Nachmittags saßen wir mit unserer Vermieterfamilie beim Kaffee im Garten, als plötzlich ein Deutsch-Kurzhaar über den Zaun sprang, des Vermieters Katze auf einen Baum jagte und dort anhaltend verbellte. Ein junger Mann kam angerannt, rief seinen Hund zurück, entschuldigte sich und stellte sich als neuer Nachbar vor. Man kam ins Gespräch, auch über Jagdhunde, und es stellte sich heraus, daß dieser neue Nachbar Pächter einer wunderbaren Niederwildjagd war. Von da an ging es für Basko und mich jagdlich bergauf.

Auf den pfälzischen Niederwildjagden war Basko in seinem wirklichen Element. Seine hervorragende Nase und seine überragenden Vorstehmanieren machten ihn bald zum absoluten »King«, und die Zahl der Jagdeinladungen ging entsprechend nach oben.

Anläßlich einer solchen Jagd bat mich ein Schütze, einen von ihm beschossenen Fasan nachzusuchen, der in einem Rapsfeld eingefallen war. Wir suchten das Feld mit gutem Wind ab, und nach einigen Minuten stand Basko vor, zog kurz nach und stand wieder. Plötzlich sehe ich in dem kniehohen Raps »Etwas« weglaufen und schieße auf den vermeintlichen, geflügelten Gockel. Ich schicke Basko vor, weil ich nicht weiß, ob ich getroffen habe und erlebe eine Überraschung. Basko jault kurz auf und schlägt sich dann das »Etwas« vehement um die Behänge. Sie werden es schon erraten haben. Ich hatte einen Fuchs beschossen, der sich im Raps gedrückt und die ganze Schützenkette vorbeigelassen hatte. Nun wäre das z.B. in der Eifel nichts Besonderes gewesen, aber in vielen dieser reinen Niederwildreviere hielt man damals die Füchse so kurz, daß sie eine Seltenheit waren. Man sagte mir, dies sei der erste Fuchs in drei Jahren Pachtperiode gewesen, und das »Nachspiel« erinnerte mich an das Tottrinken eines Hirsches in meiner Heimat.

Auch auf der Entenjagd, die im Gebiet der Altrheinarme in mir bis dahin nie erlebtem Umfang durchgeführt wurde, leistete Basko Hervorragendes. Meist war es so, daß ein großer Gewässerbereich abgestellt wurde, die Hunde wurden losgeschickt, machten die Enten in großer Zahl hoch und dann wurde etwa zehn Minuten lang geschossen, bis die Enten weg und die Rohre heiß waren. Nur die wenigsten der beschossenen Enten konnten von den Schützen geborgen werden, und so begann nun die wirklich harte Arbeit für die Hunde. Ich kann mich noch genau erinnern, daß Basko mir an einem solchen Nachmittag elf Enten aus teilweise mannshohem Schilf und Ried gebracht hat, von denen etwa die Hälfte nur flugunfähig waren, aber sehr wohl noch schwimmen und tauchen konnten. Wenn die »Nurschützen« bereits eine Zeitlang dem guten pfälzer Wein zugesprochen hatten, kamen die Hundeführer mit großer Verspätung und der »Beute« zum Stammlokal. Die Hunde waren total fertig, aber zufrieden, die Führer auch, aber total zerstochen von den vielen Schnaken. In der Zwischenzeit (zwischen den Jagden) ging natürlich auch das Familienleben weiter, und so wurde unser Sohn geboren. Manchmal glaube ich, daß Basko ihn fast so sehr geprägt hat wie wir, seine Eltern. Basko war immer dabei. Er steckte den Kopf in den ersten Kinderwagen und begleitete auch den letzten. Unser Sohn hielt sich an seinen Rückenhaaren fest, als er seine ersten Schritte machte, und der Name des Hundes war eines der ersten Worte, das er beherrschte. Er durfte auf Basko reiten, und der zog ihn in seinem Handwägelchen durch den Garten. Es wird Sie sicher nicht wundern, daß unser Sohn auch ein Hundenarr geworden ist, der schon mit zwölf Jahren seinen ersten Deutsch-Drahthaar auf Jugendsuche und Herbstzuchtprüfung geführt hat.

Ich möchte hier nicht meine Familiengeschichte erzählen, aber man kann das Privatleben nicht von der Arbeit mit den Hunden trennen. Macht man es doch, dann tun mir die Hunde, aber auch die Menschen leid - es entgeht ihnen vieles. Ein anderer Punkt, der durch diese Schilderungen unterstrichen werden soll, ist der,

Junge Liebe!
Foto: Gerd Bottler.

Ein guter Freund!
Foto: Gerd Bottler.

daß derselbe Hund, der rabiat Füchse abwürgt und Sauen sprengt, ein absolut zuverlässiger und liebevoller Babysitter ist. Dies spricht nicht nur für Basko, sondern für die ganze Rasse.

Von den vielen wunderbaren Jagderlebnissen mit diesem Rüden möchte ich noch eines schildern, das auch typisch für ihn war: An einem schwülwarmen Augustabend sitze ich auf einen Rehbock in einem Eifelrevier an. Der inzwischen zwölfjährige Basko wartet im gut durchlüfteten Auto so erwartungsvoll auf einen Erfolg wie ich auf dem Hochsitz. Gegen 21.00 Uhr sehe ich auf etwa zweihundert Meter einen jungen Bock, der offensichtlich nur Sex im Kopf hat und entschließe mich, ihn zu schießen, aber natürlich nicht deshalb. Auf den Schuß hin sehe ich, daß er abspringt und im Getreide verschwindet. Scheiße! Nachdem ich eine Pfeife geraucht habe, gehe ich zum Auto, hole Basko, und wir suchen gemeinsam den Anschuß. Basko findet ihn und verweist einen recht großen Knochensplitter. Doppelte Scheiße - Vorderlaufschuß. Da hatten wir also wieder so eine Situation, wo der Jagdhund den Mist ausbügeln muß, den der Jäger angerichtet hat.

Am langen Riemen geht Basko erst in die Richtung, in ich den Bock abspringen sah, dann aber macht er einen Widergang und arbeitet auf den Waldrand zu. Nach etwa 200 Metern stehen wir am Wald, und zwar keinen Steinwurf vom Hochsitz entfernt. Das kann nicht sein, ich hätte den Bock doch sehen müssen, auch wenn das Getreide hoch steht. »Der Alte spinnt wohl allmählich«. Also zurück zum Anschuß und dasselbe nochmal. Und wieder stehen wir am Waldrand, keine fünfzig Meter vom Hochsitz entfernt. Was tun? Bestätigungen hatte ich keine gefunden, da es mittlerweile fast stockdunkel war, aber Basko war ein sehr erfahrener Rehwildnachsucher. Ich ging das Risiko ein und schnallte ihn, da in der Dunkelheit am langen Riemen kein Fortkommen mehr war. Nach einigen, schier endlos erscheinenden Minuten des Wartens hörte ich unten im Tal das erlösende kurze Klagen des Bockes. Basko hatte ihn an der Drossel, so wie es ihm angewölft war, und in einigen Sekunden würde der Bock verendet sein. Dann arbeitete ich mich etwa 200 m den steilen Kyllhang hinunter auf die vereinzelten Beller meines Rüden zu. Er war zwar nie ein richtiger Totverbeller, schaffte es aber immer, mich mit einem kurzen »Wuff«, das er in unregelmäßigen Abständen von sich gab, zur Beute zu lotsen.

Überglücklich kam ich bei ihm an, lobte ihn überschwenglich und merkte jetzt erst, daß Basko total fertig und wohl einem Kreislaufkollaps nahe war. Er wankte beim Gehen und hechelte stark. Ich blieb eine Zeitlang bei ihm sitzen, bis die Atmung sich etwas beruhigt hatte und dachte darüber nach, was ich »Arschloch« dem Bock und meinem Hund mit diesem unnötig weiten und übereilten Schuß angetan hatte. Anschließend mußte ich mir allerdings Gedanken über die Bergung von Hund und Bock machen. Basko konnte in seinem Zustand nicht den Hang hinauf laufen, und mir war es bei dieser schwülen Hitze auch zu anstrengend, den Bock 200 m einen steilen Kyllhang heraufzuziehen.

Ich wußte, daß im Flußtal ein Weg verlief, der aber nur mit Traktoren zu befahren war. Also entschloß ich mich, meinen noch recht neuen Golf umzufunktionieren, um Hund und Bock abzuholen. (Nach einem

Tag in der Werkstatt war übrigens der Schalldämpfer wieder dran und auch die lange Schramme am Kotflügel überlackiert.) Nachdem ich Hund und Bock in den Wagen eingeladen hatte, fuhren wir erst einmal zur Dorfkneipe, da nicht nur Basko sehr viel Durst hatte. Nach ein paar »Drinks« ging es uns beiden sehr viel besser, und ein Tierarztbesuch erübrigte sich.

Hunde altern, wie ich schon oben beschrieben habe, im Verhältnis zum Menschen sehr schnell - aber bei Basko ging es extrem schnell. In der Herbst- und Wintersaison seines zwölften Lebensjahres jagte er noch sehr effektiv, wobei er die sich verstärkenden Konditionsprobleme größtenteils durch seine große Erfahrung ausglich. Im darauffolgenden Frühjahr ging aber dann alles sehr schnell. Der Rüde schaffte es kaum noch, mir zu folgen, wenn ich in normalem Schrittempo ging. Der Tierarzt bestätigte mir, daß Basko schwer kreislaufkrank war und nicht mehr lange leben würde. Den letzten Dienst habe ich ihm selbst erwiesen, aber das bestimmt nicht, um Tierarztkosten zu sparen.

Donna vom Rohrmaar

Einige Wochen nach Baskos Tod suchte ich mir einen neuen Deutsch-Drahthaar-Welpen aus. Ich wollte mal wieder eine Hündin haben, und da gab es eine Schwarzschimmelhündin im Wurf eines befreundeten Züchters, die es mir bei jedem Besuch irgendwie antat. Sie war recht groß für eine Hündin, sie fraß enorm gierig und sie interessierte sich von allen Welpen am meisten für meine Mitbringsel, vom Kanin bis zur Sauschwarte. Ihr Entdeckungsdrang auf dem großen Bauernhof des Züchters war kaum zu bremsen, und schließlich gefiel sie mir ganz hervorragend, obwohl (oder vielleicht weil) sie gar nicht viel von mir wissen wollte.

So kam ich dann Ende Juni 1987 mit einer kleinen Schwarzschimmelhündin zu Hause an, und diese Entscheidung habe ich nie bereut. Donna lebte noch einige Wochen mit uns in der Pfalz, und wir nutzten diese Zeit unter anderem zur Gewöhnung ans Wasser. Im Frühsommer führt der Rhein normalerweise Hochwasser (Schneeschmelze in den Alpen) - so auch in diesem Jahr - dann sind die Feldwege oft überschwemmt, und man kann einen Welpen wunderbar ans Wasser gewöhnen, indem man die Wege entlang durchs Wasser watet und den kleinen Hund hinterherschwimmen läßt. Donna wurde (dadurch?) zur absoluten Wasserratte und zu einem der besten Wasserhunde, den ich bisher auf der Jagd oder auf Prüfungen gesehen habe.

Donna v. Rohrmaar im 1. Feld. Foto: Gerd Bottler.

DREI MEINER BESTEN DEUTSCH-DRAHTHAAR

Im August kauften wir ein Haus in der Hocheifel, das alle meine Erwartungen übertraf. Es liegt direkt am Waldrand und ist von einem großen Grundstück umgeben. Der Umzug hatte sich gelohnt, vor allem für unseren kleinen Sohn, meinen Hund und mich. Meine Frau empfand das Überangebot an Natur anfangs allerdings als etwas erdrückend.

Aber auch ich mußte mich ein wenig umstellen. Hatte ich bisher in der Südeifel und in der Pfalz gejagt, so kamen jetzt ganz neue »Herausforderungen« auf mich zu. Das fing in unserem ersten Hocheifelherbst damit an, daß ich Ende September im Schlafzimmer glaubte, einen Hirsch röhren zu hören. Meine Frau sagte, meine Äußerung mißinterpretierend: »Du spinnst, ich bin müde« und drehte sich herum. Mir ließ die Sache allerdings keine Ruhe, ich zog mir etwas an und ging vor die Haustür. Und der Hirsch schrie tatsächlich einige hundert Meter vom Haus entfernt. Ja, und die Sauen arbeiteten sich nachts auch des öfteren bis nahe an unser Grundstück heran. Im Winter, bei hohem Schnee, standen auch schon mal Rehe im Garten, und Donna wuchs zwischen all dem auf und »spezialisierte« sich zu meinem Leidwesen schon in frühester Jugend auf Hochwild.

Sie können sich sicherlich vorstellen, daß man in und um ein neues Haus herum sehr viel zu tun hat. Wohnt man dann noch in einer Gegend, durch die nur ganz sporadisch mal ein Auto fährt, dann kann man natürlich seinen jungen Hund wunderbar den ganzen Tag herumlaufen lassen. Handelt es sich dabei allerdings um einen hochpassionierten Deutsch-Drahthaar, dann ist schon bald der Tatbestand der Wilderei erfüllt. Im Nachhinein kann ich nur sagen, daß es gut gegangen und Donna ein hervorragender Stöberhund auf Schalenwild geworden ist. Aber bis unser Häuschen inklusive Garten einigermaßen in Schuß gebracht war, hatte sich Donna schon im zarten Alter von acht Monaten total verselbständigt. Das einzig Gute dabei war, daß sie durch die vielen »Übungsmöglichkeiten« zunehmend fährtensicher und zuverlässig fährtenlaut wurde - das konnte ich oft genug vom Garten aus hören.

Das erste richtige Jagderlebnis hatte ich Anfang Dezember mit ihr. Ich saß auf ein Stück Rehwild an, und Donna wartete im Wagen. Kurz vor Ansitzende beschoß ich einen Fuchs mit der Kugel. Er zeichnete und verschwand in einem Kyllhang. Da ich zu der Zeit keinen fertigen Deutsch-Drahthaar zur Verfügung hatte, entschloß ich mich, den Fuchs mit meiner 8 Monate alten Hündin nachzusuchen, eine Sache, die ich unter normalen Umständen nicht tun würde. Ich ließ Donna also im vermutlichen Anschußbereich suchen und hoffte darauf, daß der Fuchs nicht weit entfernt in der angrenzenden Fichtenschonung liegen würde. Es war inzwischen schon fast dunkel als Donna mir freudestrahlend (auch Hunden kann man das ansehen) etwas herantrug. Zu meinem Leidwesen handelte es sich dabei um einen abgeschossenen Vorderlauf des Fuchses.

Man kann jetzt natürlich wieder über die Grausamkeit der Jagd diskutieren, über Sinn oder Unsinn der Fuchsbejagung und so weiter und so fort. Aber eines gebe ich zu bedenken: Ein schlechter Schuß ist so vermeidbar wie das tausendfache An- und Überfahren von Tieren auf unseren Straßen. Passiert das vorsätzlich? In der Regel nicht, obwohl es hier traurige Ausnahmen geben soll. Aber es wäre in vielen Fällen vermeidbar, wenn wir alle nicht so rasen würden. Nun könnte man entgegenhalten, daß das Autofahren eine Notwendigkeit ist, das Jagen aber nur ein Hobby. Beides stimmt nicht. Ein Großteil unserer »mörderischen« (um im Jargon der Tierschützer zu bleiben) Fahrten sind nämlich reine Hobbyfahrten, wohingegen die Jagd eine extensive Form der Landnutzung ist, die zudem dem Schutz des Waldes und landwirtschaftlicher Nutzflächen dient. Sie sehen, daß man die Argumente nur richtig »hindrehen« muß, und schon sieht man sich im Recht. Das ist allerdings keine Entschuldigung dafür, daß ich dem armen Fuchs einen Vorderlauf abgeschossen hatte.

Ich forderte Donna auf, nochmals zu suchen, um die Schmerzen des Fuchses schnellstmöglich beenden zu können. Nach kurzer Zeit nahm sie die Spur auf und verschwand an der richtigen Stelle in der Fichtenschonung. Das Warten, während der Hund auf einer Nachsuche arbeitet, empfinde ich immer als sehr nervenaufreibend, und meistens werden die Sekunden zu Minuten. Es hatte wohl etwa drei Minuten gedauert, als ich Donna kurz aufjaulen zu hören glaubte. Aber ich war mir nicht ganz sicher. Hatte sie den Fuchs gestellt? Aber wie sollte ich ihr im dunklen Wald helfen? Ich wäre wahrscheinlich nur gegen ein paar Bäume gelaufen. Also wartete ich weiter - auf meinen Hund, auf eine Eingebung, auf ein kleines Wunder. Nach etwa fünf Minuten glaubte ich, Donna zu hören, und was ich da zu hören glaubte, schien mir wie ein kleines Wunder. Wenn Hunde einen ausgewachsenen Fuchs bergauf tragen müssen, dann hört sich ihr Hecheln ganz anders an als normalerweise - und dieses gedämpfte Hecheln glaubte ich zu vernehmen. Ich animierte und lobte die Hündin lautstark und ging ihr vorsichtig (wegen der Bäume) entgegen. Unser Zusammentreffen war von großer beiderseitiger Freude und Erleichterung (bei Donna waren es etwa zehn Pfund, bei mir einige Zentner) geprägt. Ich liebelte die Hündin ab und spürte dabei, daß der Fuchs sich noch kräftig gewehrt haben mußte, da Donna an der Nase blutete. Dies würde definitiv *mein* Jagdhund bleiben, denn es war mir durch diese Nachsuche endgültig klar geworden, daß ich einen außergewöhnlich guten Vertreter seiner Rasse mein eigen nannte.

Einige Tage später nahm ich Donna mit zu einer Niederwildjagd in Rheinhessen. Was mich vor allem interessierte war, ob dieser ausgeprägte »Spurhund« auch ein wenig Vorstehanlage von seinen Ahnen mitbekommen hatte. Die Fasane waren dort meist in leicht verbuschten Brachäckern zu finden und lagen auch oft recht fest - also ideal, um einen jungen Hund zum Vorstehen zu bringen. Aber es kam, wie es kommen mußte: Donna suchte zu weit (außerhalb Schrotschußentfernung) und warf voller Begeisterung einen Fasan nach dem anderen heraus. Die Begeisterung auf Seiten meiner Mitjäger hielt sich allerdings in Grenzen, und Donnas erster Jagdtag auf Niederwild wurde durch den Jagdpächter auf einen Spaziergang an der Leine reduziert. Nun waren wir beide etwas frustriert, versprachen jedoch Besserung und wurden dafür belohnt. Der Pächter bot mir an, alleine mit meinem Hund an einem der kommenden Wochenenden ausgiebig Vorstehen und kurze Suche zu üben, und wenn es dann klappte, könnte ich den Hund auch mal wieder mit zur Jagd bringen.

An dieser Stelle muß ich zugeben, daß es natürlich absolut »hirnrissig« ist, einen jungen Hund anläßlich einer Gesellschaftsjagd im Vorstehen einarbeiten zu wollen, aber zu meiner Entschuldigung sei gesagt, daß die einfache Entfernung von meinem Wohnort zu einem mir zugänglichen, guten Niederwildrevier etwa 200 km beträgt - und da kommt man schon einmal auf komische Ideen.

Am darauffolgenden Wochende waren wir natürlich wieder in Rheinhessen. Während der dazwischenliegenden Tage hatten wir auf wildfreien Eifeläckern die Suche überarbeitet und das »Platz auf Trillerpfiff« gefestigt. Und siehe da, es funktionierte. Ohne andere Hunde und Schützen ließ Donna nicht mehr den halbwüchsigen Chaoten heraus, suchte vernünftig, zog an und - warf den ersten Fasan trotzdem heraus. Aber wir waren auf dem richtigen Weg. Donna wurde immer vorsichtiger, und mein Trillern und Schreien brachte sie dann schließlich dazu, einfach mal stehen zu bleiben. Sie stand tatsächlich zum ersten Mal vor und wurde natürlich überschwenglich gelobt, als der Fasan abgestrichen und sie ihm noch nicht einmal hinterhergerannt war. Das war es also. Bevor wir abends zufrieden und müde nach Hause fuhren, hatte sie vielleicht noch ein dutzendmal vorgestanden, und die Sache saß hundertprozentig.

Siegerehrung.
Foto: Gerd Bottler.

DREI MEINER BESTEN DEUTSCH-DRAHTHAAR

Die Vorbereitung auf die Verbandsjugendprüfung verlief im Prinzip ganz normal bis auf den Umstand, daß meine Hündin auf den winterlichen Jagden mit großer Passion auf »große Tiere« gejagt hatte und im Frühjahr kaum dazu zu bewegen war, eine vernünftige Feldsuche zu machen. Zu ihrer Entschuldigung muß ich allerdings sagen, daß es bei uns wirklich interessanter ist, den nächsten Wald anzupeilen und ein paar Rehe durch die Gegend zu jagen als stundenlang auf ausgeräumter Feldflur Rebhühner oder Hasen zu suchen, die man dann doch nicht findet. Also mußte ich wieder etwas konsequenter und härter mit ihr arbeiten, aber ein richtig guter Feldhund ist sie nie geworden. Ohne permanenten Einsatz der Trillerpfeife geht sie auch heute im Feld nur geradeaus, hin zum nächsten Heckenstreifen oder zum nächsten Waldstück.

Wir haben die VJP natürlich bestanden, auch wenn es in »Suche« und »Führigkeit« Punktabzug gab - aber damit hatte ich gerechnet. Dafür gab es in der »Spurarbeit« auch ein oberes »sehr gut«. Und es ging im Prinzip so weiter. Donna ist wirklich ein absolut harter Knochen und auf der Herbstzuchtprüfung verlor sie wieder Punkte in »Suche« und »Führigkeit«, Gehorsam hatte ich ihr mittlerweile allerdings beigebracht.

Ja, und dann kam die VGP. Abgesehen davon, daß Donna in meinem Auto ein halbes Rehkitz fraß - da hatte sie die Anschneideprüfung allerdings schon bestanden - vermasselte sie am Wasser beinahe die Einstufung in einen »1. Preis«. Nicht daß Sie glauben, mein lieber Hund wäre nicht richtig ins Wasser gegangen, im Gegenteil, er kam nicht mehr heraus. Die Wasserarbeit fand an einem sehr großen, schwierigen Teich statt und Donna war in ihrem Element. Anstatt an der ausgesetzten Ente zu arbeiten, die sich direkt vor uns herumdrückte, machte sie einen Riesensatz ins Wasser und kämmte die hintersten Ecken durch, in denen sich jede Menge Entenwitterung befand. Die Richter forderten mich auf, meinen Hund zurückzupfeifen und nochmals auf die ausgesetzte Ente anzusetzen, aber das war leichter gesagt als getan. Sie jagte begeistert irgendwo herum, wohl wissend, daß ich ihrer im Wasser nicht habhaft werden konnte. Die Geduld der Richter war schon beinahe am Ende, als es mir nach etwa 10 Minuten mit Hilfe eines Freundes gelang, Donna »einzufangen«. Unsere Ente war mittlerweile auf Nimmerwiedersehen verschwunden - sie hatte wohl den Landweg eingeschlagen und wurde nicht mehr gesehen. Es gab also eine neue Ente, und an ihr zeigte Donna, was für ein hervorragender Wasserhund sie ist. Nur der Gehorsam... Ich bin bis heute noch den Richtern dankbar dafür, daß sie das nicht taten, was sie hätten tun können, uns nämlich im Fach »Gehorsam« in den »2. Preis« abrutschen zu lassen. Punkte verloren wir natürlich, aber nicht so sehr viele.

Als nächstes machten wir die Bringtreueprüfung. Hierbei hatte ich auch wieder ein ungutes Gefühl, da Donna zwar jeden gefundenen Fuchs zuverlässig brachte, aber dazu neigte, zu weit zu stöbern und sich irgendwo im Wald zu »verlustieren«, anstatt einen stinkenden Fuchs zu suchen. Und auch auf der Bringtreueprüfung ging Donna erst mal jagen. Kurz bevor die Zeit um war, meine Nervosität war kaum noch zu übertreffen, hatte sie dann genug gejagt, stolperte mehr oder weniger (nach Aussage des Richters) über den ausgelegten Fuchs und brachte ihn, als sei nichts gewesen.

In ihrem bisherigen Leben hat Donna des öfteren meine Nerven überstrapaziert. So vermißte ich sie mal nach einer Bewegungsjagd auf Schalenwild. Die ganze Mannschaft hatte sich schon zum Streckelegen versammelt und nur Donna fehlte noch. Man denkt in solchen Situationen ja gleich an einen Verkehrs- oder Jagdunfall (durch Schuß oder Sau) und die Minuten, in denen man wartet, werden zu Stunden. Nachdem die Strecke verblasen war, kam meine Donna dann angeschlichen. Sie hatte einen mächtig dicken Bauch, und ich dachte gleich an eine Magenverdrehung. Also Hund ins Auto und ab zum Tierarzt. Er schaffte es nicht mehr, hinten in den Wagen zu springen und so ließ ich ihn vor dem Beifahrersitz einsteigen. Auf dem Weg zum Tierarzt hielt ich kurz an dem Lokal an, wo das Schüsseltreiben stattfinden sollte, um den Jagdleiter darüber zu informieren, daß ich erst später oder gar nicht mehr käme. Zurück ins Auto, Handbremse gelöst und - Sauerei. Ich hatte in etwas »Glibberiges« gefaßt, das über die ganze Mittelkonsole verteilt war. Können Sie sich meine Erleichterung vorstellen? Donna hatte keine Magenverdrehung sondern den halben Aufbruch eines Schmaltieres (wie sich später herausstellte) gefressen und im Auto wegen des »Völlegefühls« wieder herausgewürgt. Selten habe ich so freudig die »Sauerei« eines Hundes aus dem Auto entfernt wie an diesem Abend, der übrigens noch sehr schön wurde.

Den nächsten »donnabedingten« Schreck bekam ich auf einer Niederwildjagd in Rheinhessen. Im ersten Treiben beschoß ich zwei Hasen. Der erste lag und der zweite ging krank ab. Bevor ich nachladen konnte war er in einem Weinberg verschwunden. Ich setzte Donna auf der Spur an, hörte etwas später Hetzlaut und dann ein markerschütterndes Klagen der Hündin. Nach einigen Sekunden kam sie auf mich zugehoppelt und war immer noch am klagen. Was ich sah, ließ mich beinahe auch anfangen zu weinen. Sie hatte sich das Fell am linken Vorderlauf abgerissen. Es hing auf der Pfote wie ein heruntergelassener Kniestrumpf und mehr oder weniger der ganze Lauf lag blank. Mir wurde es fast schlecht, auch weil ich glaubte, daß die Sache irreparabel sei. Aber ein guter Tierarzt hat wieder alles zusammengeflickt und nach ein paar Wochen sah man kaum noch die Narben. Aber was war geschehen? Bei der Hasenhetze war Donna gegen den seitlichen Spanndraht einer Rebenreihe gelaufen und hatte sich dabei so stark verletzt. Sie kannte zwar die Jagd in den Weinbergen, aber den an der Seite zum Boden führenden Draht hatte sie wohl übersehen.

Den nächsten Schrecken bekam ich bei einer Nachsuche auf eine laufkranke Sau. Der Schütze erzählte etwas von einer 20 kg-Sau, die er am Vorabend beschossen habe und die eigentlich liegen müsse. Am Anschuß, der schon einmal nicht da war, wo der Schütze ihn vermutete, fanden wir einen Knochensplitter, der auf einen hohen Vorderlaufschuß schließen ließ. Solche Nachsuchen sind oft sehr schwierig und manchmal auch nicht ungefährlich für die Hunde, da eine Sau an einem solchen Schuß in der Regel nicht verendet - aber diese sollte ja nur 20 kg wiegen. Ich setzte Donna am langen Riemen an und ein befreundeter Förster folgte mit Donna's Sohn »Cai« an der Führleine. Wir gingen der Fährte etwa 200 m nach, bis mein Freund die erste Bestätigung fand, daß wir noch richtig waren. Die Sau hatte wohl etwas verschnauft, und an dieser Stelle fanden wir ein wenig Schweiß. Ich muß allerdings gestehen, daß ich Schwierigkeiten habe, winzige Schweißtröpfchen zu sehen und mich so immer mehr oder weniger »blind« auf meinen Hund verlassen muß. Mir ist klar, daß man mit diesem Handicap kein großer Nachsuchenführer werden kann und habe auch keine diesbezüglichen Ambitionen.

Wir waren also erst einmal erleichtert und ließen Donna einige Minuten ausruhen. Weiter ging es über umgefallene Stämme und Wurzelteller, und manchmal gab es kaum ein Fortkommen. Man mag ja über den naturnahen Waldbau sagen was man will, aber beim traditionellen war der Wald irgendwie aufgeräumter und so auch besser zu durchdringen. Aber wir vier kämpften uns etwa weitere 400 - 500 Meter durch, als Donna immer heftiger wurde und plötzlich am Schweißriemen vorstand. »Da muß die Sau irgendwo stecken, wir schnallen die Hunde«. Gesagt, getan - und jetzt standen beide Hunde fest vor, aber ich sah keine Sau und glaubte schon, von einem der seltenen Waldhasen »gefoppt« worden zu sein, als es plötzlich knallte und die Hunde vorstürmten. »Sie liegt«, rief mein Freund, und ich kämpfte mich zum Ort des Geschehens durch. Erst erschrak ich wegen der Größe der Sau, dann, weil Donna vorne dranhing und Cai hinten und schließlich, weil die Sau noch einen recht lebendigen Eindruck machte. An einen Fangschuß war nicht zu denken und so nahm ich mein langes Messer aus der Scheide, versuchte mein »ungutes Gefühl« in den Griff zu bekommen und stieß kräftig zu. Glücklicherweise hatte ich keine Rippe getroffen, die Sau verendete an einer Lungenembolie, die total erschöpften Hunde ließen allmählich ab und dann kam mein Freund, der Förster, und fragte mich fast vorwurfsvoll, warum ich denn noch mit dem großen Messer in die Sau gestochen habe. Noch ein wenig zitternd entgegnete ich: »Wenn Du mir sagst, wo der Fangschuß sitzt, dann kriegst Du darauf eine Antwort«. Wie sich dann herausstellte war der Fangschuß vorbeigegangen, der kleine Keiler wog 40 kg statt 20 kg, und die Hunde waren wohl auch von falschen Voraussetzungen ausgegegangen, da sie sich normalerweise nicht blindwütig auf stärkere Sauen stürzen, sondern diese nur giftig verbellen. Auf den Schuß hin waren sie aber wie die »Verrückten« auf die Sau losgestürmt und hatten das schon geschwächte Tier so günstig gepackt, daß es ihnen keine Verletzungen zufügen konnte. Die Sache hätte genausogut in die Hose oder die Knochen gehen können - aber bei dieser Jagdart müssen Hunde und Führer halt auch ein wenig Glück haben.

Vier Dinge waren bei dieser Nachsuche typisch für die vielerorts ausgeübte nächtliche Saubejagung, die man nicht unbedingt als sehr tierschutzgerecht bezeichnen kann: 1. Der Anschuß war nicht da, wo er angeblich sein sollte, 2. der Schuß saß nicht da, wo er angeblich sitzen sollte, 3. der Schütze hatte sich auch mit der Stärke der Sau vertan, und 4. sie hatte schon einen alten Schuß (dafür konnte unser Schütze natürlich nichts). Werden Sauen nachts bejagt, sieht man oft nicht, wo vorne und hinten ist, man weiß nicht genau, wie man abgekommen ist, man verschätzt sich mit der Stärke (wichtig für die Nachsuchengespanne) usw. Ja, und dann werden oft wohl auch keine Kontrollsuchen durchgeführt, wenn man glaubt, nicht getroffen zu haben.

Aber zurück zu Donnas Werdegang. Nach der Bringtreueprüfung standen noch die Verbandsschweißprüfung und der Verlorenbringernachweis an. Da sie ein großer Fresser und guter Spurhund ist, gab es auf Schweiß nie Probleme. Nach der VGP steigerte ich allmählich Länge und Stehzeit bis auf das auf der VSwP geforderte Maß, ohne daß es dabei größere Schwierigkeiten gegeben hätte. Donna arbeitete die Fährten immer sehr zügig, dabei aber auch fährtensicher, da sie so schnell wie möglich an ihr Futter kommen wollte. Größere Probleme ergaben sich erst, als ich mir die Fährten in Gebieten mit vielen Verleitungen (Rotwild, Sauen) legen ließ, um Donna endgültig auf das vorzubereiten, was sie auf der VSwP erwartete. Anfangs trickste sie mich immer wieder aus, indem sie in derselben Manier der Verleitungsfährte folgte wie der Schweißfährte. Wir mußten also wieder einen Einarbeitungsschritt zurückgehen und die Fährten für mich sichtbar markieren, so daß ich sofort auf den Hund einwirken konnte. Wir machten es so, daß ich Donna, sobald sie auf einer Verleitung abging, energisch mit »Zur Fährte« anherrschte und mein Begleiter der Sache mit einer langen Rute Nachdruck verlieh. Schließlich fuhren wir hoffnungsvoll zur VSwP.

Das Schlimmste an der ganzen Prüfung war die Wartezeit, bis wir schließlich als drittes Gespann an der Reihe waren, obwohl ich eigentlich den wunderbaren Oktobertag im Laubwald hätte genießen sollen. Ich habe schon den einen oder anderen Hund auf den verschiedensten Prüfungen geführt, aber vor der Schweißarbeit kribbelt es mir immer am meisten im Magen, weil man hier als kleverer und erfahrener Führer doch einigen Einfluß hat oder haben kann, der sich allerdings bei mir wegen der schon erwähnten Schwierigkeiten beim Finden von Schweiß stark reduziert. Ich konzentriere mich stattdessen darauf, meinen Hund genau zu beobachten und so zu erkennen, wann er abgekommen ist. So viel zur Theorie.

Auf besagter VSwP ging Donna in gewohnter Manier auf der Fährte zügig los, sie arbeitete den ersten Haken hervorragend, ich konnte sogar einige Male Schweiß melden, sie fand einen Verweiserpunkt, sie überschoß allerdings den zweiten Haken, fand aber selbständig wieder auf die Fährte zurück und alles lief eigentlich zu meiner vollsten Zufriedenheit. Nach etwa der Hälfte der Strecke legte ich Donna an einem gefundenen Verweiserpunkt ab und die leicht schnaufenden Richter waren dankbarer für die Ruhepause als mein Hund. Ich habe es schon erwähnt, Donna arbeitete recht zügig und das Gelände hatte eine für ältere Herrschaften doch schon recht anstrengende Reliefenergie. Nach etwa drei Minuten wollte meine Hündin wieder weiter und ich folgte ihr. Das war auch richtig so, denn der Hund arbeitete offensichtlich sicher auf der Fährte.

Können Sie sich vorstellen, daß man als Führer auf einer Prüfung vergißt, wie viele Haken der Hund schon gearbeitet hat? Ich mittlerweile schon. Als ich nämlich glaubte, nur noch 100 - 150 m vom Stück entfernt zu sein, legte Donna einen Rechtshaken ein und suchte wie gehabt weiter. Bevor ich mir so richtig im Klaren war, ob dies nun der dritte oder vierte Haken gewesen war und mein lieber Hund mich mal wieder über eine Verleitung »schleppte«, war es schon zu spät - Abruf. Sie war einer Saufährte nachgelaufen und ich Esel hatte es nicht gemerkt. Der Rest war kein Problem mehr. Ich ging zurück bis zu meinem letzten Papierschnipsel (die lasse ich an Stellen fallen, wo ich ganz sicher bin, daß der Hund richtig ist) und Donna war »ruckzuck« am Stück. Die ganze Sache hatte inklusive Rückruf 22 Minuten gedauert, die Richter etwas außer Atem gebracht und Donna ihr SII beschert.

Jetzt sehe ich schon einige Damen und Herren Schweißhundeführer die Hände über dem Kopf zusammenschlagen: »Nur 22 Minuten für 1000 m Schweißfährte. So ein Hund ist in der Praxis unbrauchbar«. Ich kann Sie alle beruhigen. Auf derselben Prüfung bestand auch ein Zwergteckel, der brauchte eineinhalb Stunden. Ich nehme an, daß das ein geeigneter Nachsuchenhund für die rauhe Praxis ist, vor allem, weil nicht die Gefahr besteht, daß irgendjemandem beim Folgen die Puste ausgeht. Übrigens, ich liebe Zwergteckel, aber eher weniger als Nachsuchenhunde und eher noch weniger als Selbstdarstellungsobjekte in die Jahre gekommener junger Damen.

Nun gut, wir hatten die Prüfung bestanden und das noch als bestes Gespann auf der 20-Stunden-Fährte. Aber mußte Donna mich nochmal so »linken«? Nachdem ich mir klar gemacht hatte, daß mich mindestens 50 % der Schuld (wenn man von so etwas überhaupt sprechen kann) traf, freuten wir uns und feierten ein wenig. Donna mußte allerdings fahren und trank deshalb an diesem Abend keinen Alkohol.

Ich will noch ein wenig über die letzte Prüfung, die eigentlich ein Verlorenbringernachweis (Vbr) ist, erzählen, denn auch das lief nicht so ganz normal ab. Stellen sie sich vor, eine wunderbare Niederwildjagd in (raten Sie mal) Rheinhessen, und Donna ist in Hochform. Nicht daß ich sie vor dem Schuß eingesetzt hätte - da gab es ja schon einige negative Erfahrungen - nein, ich ließ sie nur krankgeschossene Hasen und Fasane nachsuchen. Und wie es der Teufel (oder sonst jemand) wollte, nahm ein Verbandsrichter an der Jagd teil, und einige der Schützen konnten nicht verhehlen, daß sie eher selten mit der Flinte umgingen. Lange Rede, kurzer Sinn, Donna machte drei (!) erfolgreiche Nachsuchen auf krankgeschossene Hasen, die jeweils den Vbr-Anforderungen entsprachen. Damals war es aber noch so, daß zwei Verbandsrichter diese Arbeiten bescheinigen mußten, und so war guter Rat teuer. Nun waren drei Zeugen der Nachsuchen keine Normalsterblichen, sondern im Prinzip dienstlich Subalterne (alles A 13) des damaligen Gruppenvorsitzenden. Also laßt es uns probieren: Ich schilderte die drei Nachsuchen auf der Rückseite einer (übrigens vorzüglichen) Speisekarte, Richter und Zeugen unterschrieben und ab ging die Post. Die Antwort kam auch postwendend: »Vbr-Nachweis kann nicht anerkannt werden, weil ein zweiter Verbandsrichter fehlte. Die Zeugen sind in unserem Sinn nicht kompetent«.

Wissen Sie, die Arbeit mit den Jagdhunden macht sehr viel Spaß, aber wenn die Sache allzu bürokratisch wird, dann fragt man sich, was das eigentlich soll. Einige Jahre später wurde die Regelung sowieso dahingehend geändert, daß ein Verbandsrichter und ein Zeuge genügen, um die Arbeiten zu bestätigen. Wenn im Gebrauchshundelager alles immer so korrekt abliefe, dann würde man ja nichts sagen, aber bei uns gibt es z.B. auch das Eiskunstläufersyndrom, d.h. daß man sich bei vielen Richtern erst einmal »hocharbeiten« muß, ist man dann »oben«, kann man sich auch einige Schnitzer erlauben, obwohl ja primär Veranlagung und Leistung der Hunde beurteilt werden sollten.

Im darauffolgenden Jahr bin ich die Sache natürlich etwas professioneller angegangen. Ich bat, zwei Verbandsrichter zu der Jagd im schon erwähnten Rheinhessenrevier einzuladen und hoffte, daß die Jäger sich in Bezug auf ihre Treffsicherheit noch auf dem Stand des Vorjahres befinden würden. Beides wurde mir (uns) gewährt, und Donna machte ohne Probleme ihren Vbr-Nachweis.

Dem einen oder anderen von Ihnen, geehrte Leser, ist eine gewisse Ironie bei meinen obigen Schilderungen sicher nicht entgangen. Gut so! Ich empfinde es nämlich als kreaturverachtend, was den Hasen in unserem Lande manchmal angetan wird. Sie werden von ungeübten Schützen auf alle möglichen Entfernungen »beballert«, dann zur Beruhigung des Waidmannsgewissens mit in Mode gekommenen sogenannten Jagdhunden erfolglos nachgesucht und so vielfach zum langsamen »Verrecken« verurteilt. Man kann sich manchmal des Eindrucks nicht erwehren, daß besonders die Niederwildjagd bei manchen Jägern zum »Schießsport mit dem besonderen Kick« verkommen ist. Wir sollten aber nicht vergessen, daß besonders in der heutigen Zeit das Hobbyjägertum sehr kritisch gesehen wird und irgendwann seine gesellschaftliche Akzeptanz verlieren könnte, wenn wir uns nicht bemühen, tierschutzgerecht zu jagen.

Aber eigentlich wollte ich Ihnen ja etwas über Donna erzählen. Sie entwickelte sich mit der Zeit zu einem gefragten Solojäger in unserem Raum, der wunderbar fährtenlaut jagt. Ich habe sie in den letzten Jahren hauptsächlich als Stöber-, Apportier- und Nachsuchenhund eingesetzt, letzteres aber immer nur im Rahmen unserer Möglichkeiten. Sie läuft heute noch viele jüngere Hunde in Grund und Boden und vor keiner Sau davon.

Gezüchtet habe ich auch mit ihr, obwohl ich der Meinung bin, daß nicht jede gute Deutsch-Drahthaar Hündin gut genug ist, um mit ihr zu züchten. Aber Donna ist wirklich etwas besonderes und Jagdfreunde drängten mich dazu, da sie Welpen von ihr haben wollten. Sie hatte insgesamt drei Würfe und vererbte sich sowohl leistungs- als auch formmäßig sehr gut. Ich finde übrigens, daß drei Würfe genug sind für eine Hündin, mit der man bis ins hohe Alter jagen will. Jeder Wurf belastet sie und läßt sie sichtbar altern. Liebt man seine Hündin und schätzt man sie als Jagdfreund, dann macht man sie nicht zur Zuchtmaschine, auch wenn sich damit ein paar Mark verdienen lassen.

Während ich dies schreibe liegt Donna neben mir. Ihr wurde gestern ein Mammatumor operativ entfernt und sie hängt noch ein wenig in den Seilen. Ich hoffe, daß sie in einigen Tagen wieder ganz »die Alte« ist.

Es ist Herbst geworden in der Eifel , der Wald zeigt sich in seiner ganzen Farbenpracht »und wieder lockt die Wildbahn«. Auf meinem Schreibtisch stapeln sich die Jagdeinladungen für Donna (und mich). Am kommenden Wochenende werden wir wohl noch nicht jagen können, aber die Saison hat ja gerade erst so richtig angefangen. Wir werden bestimmt noch viele schöne Jagdtage miteinander erleben, obwohl Donna im Frühjahr »65« wird.

Kann sie einmal nicht mehr jagen, dann wünsche ich ihr einen schnellen und schmerzlosen Tod - wer würde sich das nicht auch für sich selbst wünschen - *denn was ist ein passionierter Jäger ohne Jagd?*

Anhang

Zuchtordnung des Vereins Deutsch-Drahthaar e.V. (Auszüge)

Stand: 1. April 1994

1. Teil - Allgemeines

Artikel 1: Grundsatz
Die Impulse in der Deutsch-Drahthaar-Zucht gehen vom Züchter aus. Seine züchterische Freiheit ist innerhalb des sachlichen Bereichs dieser Zuchtordnung gewährleistet.

Artikel 2: Der Hauptzuchtwart
1. Die Pflege, Betreuung und Förderung der Deutsch-Drahthaar-Zucht obliegt dem Hauptzuchtwart. Seine sachliche und örtliche Zuständigkeit liegt innerhalb des Geltungsbereichs der Satzung des Vereins Deutsch-Drahthaar e.V.
2. Er ist der Leiter des Zuchtbuchamtes.

Artikel 3: Die Gruppenzuchtwarte
1. Den Zuchtwarten der Gruppen des VDD obliegt die Pflege, Betreuung und Förderung der Deutsch-Drahthaar-Zucht in ihren Gruppen. Sie müssen vom Vorstand ihrer Gruppe über den Hauptzuchtwart dem geschäftsführenden Vorstand gemeldet und von diesem bestätigt werden.
2. Jede Gruppe kann nur einen verantwortlichen Zuchtwart bestellen.
3. Die Gruppenzuchtwarte können sich zur Erfüllung ihrer Aufgaben einer oder mehrerer Vertrauenspersonen bedienen. Die Vertrauenspersonen bedürfen der Zustimmung des Vorstands der zuständigen Gruppe.

Artikel 4: Die Züchter
Züchter im Sinne dieser Zuchtordnung ist der Eigentümer der Mutterhündin zur Wurfzeit, wenn
   a) er einen eigenen, vom Zuchtbuchamt geschützten Zwinger unterhält (Artikel 6),
   b) ein Deutsch-Drahthaar-Wurf in diesem Zwinger fällt und
   c) der Wurf mindestens bis zur Tätowierung (Artikel 28) in diesem Zwinger gehalten wird.

Artikel 5: Der Zuchtvertrag
1. Der Eigentümer einer zuchttauglichen Hündin (Artikel 9) kann zulässige Zuchtrechte einzeln und jeweils nur mit Zuchtvertrag auf eine andere Person übertragen, die mit der Wirksamkeit des Zuchtvertrags als Züchter im Sinne dieser Zuchtordnung gilt.
2. Der Zuchtvertrag wird nur wirksam, wenn
   a) die Hündin aus der Zucht des durch den Zuchtvertrag ernannten Züchters stammt,
   b) das züchterische Bedürfnis nachgewiesen wird,
   c) die Voraussetzungen des Artikels 4a mit 4c bestehen und
   d) der Hauptzuchtwart den Zuchtvertrag genehmigt hat.

Antrag auf Genehmigung des Zuchtvertrags soll möglichst schon vor dem Deckakt gestellt werden.
3. Der Hauptzuchtwart darf den Zuchtvertrag nur genehmigen, wenn der Zuchtwart der für den Antragsteller zuständigen Gruppe die Unbedenklichkeit bestätigt hat und der Wirksamkeit keine aus der Satzung und Zuchtordnung hervorgehenden Hindernisse entgegenstehen.

Artikel 6: Zwingerschutz - Standort des Zwingers
1. Zwingerschutz wird nur Mitgliedern des VDD erteilt. Als Mitglieder im Sinne dieser Bestimmung gelten auch Personen, die die Mitgliedschaft zum VDD beantragt haben.
2. Jeder Züchter muß einen Zwinger unterhalten. Der Zwingername (Artikel 7) muß im Zuchtbuchamt des

VDD geschützt sein. Für den gewählten Standort der Zwingeranlage ist maßgeblich, daß der Zwingerinhaber jederzeit selbst unmittelbaren und eigenverantwortlichen Einfluß auf alle Vorkommnisse in seinem Zwinger nehmen kann. Jede Art der Verschleierung, die dem Sinn dieser Bestimmung entgegensteht, insbesondere die verschleiernde Überlassung des Zwingernamens, ist unzulässig.
3. Der Deutsch-Drahthaar-Zwinger wird auf Lebenszeit des Zwingerinhabers geschützt, wenn der Zwingerschutz nicht aus besonderen Gründen vorzeitig erlischt.
4. Der Zwingerschutz erlischt aus besonderen Gründen vorzeitig
   a) auf Antrag des Zwingerinhabers,
   b) wenn die Züchtertätigkeit zehn Jahre nach Eintragung des Zwingerschutzes nicht aufgenommen oder
   c) zehn Jahre nach Eintragung des letzten Wurfes nicht weitergeführt wurde.

Die Inhaber der zur Löschung anstehenden Zwinger sind zu verständigen oder durch Veröffentlichung in den Deutsch-Drahthaar-Blättern auf die anstehende Löschung aufmerksam zu machen.

5. Der Zwingerschutz bleibt jedoch bestehen, wenn der Zwingerinhaber die Weiterführung des Zwingerschutzes beim Zuchtbuchamt vor Fristablauf beantragt. Der Antragsteller ist vom Zuchtbuchamt zu benachrichtigen. Für die Bearbeitung des Antrags werden keine Gebühren erhoben.
6. Der Zwingerinhaber kann den Zwingerschutz auf eine andere Person übertragen. Die Übertragung wird wirksam, wenn der Hauptzuchtwart die Zustimmung unterschriftlich erteilt hat. Artikel 32 ist anzuwenden.

Artikel 7: Der Zwingername
Zwingerschutz ist spätestens bei Anmeldung des ersten Wurfes (Artikel 22) über den zuständigen Gruppenzuchtwart beim Zuchtbuchamt zu beantragen. Der Antrag soll drei Namensvorschläge in der angestrebten Reihenfolge enthalten. Der vom Zuchtbuchamt zugeteilte Zwingername wird an andere Züchter nicht mehr vergeben. Alle Würfe im Zwinger des Züchters werden unter dem zugeteilten Zwingernamen im Zuchtbuch des VDD eingetragen, wenn diese Zuchtordnung nicht entgegensteht.

Artikel 8: Vornamen der Welpen im Zwinger des Züchters
Alle in einem Wurf im Zwinger gefallenen Welpen erhalten Vornamen mit gleichem Anfangsbuchstaben. Das Geschlecht muß aus den Vornamen erkennbar sein. Für Welpen des ersten Wurfes ist der Anfangsbuchstabe »A« zu verwenden. Für nachfolgende Würfe ist bei der Vergabe der Vornamen in alphabetischer Reihenfolge zu verfahren. Die Anfangsbuchstaben »X«und »Y« können ausgeklammert werden.

2. Teil - Zulassung zur Zucht

Artikel 9: Zuchttauglichkeit
1. Grundlage der Zulassung zur Zucht ist die festgestellte Zuchttauglichkeit der Hunde. Die Zuchttauglichkeit wird von dem Zuchtwart der zuständigen Gruppe oder einem Beauftragten festgestellt.
2. Zuchttauglich ist ein Hund, wenn er
   a) keine der in Artikel 14 genannten zuchtausschließenden Mängel aufweist,
   b) den Härtenachweis erbracht und
   c) eine der folgenden Verbandsprüfungen - VJP, HZP, VGP, VSwP, Vbr - bestanden hat. Zu den Verbandsprüfungen VSwP und Vbr hat zusätzlich die Überprüfung auf Schußfestigkeit und Wildscheue im Feld und im Wasser und zur VJP zusätzlich die Überprüfung auf Schußfestigkeit und Wildscheue im Wasser zu erfolgen.
3. Soweit der Nachweis der Schußfestigkeit gemäß der Prüfungseigenart bei Verbandsprüfungen nicht gefordert und erbracht wird, ist der Nachweis der Schußfestigkeit im Feld nach 23 VZPO und am Wasser nach § 36 Abs. 9 und 10 VZPO oder § 60 Abs. 7 bis 10 VGPO vor drei Verbandsrichtern zu erbringen. Anfallende Kosten sind vom Eigentümer des Hundes zu tragen.

4. Das Ergebnis der Schußfestigkeit ist zu übernehmen, auch wenn die Verbandsprüfung (HZP, VGP) insgesamt nicht bestanden wurde.
5. Der Nachweis der Schußfestigkeit am Wasser ist nicht erbracht, wenn der Hund am Wasser die Arbeit auf den Schuß hin abbricht und nur durch massive Einwirkung des Führers im Wasser bleibt. Ein solcher Hund ist bereits als schußempfindlich einzustufen.

Artikel 10: Kennzeichnung der Ahnentafeln der zuchttauglichen Hunde
1. Die Vorderseite der Ahnentafeln der zuchttauglichen Hunde ist nach festgestellter Zuchttauglichkeit (Artikel 9) mit dem Stempelaufdruck »Zuchttauglich« zu versehen.
2. Der Stempelaufdruck muß mit Datum und Unterschrift des Zuchtwarts der zuständigen Gruppe versehen werden.

Artikel 11: Alter der Zuchthunde
Zuchthündinnen sollen nicht vor der zweiten Hitze und nicht nach dem achten Lebensjahr gedeckt werden. Als Deckrüden sollen nur Rüden Verwendung finden, die das neunte Lebensjahr nicht überschritten haben.

Artikel 12: Anzahl der Deckakte
1. Der Deckrüde verfügt während des Zuchtjahres über sechs erfolgreiche Deckakte. Die Deckakte sind dem Zuchtjahr zuzurechnen, in dem der Wurf fällt.
2. Zuchtjahr = Kalenderjahr.
3. Bei einmaliger fahrlässiger Übertretung der Bestimmung aus Absatz 1 ist ein Reugeld in Höhe einer tagesüblichen Deckgebühr an die Kasse des Zuchtbuchamts abzuführen. Darüber hinaus ist der siebente Deckakt dem folgenden Zuchtjahr zuzurechnen. Zuständig für die Festsetzung ist der Hauptzuchtwart.

Artikel 13: Zuführung anderer Vorstehhunde - ausländische Hunde
1. Bei Zuführung von Deutsch-Kurzhaar oder rauhhaariger Schläge ist vor dem Deckakt die schriftliche Zustimmung des Hauptzuchtwarts einzuholen. Er darf der Paarung nur zustimmen, wenn zu erwarten ist, daß die Einkreuzung Gewinn für die Deutsch-Drahthaar-Zucht bedeutet.
2. Die Einkreuzung anderer Rassen ist unzulässig.
3. Für Hunde, die in ausländischen Zuchtbüchern registriert sind, gelten bei Zuchtverwendung die Bestimmungen des Artikel 9 und 10 unverändert.

3. Teil - Zuchtausschließende Mängel

Artikel 14: Von der Zucht ausgeschlossene Hunde
1. Von der Zucht ausgeschlossen sind Hunde
   a) mit Erbkrankheiten. Die Mitgliederversammlung kann bestimmen, welche Erbkrankheiten und welcher Grad einer Erbkrankheit zum Zuchtausschluß führt,
   b) mit ungenügendem Form- oder Haarwert (über »Zuchtverbot« siehe aber Artikel 15, Absatz 2),
   c) mit Zahnfehlern (Vorbiß, Rückbiß, Kreuzbiß, fehlende Schneide- oder Fangzähne, fehlende Molaren oder Prämolaren).

Hunde mit Zangengebiß oder fehlenden P1 gelten als noch für die Zucht zulassungsfähig. (Doppelzahnigkeit führt nicht zum Zuchtausschluß.) über Zuchtverbot siehe aber Artikel 15, Absatz 2,

   d) mit Entropium oder Ektropium oder mit hellem Nasenschwamm (Pigmentmangel),
   e) mit Geschlechtsmißbildungen,
   f) mit angewölfter Stummel- oder Knickrute,
   g) die wesensschwach (z.T. schußscheu, wildscheu, stark schußempfindlich, schußempfindlich, leicht schußempfindlich, Angstbeißer) sind. Hunde mit diesen zuchtausschließenden Eigenschaften bleiben auch dann von der Zucht ausgeschlossen, wenn sie sich bei späteren Vorstellungen wesensfest

zeigen. Bei Feststellung der Zuchttauglichkeit der Hunde sind die Zensurenblätter aller abgelegten Verbandsprüfungen vorzulegen und auf diese Mängel zu prüfen. Unberührt bleibt die Zuchttauglichkeit der Hunde, die als stark schußempfindlich, schußempfindlich und leicht schußempfindlich festgestellt wurden, wenn sie vor dem 1. Januar 1981 bereits zuchttauglich (Artikel 9) waren.

h) schwarze Hunde (auch bei vorhandener heller Brustfärbung) und Hunde, die farbmäßig der Standardbeschreibung nicht entsprechen.

2. Die Paarung von Schwarzschimmeln mit Schwarzschimmeln sowie von Schwarzschimmeln mit braunen Hunden (auch mit Abzeichen) ist unzulässig. Die Ahnentafeln der Welpen aus solchen Verbindungen werden mit dem Stempelaufdruck »Zuchtverbot« versehen.

Artikel 15: Kennzeichnung der Ahnentafeln der von der Zucht ausgeschlossenen Hunde - Wirkung des Zuchtverbots

1. Die Vorderseite der Ahnentafeln der nicht zuchttauglichen Hunde ist mit dem Stempelaufdruck »Zuchtverbot« zu versehen. Der Stempelaufdruck muß den Grund des Zuchtausschlusses, das Datum der Feststellung und die Unterschrift des Zuchtwarts der zuständigen Gruppe enthalten.
2. Bei festgestellten Form- und Haarwertmängeln oder bei Zahnmängeln darf der Stempelaufdruck »Zuchtverbot« erst gesetzt werden, wenn der Hund achtzehn Monate alt geworden ist.
3. »Zuchtverbot« bewirkt, daß der betroffene Hund nicht für die Zucht verwendet werden darf. Sollte trotzdem eine Zuchtverwendung erfolgen, sind Gebühren in dreifacher Höhe anzusetzen. Darüber hinaus ist in einem einmaligen Fahrlässigkeitsfall die Erhebung eines Reugeldes zulässig. Im Wiederholungsfall kommt Artikel 34 in Verbindung mit § 22 ff der Satzung des Vereins Deutsch-Drahthaar e.V. zur Anwendung.

Artikel 16: »Zuchtverbot« nach bereits festgestellter Zuchttauglichkeit

1. Sofern nach festgestellter Zuchttauglichkeit zuchtausschließende Mängel festgestellt werden, ist die Vorderseite der Ahnentafel des betroffenen Hundes mit dem Stempelaufdruck »Zuchtverbot« zu versehen. Der Stempelaufdruck »Zuchttauglich« ist zu streichen. Das Zuchtverbot gilt ab dem Datum der Feststellung. Artikel 15 Absatz 1 Satz 2 gilt entsprechend.
2. Der über den Hund Verfügungsberechtigte hat die Ahnentafel zur Kenntlichmachung unverzüglich zur Verfügung zu stellen.
3. Dem Hauptzuchtwart obliegt es, Namen und Zuchtbuchnummer des Hundes und die Art des zuchtausschließenden Mangels im Mitteilungsorgan des VDD veröffentlichen zu lassen, wenn die Ahnentafel nicht innerhalb eines Monats nach der Aufforderung gekennzeichnet werden kann.

Artikel 17: Welpen nach Elterntieren mit fehlenden Zuchtvoraussetzungen

1. Die Ahnentafeln der Welpen nach Elterntieren mit fehlenden Zuchtvoraussetzungen (Artikel 9) oder mit zuchtausschließenden Mängeln (Artikel 14) sind mit dem Stempelaufdruck »Zuchtverbot« zu versehen. Artikel 15, Absatz 1, Satz 2 gilt entsprechend.
2. Die Zurücknahme des Zuchtverbots bei nachträglich erbrachtem Härtenachweis oder bei nachträglich bestandener Verbandsprüfung oder bei nachträglich nachgewiesener Schußfestigkeit im Feld und am Wasser ist nur für den ganzen Wurf und nur durch den Hauptzuchtwart zulässig.

Im Falle der Ausfertigung neuer Ahnentafeln sind die alten Ahnentafeln entschädigungslos einzuziehen und zu vernichten.

Artikel 18: Zuchtsperre

1. Über einen Hund, der bereits für die Zucht verwendet wurde, kann vom Hauptzuchtwart nach Anhörung des Zuchtwarts der zuständigen Gruppe »Zuchtsperre« verhängt werden, wenn Welpen aus wenig stens drei Würfen und bei wenigstens zwei verschiedenen Paarungen Degenerationsmerkmale oder Wesensmängel zeigen und bei Anwendung der Erfahrungskenntnisse auf den vererbenden Hund zurückgeschlossen werden kann. Der Bescheid über die Zuchtsperre ist dem Besitzer des Hundes als »Einschreiben« zuzustellen.
2. Der mit »Zuchtsperre« belegte Hund darf nicht mehr für die Zucht verwendet werden.

3. Im Falle der Nichtzustellbarkeit des Einschreibens gilt Artikel 16 Absatz 3 sinngemäß.
4. Vorsätzliche oder fahrlässige Verstöße gegen Absatz 2 sind als zuchtschädigende Verstöße gegen diese Zuchtordnung (Artikel 34) zu behandeln.

Artikel 19: Außerplanmäßige Vorstellung von Hunden
1. Zur Abwendung von Gefahren für die Deutsch-Drahthaar-Zucht kann der Hauptzuchtwart Hunde zur Besichtigung vorstellen lassen. Er hat bei der Wahl der Örtlichkeit und des Prüfers auf die Verhältnisse des Besitzers des Hundes weitgehende Rücksicht zu nehmen.
2. Kommt der Besitzer des Hundes dem Vorstellungsersuchen ohne zeitgerechte und ausreichende Entschuldigung nicht nach, kann der Hauptzuchtwart über den betroffenen Hund mit sofortiger Wirkung »Zuchtsperre« (Artikel 18) verhängen. Kosten, die der Besitzer des Hundes schuldhaft verursacht hat, sind erstattungspflichtig.

4. Teil - Das Verfahren

Artikel 20: Die Deckbescheinigung
1. Der Besitzer des Deckrüden hat nach dem Deckakt den Vordruck »Deckbescheinigung« auszufüllen. Er kann die Deckbescheinigung so lange in seinem Besitz halten, bis ihm der Züchter von dem gefallenen Wurf Mitteilung gemacht hat.
2. Die Deckbescheinigung genießt urkundlichen Schutz.
3. Der Besitzer des Deckrüden kann für den Deckakt eine angemessene Entschädigung verlangen, die der Züchter spätestens nach der Wurfmitteilung an den Besitzer des Deckrüden zu überweisen hat. Sofern die Entschädigung nicht in Geld erfolgt, richtet sich die Zeit der Übergabe der Entschädigung nach der entsprechenden Vereinbarung. Die Bestimmung des Artikels 28 Absatz 4 bleibt unberührt.
4. Der Besitzer des Deckrüden hat die Deckbescheinigung innerhalb einer Woche nach Eingang der Entschädigung an den Züchter zu übersenden. Wenn die Entschädigung nicht in Geld erfolgt, ist ihm die Deckbescheinigung ebenfalls innerhalb einer Woche nach der Wurfmitteilung zu übermitteln.
5. Außerhalb dieser Bestimmung liegende Übereinkünfte sind für alle Verfahrensbereiche unerheblich.

Artikel 21: Verfahren zum Schutz der Mutterhündin
1. Aus Deutsch-Drahthaar-Hündinnen darf in einem Zuchtjahr (1.1. bis 31.12.) nur ein Wurf gezogen werden.
2. Werden dem Zuchtbuchamt mehr als acht lebende Welpen aus einem Wurf zur Registrierung gemeldet, darf die Mutterhündin erst 16 Monate nach dem Wurftag wieder belegt werden.
3. Wird bei mehr als acht Welpen eine andere Hündin als Amme zur Aufzucht genommen, ist das innerhalb von drei Tagen nach dem Werfen dem Gruppenzuchtwart mitzuteilen. Der Gruppenzuchtwart oder dessen Beauftragter ist verpflichtet, sich innerhalb von drei Wochen von der ordnungsgemäßen Ammenaufzucht zu überzeugen. Die dadurch entstehenden Kosten trägt der Züchter.
4. Im Falle der ordnungsgemäßen Ammenaufzucht entfällt die aus Absatz 2 hervorgehende Schonfrist für die Hündin.
5. Bei einmaligen fahrlässigen Übertretungen der Bestimmungen aus Absatz 1 und 2 ist ein Reugeld in Höhe eines doppelten tagesüblichen Welpenpreises an die Kasse des Zuchtbuchamtes abzuführen. In allen übrigen Übertretungsfällen kommt Artikel 34 in Verbindung mit § 22 ff der Satzung zur Anwendung. Zuständig für einzuleitende Maßnahmen ist der Hauptzuchtwart.

Artikel 22: Die Wurfmeldung
1. Jeder Deutsch-Drahthaar-Wurf ist vom Züchter über den Zuchtwart der zuständigen Gruppe mit dem Vordruck »Wurfmeldung« beim Zuchtbuchamt anzumelden. Mit der Anmeldung ist der Antrag auf Zuteilung von Ahnentafeln untrennbar verbunden.
2. In der Wurfmeldung ist bei Aufzählung der Welpen in der Reihenfolge Rüden - Hündinnen zu verfahren.

3. Der Züchter hat der Wurfmeldung die Deckbescheinigung (Artikel 20) und ggf. den Zuchtvertrag (Artikel 5) und den Antrag auf Zwingerschutz (Artikel 6) beizugeben. Ferner ist den Wurfunterlagen immer die Ahnentafel der Mutterhündin und bei erstmaliger Verwendung des Deckrüden auch seine Ahnentafel im Original oder in Fotokopie beizugeben.

Artikel 23: Frist der Anmeldung des Wurfes

Die vollständigen Wurfunterlagen sollen binnen drei Wochen nach dem Wurftag bei dem zuständigen Gruppenzuchtwart eingegangen sein. Bei Fristüberschreitung ist Artikel 33 Absatz 1 Buchstabe b) anzuwenden.

Artikel 24: Die Ahnentafel der Welpen

1. Die Ahnentafel genießt urkundlichen Schutz. Hund und Ahnentafel bilden eine Einheit.
2. Ahnentafeln werden vom Zuchtbuchamt auf Antrag des Züchters (Artikel 22) nur nach Vorlage der vollständigen Wurfunterlagen ausgefertigt. Bei Antrag auf Zuteilung von Ahnentafeln steht das Nichtmitglied einem Vereinsmitglied gleich, wenn es die Mitgliedschaft beantragt hat und der Mitgliedschaft keine erkennbaren Hindernisgründe entgegenstehen.
3. Nach dem Vorliegen der ausländischen Ahnentafel wird ein »Anhang zur Ahnentafel« mit der Bestätigung, daß der in der ausländischen Ahnentafel unter Nr. ... im ausländischen Zuchtbuch eingetragene Hund nach den Zuchtlinien des VDD gezüchtet ist und unter Nr. ... beim VDD geführt wird, ausgestellt und der ausländischen Ahnentafel beigefügt.

Artikel 25: Stempelaufdruck »HD-frei«

1. Die Ahnentafeln der Deutsch-Drahthaar-Hunde, die durch eine vom VDD anerkannte Auswertungsstelle als frei von Erscheinungen der Hüftgelenksdysplasie beurteilt worden sind, werden auf der Vorderseite mit dem Stempelaufdruck »HD-frei« versehen. Grenzfälle gelten als HD-frei.
2. Die Gruppenzuchtwarte sind beauftragt, den Stempelaufdruck »HD-frei« nach Prüfung des Untersuchungsgutachtens zu setzen.

Artikel 26: Hindernisse bei der Zuteilung von Ahnentafeln

1. Der Hauptzuchtwart kann die Zuteilung von Ahnentafeln von der Vorlage eines Röntgenbildes oder Untersuchungsgutachtens abhängig machen, wenn die Zuchttauglichkeit (Artikel 9) eines Hundes zweifelhaft ist.
2. Über die Zuteilung von Ahnentafeln für einen Wurf ohne Möglichkeit der Beibringung der vollständigen Wurfunterlagen entscheidet der Hauptzuchtwart nach Anhörung des Zuchtwarts der für den Antragsteller zuständigen Deutsch-Drahthaar-Gruppe. Er darf dem Antrag nur stattgeben, wenn
   a) der Züchter schuldlos an der Anmeldung des Wurfes gehindert war,
   b) die lückenlose Ahnenreihe der Elterntiere mindestens in dem in der Ahnentafel vorgesehenen Umfang nachgewiesen wird oder festgestellt werden kann,
   c) der Verbleib aller Wurfgeschwister nachgewiesen wird und
   d) zu erwarten ist, daß die Nachzucht Gewinn für die Deutsch-Drahthaar-Zucht bedeutet.

Artikel 27: Eigentumswechsel

1. Jeder Eigentumswechsel ist auf der Rückseite der Ahnentafel mit Namen und Anschrift des Erwerbers zu vermerken.
2. Die Ahnentafel geht mit dem Hund in das Eigentum des Erwerbers über.

Artikel 28: Die Tätowierung

1. Alle Deutsch-Drahthaar-Welpen werden tätowiert.
2. Etwa in der siebten bis achten Lebenswoche ist die zugeteilte Zuchtbuchnummer des Welpen von dem Zuchtwart der zuständigen Deutsch-Drahthaar-Gruppe oder einem Beauftragten in den rechten Behang des Hundes und in die rechte untere Ecke der Ahnentafel mit der Tätowierzange einzudrücken.
3. Die Kosten der Tätowierung hat der Züchter zu tragen.

4. Vor der Tätowierung darf kein Welpe des Wurfes abgegeben werden.
5. Teil - Zuchtschauen - Zuchtregister - Leistungszucht

Artikel 29: Zuchtschauen
1. Zuchtschauen werden von den VDD-Gruppen in eigener Zuständigkeit ausgerichtet und veranstaltet. Sie sollen spätestens sechs Wochen vor dem Termin dem Hauptzuchtwart gemeldet werden, der nach Möglichkeit für die Entsendung eines Formwertrichters aus einer unbeteiligten VDD-Gruppe Sorge trägt.
2. Ein Richter darf an der Beurteilung eines Hundes nicht teilnehmen, wenn
   a) der zu beurteilende Hund oder die Elterntiere oder ein Elternteil aus der Zucht des Richters stammt oder
   b) durch Eigentums- oder Besitzwechsel oder auf andere Art Besorgnis der Befangenheit besteht.

Artikel 30: Zuchtregister
1. Zuchttaugliche Hunde (Artikel 9) mit Bart, mit einem Mindestalter von 18 Monaten, die bei einer Zuchtschau im Form- und Haarwert die Mindestnote »gut« erhalten, den Härtenachweis erbracht und wenigstens eine HZP oder VGP bestanden haben und HD-frei sind, werden bei Vorlage des Begutachtungsurteils in das Zuchtregister eingetragen.
2. Von der Eintragung sind jedoch ausgeschlossen
   a) Hunde, die kurzhaarig oder glatt sind,
   b) Hunde, die in Abweichung von der Standardbeschreibung Über- oder Untermaß aufweisen, und
   c) Hunde mit leichten Wesensschwächen (z.B. ängstliches Verhalten bei Gebißüberprüfung, gegenüber Fremden, bei Waffenhandhabung, Scheue bei lebendem Wild, Nervosität usw.).

Artikel 31: Leistungszucht

Die Ahnentafeln der Welpen werden auf der Vorderseite mit dem Stempelaufdruck »Aus auf Form und Leistung geprüften Eltern« versehen, wenn beide Elterntiere
   a) eine Verbandsjugendprüfung und Verbandsherbstzuchtprüfung bestanden haben,
   b) auf einer Verbandsgebrauchsprüfung mit Erfolg gelaufen und
   c) im Zuchtregister des VDD (Artikel 30) eingetragen sind.

Literatur

Beckmann, Ludwig: Rassen des Hundes, Braunschweig 1894, Mürlenbach 1983
Berlowitz, Dina u. Weidt, Horst: Prägungsspieltage, in Die Pirsch 24/95 - 8/96
Birnbaum, Dieter: Zuchtziele und Zuchtprinzipien des VDD im ersten Halbjahrhundert seines Bestehens, in Deutsch-Drahthaar-Blätter 9/92
Birnbaum, Dieter: Die ersten vier Jahrzehnte der Vereinsgeschichte, in DD-Blätter 9/92
Blase, Richard: Die Jägerprüfung, Melsungen 1996
Bottler, Gerd: Der engagierte Züchter - mehr als ein Welpenproduzent, in Die Pirsch 20, 21/92
Bottler, Gerd: Leistung ist das Kriterium, in Die Pirsch 2/96
Bottler, Gerd: Deutsch-Drahthaar - in der Krise?, in Die Pirsch 16/93
Bottler, Gerd: Keine Wasserjagd ohne Hund, in Die Pirsch 18/94
Busch, Patricia: Golden Retriever, Mürlenbach 1990
Compere, Newton, L.: German Wirehaired Pointers, Neptune City 1990
Eiserhardt, Hermann: Die Führung des Jagdhundes im Feld, am Wasser und im Wald, Hamburg 1974
Feddersen-Petersen, Dorit: Hundepsychologie, Stuttgart 1987
Feddersen-Petersen, Dorit: Hunde und ihre Menschen, Stuttgart 1992
Fleig, Dieter: Technik der Hundezucht, Mürlenbach 1987
Hegendorf - Reetz: Der Gebrauchshund, Hamburg 1980
Hofmann, Peter: Unser Hund wird alt, in Der Jagdgebrauchshund 10/95
Hölzel, Manfred: Die deutschen Vorstehhunde, Mürlenbach 1986
Irving, Joe: Gundogs, London 1983
Jagdgebrauchshundverband: Ordnung für Verbandszuchtprüfungen, Weiden 1996
Jagdgebrauchshundverband: Ordnung für Verbandsgebrauchsprüfungen, Braunschweig 1996
Kienzle, Ellen: Richtig füttern - ein Leben lang, in Der Jagdgebrachshund 4/95
Kovermann, Georg: Wann ist die Hündin deckbereit?, in Die Pirsch 16/95
Kovermann, Georg: Erste Hilfe, in Die Pirsch 25/93
Krewer, Bernd u. Pohl, Gundolf: Die Einarbeitung des Jagdhundes in die Schweißarbeit, in Die Pirsch 10/93 - 15/93
Krewer, Bernd: Jagdhunde in Deutschland, München 1991
Layton, David: German Shorthaired Pointers Today, Letchworth 1994
Oberländer: Die Dressur und Führung des Gebrauchshundes (2. Auflage), Neudamm 1896
Ozimek, Dieter: Was ist mein Jagdhund wert?, in Die Pirsch 19/96
Pinkerton, Sharon: German Wirehaired Pointers Today, Letchworth 1994
Rambusch, Horst: Deutsch-Drahthaar in der ehemaligen DDR, in DD-Blätter 9/92
Redwitz von, Gideon: 25 Jahre Erfahrung in der Deutsch-Drahthaar-Zucht, in DD-Blätter 3/90
Redwitz von, Gideon: Zuchtziele und Zuchtprinzipien des VDD..., in DD-Blätter 9/92
Redwitz von, Gideon: Die Entwicklung der Deutsch-Drahthaar-Zucht 1939 bis 1992, in DD-Blätter 9/92
Straiton, E.C.: Hundekrankheiten, München 1976
Strebel, Richard: Die Deutschen Hunde, 1905, Mürlenbach 1986
Tabel, Carl: Der Gebrauchshundjährling, München 1979
Tabel, Carl: Der Jagdgebrauchshund, München 1981
Tabel, Uwe: Jagdliche und jagdkynologische Entwicklung bis zur Gegenwart - unter besonderer Berücksichtigung des Deutsch-Drahthaar, in DD-Blätter 1, 2/94
Teichmann, P.: ABC der Hundekrankheiten, Leipzig 1968
Trumler, Eberhard: Hunde ernst genommen, München 1970
Trumler, Eberhard: Mit dem Hund auf Du, München 1971
Van Kyrk, Matthew: Guide To Training Your Own Dog, Neptune City 1995
Wallace, Guy: The Versatile Gundog, Trowbridge 1995
Willis, Malcolm B.: Genetik der Hundezucht, Mürlenbach 1994
Wolters, Richard A.: Neue Wege der Jagdhundeausbildung, Mürlenbach 1993

Dr. Dieter Fleig
DIE TECHNIK DER HUNDEZUCHT
Ein Buch, das bei seinem Erscheinen neue Maßstäbe setzte. Aus über 40jähriger Erfahrung bietet der Autor eine detaillierte Darstellung von Zuchtwahl, Paarung, Tragezeit, Geburt und Welpenaufzucht. **Neue Prioritäten in der Hundezucht: Gesundheit, Intelligenz - dann Schönheit!** »Dem Autor meine Gratulation zu diesem Buch - es hat derzeit keine Konkurrenz« (Prof. Dr. W. Schleger, Wien). 2. erweiterte Auflage 1992, 140 Fotos, 16 Farbseiten. DM 54,00.

Malcolm B. Willis
GENETIK DER HUNEZUCHT
Alle reden von Genetik und - fast keiner versteht sie! Alle wissen, daß erfolgreiche Hundezucht nicht allein vom »grünen Daumen« abhängig ist, sondern Wissen um die Gesetze der Vererbung verlangt. Und hieran fehlt es den meisten Hundezüchtern. »Ein Werk von herausragendem wissenschaftlichen Verdienst. Ohne Zweifel wird dieses Buch zum neuen Standardwerk über dieses Thema werden«. (Dr. Marca Burns). Erstauflage 1994, 220 Seiten. DM 49,80.

Beute-Faber
ATLAS DER HUNDEANATOMIE
Eine einmalige Beschreibung vom anatomischen Aufbau und Bewegungsablauf des Hundes nach dem Prinzip: »Ein Bild sagt mehr als tausend Worte«.
»Jeder Kynologe, ob Kenner oder Anfänger, findet in diesem Buch eine gute Antwort. Ich empfehle es wärmstens.«
(E. Vanherle, Generalsekretär der FCI). Mehr als 1.000 Farbillustrationen zum Thema »Hunden unters Fell geschaut«. 176 Seiten, Großformat. DM 99,80.

KYNOS VERLAG Dr. Dieter Fleig GmbH, Am Remelsbach 30, D-54570 Mürlenbach

Richard A. Wolters - NEUE WEGE DER JAGD-HUNDEAUSBILDUNG - Früherziehung auf wissenschaftlicher Grundlage - nicht nur für Jagdhunde

Die Wolter'sche Hundeausbildung beruht auf den neuesten Erkenntnissen der Verhaltensforscher. Schnell wurde für Retrieverfreunde dieses Buch zur »Ausbildungs-Bibel«. Ein sorgfältig ausgearbeitetes Erziehungssystem - Schritt für Schritt - führt den Welpen von sieben Wochen zur abgeschlossenen jagdlichen Grunderziehung mit neun Monaten. Ein rigoroses Abschneiden »alter Zöpfe« zum Nutzen der Hunde! Und das Wichtigste! Vorwiegend aus dem Spiel heraus, mit einem Minimum an Zwang führt dieses Buch zum Erfolg - im jagdlichen Alltag wie auf den Leistungsprüfungen. 208 Seiten, 270 Fotos und Zeichnungen. DM 46,00.

Konrad Most / Franz Mueller-Darß
ABRICHTEN UND FÜHREN DES JAGDHUNDES

Das Buch präsentiert hohes jagdliches Können und Erfahrung zusammen mit ebensolchem Wissen und Können um die Ausbildung von Hunden. »Das Buch wird hoffentlich vielen Unerfahrenen den Einstieg erleichtern und denen helfen können, die das, was sie 30 Jahre lang falsch machten, für Erfahrung hielten« (Christoph Frucht, Präsident des JGHV). Neubearbeitung des jagdlichen Klassikers durch Heinrich Uhde, Ehrenpräsident des JGHV und Bernd Krewer, Schweißhundefachmann. 260 Seiten, 36 Fotos und viele Illustrationen. DM 39,80.

Dr. Roger Mugford - HUNDEERZIEHUNG 2000 - Irrtumsfreies Lernen

Seit 1979 leitet der international renommierte Verhaltensforscher das »Animal Behaviour Centre«. Sein neues Erziehungssystem für Hunde, mit den Erziehungshilfen **Halti, Kong-toys, Aboistop** und **Boomer Ball,** leitete eine Wende in der Hundeerziehung ein. Mit einem Minimum an Zwang wird der Hund unter gezieltem Ausnutzen seines eigenen Verhaltensinventars problemlos in die menschliche Familie und moderne Umwelt integriert. Die Forschungsergebnisse von Dr. Roger Mugford revolutionieren die Hundeerziehung - daher der Buchtitel! Anwendbar für die Familienhund-Erziehung wie auch für den Leistungssport. Ein **Muß** für jeden Hundehalter. 208 Seiten, 76 Farbfotos. DM 49,80.